U0090040

民國文化與文學 研究文叢

五 編
李 怡 主編

第 7 冊

民國左翼文學研究

賈 振 勇 著

國家圖書館出版品預行編目資料

民國左翼文學研究／賈振勇 著 -- 初版 -- 新北市：花木蘭文化
出版社，2015〔民104〕
目 4+252 面：19×26 公分
（民國文化與文學研究文叢 五編：第 7 冊）
ISBN 978-986-404-249-4（精裝）
1. 中國文學 2. 左翼文學 3. 文學評論
541.26208   104012143

特邀編委（以姓氏筆畫為序）：

ISBN- 978-986-404-249-4

9 789864 042494

丁　帆	王德威	宋如珊
岩佐昌暲	奚　密	張中良
張堂錡	張福貴	須文蔚
馮　鐵	劉秀美	

民國文化與文學研究文叢
五　編　第七　冊　　　　　　ISBN：978-986-404-249-4

民國左翼文學研究

作　　　者　賈振勇
主　　　編　李　怡
企　　　劃　四川大學現代中國文化與文學研究中心
　　　　　　北京師範大學民國歷史文化與文學研究中心
總　編　輯　杜潔祥
副總編輯　楊嘉樂
編　　　輯　許郁翎
出　　　版　花木蘭文化出版社
社　　　長　高小娟
聯絡地址　235 新北市中和區中安街七二號十三樓
　　　　　　電話：02-2923-1455／傳眞：02-2923-1452
網　　　址　http://www.huamulan.tw 信箱 hml 810518@gmail.com
印　　　刷　普羅文化出版廣告事業
初　　　版　2015 年 9 月
全書字數　222307 字
定　　　價　五編 24 冊（精裝）新台幣 45,000 元　　　　版權所有·請勿翻印

民國左翼文學研究

賈振勇　著

作者簡介

賈振勇（1970～），男，山東濱州人，文學博士，山東師範大學文學院教授、博士生導師。兼任中國郭沫若研究會常務理事、中國茅盾研究會理事、山東省郭沫若學會副會長、山東省現代文學學會常務理事、山東省作協理論批評委員會委員；國家精品視頻公開課建設計劃項目及課程《郭沫若的〈屈原〉與〈女神〉》負責人和主講教師。已在人民出版社、臺灣秀威出版社等知名出版社出版學術著作 10 部，在《文學評論》、《文史哲》等刊物發表學術論文 100 餘篇。曾獲得山東省社會科學優秀成果獎一等獎、山東高等學校優秀科研成果一等獎等多項學術獎勵。

提　　要

　　針對中國馬克思主義意識形態的形成和特點，針對左翼文學運動現象和作家作品，《民國左翼文學研究》緊扣「現代性→理性→革命→文學」的歷史精神演繹邏輯線索，圍繞文學運動、思潮理論和作家作品三大文學史構成形態，宏觀縱論與微觀分析相結合，考釋和闡說左翼文學真實的歷史內涵、價值追求和美學特徵，辯證分析和判斷其歷史合理性與歷史闕失，闡述其歷史作用和精神影響：

　　一、通過分析「元典馬克思主義→蘇俄、日本→中國→文化、文學」的層遞傳播與轉換接受的複雜進程，探討了中國左翼文學理論架構、價值取向的現實合理性，原創性地揭示出中國化馬克思主義意識形態觀念在形成和建構過程中的權威虛構性。

　　二、深入探察「現代性→理性→革命→文學」的普遍性精神發展的邏輯取向如何與中國現代民族國家的未來社會憧憬相遇合，並對其所產生的以「理性與革命」為精神指南的中國左翼文學的先鋒性、試驗性、叛逆性和批判性特質，以及自身範疇的整合性、自足性、封閉性和壓抑性特徵，進行了批判式研究。

　　三、以深刻的洞察力與辯證思維，發現了左翼文學歷史精神發展線索的「同一性」，更指出了左翼文學在「非法」語境中建構話語權力的「差異性」和「創造性」。但在它自身成為「正統」後，卻轉向了自己的對立面，歷史精神發生了逆轉，當年所批判、所顛覆的精神現象變為合法，那種真正的創造性變成了保守的精神限制。

　　其四，通過「政治與文學」和「理性與審美」兩大核心命題的辨析與考釋，特別是「政治激情與文學想像的互為主體性」、「文藝自律性與意識形態總體性」、「文人知識分子與政黨政治」、「審美內涵的重新闡釋和左翼文學的政治移情」、「理性、經驗、激情等相生相剋情境中的創作」、「意識形態衝動、實用主義和烏托邦想像的氤氳互生」等子命題的分析闡釋，創造性地彌補了價值評判和文學史書寫中「歷史與審美」的分裂狀態。

民國文學：闡釋優先，史著緩行
——第五輯引言

李　怡

中國學界提出「民國文學」的概念已經超過十五年了，〔註1〕在新一波的文學史寫作的潮流之中，人們對民國文學的研究也出現了一種期待，就是希望盡快見到一部《民國文學史》，似乎只有完整的文學通史才足以證明「民國文學」研究的合理性，或者說在當前林林總總的文學史寫作意見裏，證明自己作爲新的學術範式的存在。在我看來，受各種主客觀條件的限制，目前最需要開展的工作還不是撰寫一部體大慮深的文學史著，而是努力從不同的角度深入勘探、考察，對這一段歷史提出新的解釋。

一

眾所周知，中國文化具有悠久漫長的「治史」傳統。在一個宗教裁決權並沒有獲得普遍認可的國度，人們傾向於相信，通過歷史框架的確立可以達到某種裁決與審判的高度，所謂「名刊史冊，自古攸難，事列春秋，哲人所重。」〔註2〕中國最早的史官除了司職記事，還負責主持祭祀，占卜吉凶，溝通神靈。史不僅可以成爲「資治通鑒」，甚至還具有某種道德的高度，所謂「孔子成《春秋》，亂臣賊子懼」，〔註3〕史家如司馬遷等也是以「究天人之際，通古今之變」自我期許。

〔註1〕中國大陸最早的「民國文學」設想出現在 1997 年（陳福康），最早的理論倡導出現在 2000 年代早期（張福貴）。

〔註2〕劉知幾撰，浦起龍釋：《史通通釋·人物》第 240 頁，上海：上海古籍出版社 1978 年版。

〔註3〕《孟子·滕文公章句下》，見楊伯峻《孟子譯注》上冊 155 頁，中華書局 1960 年版。

　　文學史的出現原本是現代的事物，它顯然不同於古代的史官治史，這種來自西方的學術方式更屬於學院派知識份子的個體行爲。但是，歷史的因襲依然存在，尤其是在一些世代交替的時節，無論是政治家還是知識份子本身，都自覺不自覺地認定「著史」可以樹立某種新的「標準」，完成對過往事物的「清算」。於是，如下一些史著的意義是可以被我們津津樂道的：

　　奠定中國現代文學學科的基礎是王瑤先生的《中國新文學史稿》。集中代表了撥亂反正過渡時期的文學史觀的是唐弢、嚴家炎先生主編的《中國現代文學史》。

　　體現了新時期的現代文學視野、集中展示研究新成果的是錢理群、陳平原、溫儒敏等人的《中國現代文學三十年》。

　　生動體現著「重寫文學史」意義的是陳思和的《中國當代文學史》。

　　展示 1990 年代以降學術研究的「歷史化」傾向的是洪子誠的《中國當代文學史》。

　　揭示「文學周邊」豐富景觀的是吳福輝獨撰的插圖本《中國現代文學史》。

　　錢理群主編的最新三卷本《中國現代文學編年史》展示了以「廣告爲中心」的文學生產、流通、接受及其他社會文化環節，讓文學敘述的圖景再一次豐富而生動。

　　今天，隨著「民國文學」研究的呼聲漸起，在一系列命名和概念的討論之後，應該展示更多的文學史研究實績，只有充分的實績才能說明「民國社會歷史框架」的確具有特殊的文學視野價值，如何集中展示這些實績呢？目前容易想到的似乎就是編寫一部紮實厚重的《民國文學史》。

　　但是，在我看來，文學史編寫的工作固然重要卻又不可操之過急。因爲，今天所倡導的「民國文學」，並不僅僅是一個名稱的改變（以「民國」替代「現代」），更重要的是一些研究視角和方法的調整。這些重要的改變至少包括：

　　正視民國歷史的特殊性，而不是簡單流於「半封建半殖民地」等等的簡略判斷。據史學界的知識考古，「半封建」一詞曾經出現在馬克思、恩格斯筆下，列寧第一次分別以「半封建」「半殖民地」指稱中國，以後共產國際以此描述中國現實，「半殖民地」一說並先後爲中國國民黨人與中國共產黨人所接受，又經過蘇聯內部的理論爭鳴及共產國際的理論演繹，「半

封建半殖民地」的並稱出現在 1926 年以後，﹝註4﹞又經過 1930 年代初的「中
國社會性質問題論戰」，逐步成爲中共領導的馬克思主義史學的基本概括。
到延安時期，毛澤東最爲完整清晰地論述了這一學說，從此形成了對中國知
識份子歷史認知的主導性影響，直到今天應該說都有其獨到的深刻的一面。
但是作爲一種總體的社會性質的認定，是不是就完全揭示了民國歷史的特點
呢？就不需要我們具體的歷史問題的研究了呢？當然不是。例如對「封建」
一詞的定義在史學界一直爭議不已，民國時代的經濟已經明顯走上了資本主
義的發展道路，忽略這一現實就無法解釋中國近現代工商業文化對於文學市
場的重要作用，辛亥革命之後的中國儘管軍閥混戰，也難掩其專制獨裁的性
質，但是卻也不是「帝國主義買辦與走狗」這樣的情感宣洩就能「一言以蔽
之」的。對於民國史，國外史學界同樣多有研究，有自己的性質認定，這也
需要我們加以研讀和借鑒。之所以強調這一點，乃是因爲在此之前的《中國
現代文學史》，幾乎都是以主流史學界的社會性質概括作爲文學發展的前
提，從舊民主主義革命到新民主主義革命就是中國現代文學發生發展的基
礎，文學的偉大和深刻就在於如何更加深刻地反映了這一歷史過程，1980 年
代以後，爲了急於從這些政治判斷中脫身，我們的文學史又試圖在「回到文
學自身」的訴求中另闢蹊徑，所謂「審美的文學史」成爲了口號，但是關於
中國現代文學在民國時代的諸多歷史基礎的辨析卻被擱置了起來，今天，如
果不能正視民國歷史的特殊性，也就不能在文學的歷史前提方面有眞正的突
破。

　　**發掘民國社會的若干細節，揭示中國現代文學生存發展的具體語
境。**無論是政治、經濟、社會文化等方面，民國社會的種種特徵都直接影響
了現代中國文學的生產、傳播和接受，決定著文學的根本生存環境。關於這
方面的研究，最近幾年已經在「文化研究」的推動下頗有收穫，不過，鑒於
文化研究在來源上的異質性，實際上我們的考察也還較多地襲用外來的文化

────────────────────

﹝註4﹞　一般認爲，1926 年上半年，蔡和森在莫斯科中共旅俄支部會上作《中國共產
　　　　黨的發展（提綱）》，已經提到「半殖民地和半封建的中國」和「半封建半殖
　　　　民地的國家」（《聯共（布）、共產國際與中國國民革命運動（1926～1927）》，
　　　　下冊第 408 頁，北京圖書館出版社，1998 年），另據李洪岩考證，最早的「半
　　　　殖民地半封建」字樣，則是 1926 年 9 月 23 日莫斯科中山大學國際評論社編
　　　　譯出版的中文周刊《國際評論》創刊號上的發刊詞，見《半殖民地半封建理
　　　　論的來龍去脈》（《中國社會科學院近代史研究所青年學術論壇 2003 年卷》，
　　　　社會科學文獻出版社，2005 年）。

理論，沒有更充分地回到民國自己的歷史環境。例如性別研究、後殖民批判、大眾文化理論等等的運用，迄今仍有生吞活剝之嫌。要真正揭示這些歷史細節，就還需要完成大量紮實的工作，例如民國經濟在各階段的發展與營運情況，各階層的經濟收入及其演變，社會分化與社會矛盾的基本情形，經濟與政治權利的區域差異問題，法制的發展及對私人權利（包括著作、言論權利）的保護與限制，軍閥政治對輿論及思想的控制方式，國民黨政權對輿論及思想的控制方式，國民政府時期的「黨政關係」及其內在的間隙，國民黨內部各派系的矛盾及其對思想控制的影響，民國各時期書報檢查制度的制定與實施情況，民國時期出版人、新聞人、著作人各自對抗言論控制的方式及效果，主流倫理的演變及民間道德文化的基本特點，文學出版機構的經營情況與文學傳播情況，民國時期作家結社及其他社會交往的細節等等，所有這些龐雜的內容倉促之間，也很難為「文學史」所容納，在一個相當長的時間裏都將成為文學研究的具體話題。

解剖民國精神的獨特性、民國文本的獨特性，凸顯而不是模糊這一段文學歷史的的形態。文學史究竟是什麼史？這個問題討論過很多年，至今也可能存在不同的意見，在我看來，儘管我們今天一再強調歷史研究與文化研究的重要性，但是所有這些討論最終還都應該落實到對於文學作品的解釋中來，否則文學學科的獨立性就不復存在了。最近幾年，民國文學研究的倡導與質疑並存，但更多的時候還都停留在口號的辨析和概念的爭論當中，就文學研究本身而論，這樣並不是對學術發展的真正推進。如果民國文學研究的提倡不能以大量的具體文學作品的闡釋為基礎，或者說民國文學的理念不能落實為一系列新的文學闡釋的出現，那麼這一文學史框架的價值就是相當可疑的；如果我們尚不能對若干文學作品的獨特性提出新的認識，那麼又何以能夠撰寫一部全新的《民國文學史》呢？

以上幾個方面的工作都是一部新的文學史寫作的必須的前提。我們的文學史的新著，從大的歷史框架的設立與理解到局部事件的認定和把握，乃至作為歷史事件呈現的文本的闡釋都與應該此前我們熟悉的一套方式——革命史話語、現代性話語——有所不同，如果只是抓住名稱大做文章，幾乎可以肯定的是，其結果必然很快陷入到業已成熟的那一套知識和語言中去，所謂「民國文學史」也就名不副實了。早在 1994 年，人民出版社就出版過《中國民國文學史》，這個奇特的書名——不是「中華民國文學史」而是「中國民國

文學史」——顯然反映出了當時的某種政治禁忌，平心而論，在 10 年前，能夠涉及「民國」二字，已屬不易，對於其中所承受的禁忌，我們深表理解；但是也的確因為這一禁忌的存在，所謂「民國」的諸多歷史細節都未能成為文學史觀察和分析的對象，所以最終的成果還是普遍性的「現代化」歷史框架，「中國民國文學史」的主體還是不折不扣的「現代文學三十年」，對歷史性質、文學意義的描述都依然如故，對作家的認定、作品的解釋一如既往，只不過增加了一點補充：民國建立到五四新文化運動發生的幾年。這樣的文學史著，自然還不是我們理想中的「民國文學史」。

二

當然，能夠標舉「民國」概念的文學史論已經出現了，這就是臺灣學者尹雪曼主編的《中華民國文藝史》及周錦主編的《中國現代文學研究叢刊》系列叢書，也包括最近兩岸學者的最新努力。

尹雪曼（1918～2008），本名尹光榮，河南汲縣（今衛輝市）人。抗戰時期西北聯合大學畢業，美國密西里大學新聞學院文學碩士。曾主編重慶《新蜀夜報》副刊，在上海、天津、西安等地擔任報社記者，1949 年去臺灣。曾任臺灣中國作家藝術家聯盟會長，《中華文藝》月刊社社長，在成功大學、中國文化大學等校任教。自 1934 年起，創作發表了小說、散文及文學評論多種。是很有代表性的遷臺作家。周錦（1928～1992），江蘇東臺人，1949年赴臺，曾經就讀於臺灣師範大學、淡江大學等，後創辦燕智出版社，擔任臺北中國現代文學研究中心主任。兩人的最大貢獻便是撰寫、主編或者參與編撰了一系列的中國現代文學研究論著，在新文學記憶幾近中斷的臺灣，第一次系統地總結了五四以來的中國文學發展歷史，尹雪曼撰寫有《現代文學與新存在主義》、《五四時代的小說作家和作品》、《鼎盛時期的新小說》、《抗戰時期的現代小說》、《中國新文學史論》、《現代文學的桃花源》，總纂了《中華民國文藝史》。〔註 5〕其中，《中華民國文藝史》大約是第一部以「民國」命名的大規模的系統化的文學史著作，民國歷史第一次成為文學史「正視」的對象；周錦著有《中國新文學史》、《朱自清作品評述》、《朱自清研究》、《〈圍城〉研究》、《論呼蘭河傳》、《中國新文學大事記》、《中國現代小說編目》、《中國現代文學作家本名筆名索引》、《中國現代文學作品書名大辭典》、《中國現

代文學鄉土語彙大辭典》等，此外還主編了《中國現代文學研究叢刊》三輯共 30 本，於 1980 年由成文出版社有限公司印行出版。《中國現代文學研究叢刊》的史論也具有比較鮮明的「民國意識」。《中國現代文學研究叢刊編印緣起》這樣表達了他的「民國意識」：

> 中國新文學運動，是隨著中華民國的誕生而來。儘管後來有各種文藝思潮的激盪以及少數作家思想的變遷，但中國現代文學卻都是在國民政府的呵護下成長茁壯的……〔註6〕

這樣的表述，固然洋溢著大陸文學史少有的「民國意識」，不過，認真品讀，卻又明顯充滿了對國民黨政權形態的皈依和維護，這種主動向黨派意識傾斜，視「民國」為「黨國」的立場並不是我們所追求的學術客觀，也不利於真正的「民國」的發現，因為，眾所周知的事實是，疲於內政外交的「國民政府」似乎在「呵護」民國文學方面並無傑出的築造之功，嚴苛的書報檢查制度與思想輿論控制也絕不是現代文學「成長茁壯」的理由。民國文學的真實境遇難以在這樣的意識形態偏好中得以呈現。

同樣基於這樣的偏好，民國文學的優劣也難以在文學史的書寫中獲得准確的評判，例如尹雪曼《中華民國文藝史・導論》作出了這樣概括：「中華民國的文藝發展，雖然波瀾壯闊，變幻無常；但始終有民族主義和人文主義作主流；因而，才有今日輝煌的成就。」「至於所謂『三十年代』文藝，則不過是中華民國文藝發展史中的一個小小的浪花。當時間的巨輪向前邁進，千百年後，再看這股小小的浪花，只覺得它是一滴泡沫而已。其不值得重視，是很顯然的。」〔註7〕

民國時期的現代文學是不是以「民族主義」為主流，這個問題本身就值得討論，至少肯定不會以國民政府支持下的「民族主義文藝運動」為主導，這是顯而易見的；至於所謂的「三十年代文藝」當指 1930 年代的左翼文學，事實上，無論就左翼文學所彰顯的反叛精神還是就當時的社會影響而言，這一類文學選擇都不可能是「一個小小的浪花」、「是一滴泡沫而已」，漠視和掩蓋左翼文學的存在，也就很難講述完整的民國文學了。

由此看來，20 世紀下半葉的冷戰不僅影響了大陸中國的學術視野，同樣扭曲了海峽對岸的學術認知。受制於此的文學史家，雖然不忘「民國」，但他

〔註6〕周錦：《中國新文學簡史》1 頁，臺北成文出版社 1980 年。
〔註7〕尹雪曼總纂：《中華民國文藝史》1 頁，臺北正中書局 1975 年。

們自覺不自覺地要維護的中華民國依然是以國民黨統治爲唯一合法性的「黨國」，民國社會歷史的眞正的豐富與複雜並不是「黨國」意識關心的對象。以民國歷史的豐富性爲基礎構建現代中國的文學敘述，始終是一個難題，對大陸如此，對臺灣也是如此。

當然，考慮到臺灣歷史與文學的種種情形，《民國文學史》的寫作可能還會再添一個難度：如何描述海峽對岸當今的文學狀況，是排除於我們的「民國文學史」還是繼續延伸囊括，〔註8〕排除於現實不符，從「民國」敘述轉向「臺灣」敘述，恐怕也正是「獨派」的願望，相反，努力將「臺灣」敘述納入「民國」敘述才能體現中華統一的「政治正確」；不過，納入卻也同樣問題重重，「民國」與「人民共和國」並行，不僅有悖於「一個中國」的基本政治理念，就是在當下的臺灣也糾纏不清。我們知道，在今日，繼續奉「民國」之名的臺灣目前正大張旗鼓地推進「臺灣文學」甚至「臺語文學」，所謂「民國文學」至少也不再是他們天然認同的一個概念，學術考察如何才能反映出研究對象本身的思想追求，這個問題也必須面對。也就是說，在今日臺灣，「民國」之說反倒曖昧而混沌。

2011 年，臺灣學者陳芳明、林惺嶽等著的《中華民國發展史·文學與藝術》出版，較之於此前冷戰時期的文學史，這一著作終於跳出了「黨國」意識的束縛，體現出了開闊的學術視野，〔註9〕但是由於歷史的阻隔，關於民國文學的豐富細節都未能在這一史著中獲得挖掘，我們看到的章節就是：百年來文學批評的開展與轉折，百年女性文學，百年現代詩發展與自我身份的探求，故事萬花筒——百年小說圖志，美學與時代的交鋒——中華民國散文史的視野，百年翻譯文學史，從啓蒙救亡開始：中華民國現代戲劇百年發展史等等。從根本上說，《中華民國發展史·文學與藝術》由多位學者合作，各自綜述一個獨立的文學藝術領域，在整體上更像是一部各種文學藝術現象的概觀彙集，而不是完整的連續的歷史敘述。

也是在 2011 年，大陸學者湯溢澤、廖廣莉出版了《民國文學史研究》

〔註8〕 丁帆先生試圖繼續延伸民國文學的概念，他區分了政治意義的「民國」和作爲文化遺產的「民國」，試圖以此作爲破解難題的基礎，不過這一延伸也不得不面對與臺灣作家及臺灣學者對話、溝通的問題（見《關於建構民國文學史過程中難以迴避的幾個問題》，《當代作家評論》2012 年 5 期）。

〔註9〕 陳芳明、林惺嶽等著：《中華民國發展史·文學與藝術》，臺灣政治大學、聯經出版公司 2011 年。

（1912-1949）。〔註10〕湯先生是中國大陸較早呼籲「民國文學史」研究的學者，在這一部近 40 萬字的著作中，他較好地體現了先前的文學史設想：回歸政治形態命名的歷史記事，上溯民國建立的文學發端意義，恢復民國時期文學發展的多元生態。可以說這都觸及到了「民國文學史」的若干關鍵性環節，《民國文學史研究》由「史觀建設」與「編史嘗試」兩大部分組成，前者討論了民國文學史寫作的必要性，後者草擬了「民國文學史綱」，嚴格說來，「史綱」更像是民國時期文學的「大事記」，似乎是湯先生進一步研究的材料準備，尚不能全面體現他的「民國文學史」面貌。

　　海峽兩岸的學者都開始彙集到「民國文學」的概念下追述歷史，這令人鼓舞，但目前的成果也再次說明，書寫一部完整的《民國文學史》，無論是史觀還是史料，都還有相當的欠缺，時機尚未成熟，同志仍需努力。

<h2 style="text-align:center">三</h2>

　　民國文學史，在沒有解決自己的史觀與史料的時候，實在不必匆忙上陣。在我看來，民國文學研究在今天的主要任務還是對民國社會歷史中影響文學的因素展開詳盡的梳理和分析，對現代文學歷史演變中的一些關鍵環節與民國社會各方面的關係加以解剖，如民國建立與新文學出現的關係、民國社群的出現與現代文學流派的形成、民國政黨文化影響下的思想控制與文學控制、民國戰爭狀態下的區域分割與文學資源再分配等等，至於文學自身力量也不能解決的文學史寫作難題當然更可以暫時擱置（如當代臺灣文學進入民國文學史的問題）。只要我們並不急於完成一部完整系統的民國文學史，就完全可以將更多的精力放在民國文學一個一個的具體問題之上，可供我們研究範圍也完全可以集中於民國建立至人民共和國建立這一段，我想，海峽兩岸的學者都可以認定這就是「民國歷史」的「典型」時期，這同樣可以為我們的雙邊交流營造共同的基礎。在民國文學史誕生之前，我們應該著力於歷史更多更豐富的細節，對細節的了悟有助於我們歷史智慧的增長，而歷史智慧則可以幫助我們最終解決這樣或那樣的歷史書寫的難題。

　　那麼，在一部成熟的《民國文學史》誕生之前，還有哪些課題需要我們清理和辨析呢？

〔註10〕湯溢澤、廖廣莉：《民國文學史研究》（1912～1949），吉林大學出版社 2011
　　　　年。

　　我覺得在下列幾個方面，還有必要進一步研討。

　　一是「民國文學」研究究竟能夠做什麼。隨著近幾年來學界的倡導，對於「民國文學」研究的優勢大約已經獲得了基本的認識，但是也有學者提出了自己的疑慮：研討民國文學，對於那些反抗民國政府的文學該如何敘述？例如左翼文學、延安文學。或者說，民國文學是不是就是國統區追求民主、自由這類「普世價值」的文學，「民國機制」是不是與「延安道路」分道揚鑣？在我看來，「民國文學」就是一種近現代中國進入「民國時期」以後所有文學現象的總稱，既包括國統區的文學，也包括解放區的文學，因為「民國」不等於「黨國」，也代表了某種「革命者」共同的「新中國」的夢想，左翼文化、解放區反抗的是一黨專制的「黨國」，而不是民主自由均富的「新中國」，尤其在抗戰時期，當解放區轉型為民國的特區之後，更是恰到好處地利用了民國的憲政理想為自己開闢生存空間，為自己贏得道義與精神上的優勢，只有在作為「新中國」的「民國」場域中，左翼文學與延安文學才體現出了自己空前的力量，「延安道路」才得以實現。「民國文學」也不是歌頌民國的文學，相反，反思、批判才是民國時期知識份子的主流價值取向，所以，我們可以發現，「民國批判」往往是民國文學中引人矚目的主題，左翼文學精神恰恰是民國時代一道奪目的風景，儘管它的文學成就需要實事求是地估價。在這個意義上，民國文學史的研究肯定是中國近現代史學的組成部分，而不是大眾時尚潮流（如所謂「民國熱」）的結果。

　　民國文學研究更深入的理論問題還在於，這樣一種新的文學史研究範式的出現究竟有什麼深刻的學術意義？對整個文學史研究的進行有何啟發？我認為，相對於過去強調「現代性」時間意義的「中國現代文學史」而言，「民國文學史」更側重提醒我們一種「空間」的獨特性，也就是說，從過去的關注世界性共同歷史進程的「時間的文學史」轉向挖掘不同地域與空間獨特涵義的「空間的文學史」，以空間中人的獨特體驗補充時間流變中的人類共同追求，這就賦予了所謂「民族性」問題、「本土性」問題與「中國性」問題更切實的內涵，從此出發，中國文學研究的新範式也許可以誕生？

　　二是「民國文學」研究當以大量的具體文學現象的剖析為基礎。這一方面是繼續考察各類民國文化現象對於文學發展的重要影響，包括經濟、政治、法律、教育、宗教之於文學發展的動力與阻力，也包括各區域文化現象對於文學生長的有形無形的影響，包括民國時期一些重要的歷史事件對於文學的

特殊作用，例如國民革命。過去我們梳理中國現代的「革命文學」，一般都從1927 年大革命失敗之後的無產階級文學倡導開始，其實「革命」是晚清以來就一直影響思想與現實的重要理念，中國現代文學的「革命意識」受到了多重社會事件的推動，從晚清種族革命到國民革命再到無產階級革命等等都在各自增添新的內容，仔細追溯起來，「革命文學」一說早在國民革命之中就產生了，國民革命也裏挾了一大批的中國現代作家，爲他們打上了深刻的「革命」意識，不清理這一民國的重要現象，就無法辨析文學發展的內在脈絡。大量現代文學現象（特別是文學作品）的再發現、再闡釋是民國新視野得以確立的根據。如果我們無法借助新的視野發現文學文本的新價值，或者新的文學細節，就無法證明「民國視野」的確是過去的「現代文學視野」能夠代替的。所幸的是，最近幾年，一些年輕的學者已經在「民國機制」的視野下，發掘了中國現代文學的新的內涵。這裡僅以《文學評論》雜誌爲例：顏同林從「法外權勢的失落與村落秩序的重建」這一角度提出對趙樹理小說的嶄新認識〔註 11〕，周維東結合延安文化，剖析了解放區文學「窮人樂」主題的意味〔註 12〕，李哲發現了茅盾小說中沉澱的民國經濟體驗〔註 13〕，鄔冬梅結合1930 年代的民國經濟危機重新解讀了左翼文學〔註 14〕，羅維斯發現了民國士紳文化對茅盾小說的影響〔註 15〕，張武軍透過「民國結社機制」挖掘了從南社到新青年同仁的作家群體聚散規律，賦予社團流派研究全新的方向〔註16〕。在重新研討新文學發生過程的時候，李哲發現了北京大學教育「分科」的特殊意義〔註 17〕，王永祥則解剖了民國初年的國家文化所形成的語境與氛圍〔註 18〕。這樣的研究都在很大程度上突破了過去的「現代文學」研究視域，通過自覺引入民國歷史視角而推動了文學史研究的發展。

〔註11〕 顏同林：《法外權勢的失落與村落秩序的重建——以趙樹理四十年代小說爲例》，《文學評論》2012 年 6 期。

〔註12〕 周維東：《解放區的天是明朗的天——延安時期的移民運動與「窮人樂」敘事》，《文學評論》2013 年 4 期。

〔註13〕 李哲：《經濟‧文學‧歷史——〈春蠶〉文本的三個維度》，《文學評論》2012 年 3 期。

〔註14〕 鄔冬梅：《民國經濟危機與 30 年代經濟題材小說》，《文學評論》2012 年 3 期。

〔註15〕 羅維斯：《「紳」的嬗變——《動搖》的一種解讀》，《文學評論》2014 年 2 期。

〔註16〕 張武軍：《民國結社機制與文學的演進》，《文學評論》2014 年 1 期。

〔註17〕 李哲：《分科視域中的北京大學與「新文化運動」》，《文學評論》2013 年 3 期。

〔註18〕 王永祥：《〈新青年〉前期國家文化的建構與新文學的發生》，《文學評論》2013 年 5 期。

　　當然，類似的文本再解釋、歷史再發現工作還遠遠不夠，我們期待更多的研究者加入。

　　三是對於從歷史文化的角度闡釋現代文學的這一思路本身也要不斷反思和調整。在相當多的情況下，民國文學研究與現代文學研究都擁有相似的研究對象，相近的研究方法，不過，相對而言，「民國」一詞突出的國家歷史的具體情態，「現代」一詞連接的則是世界歷史的共同進程。所以，所謂的民國文學研究理所當然就更加突出民國歷史文化的視角，更自覺地從歷史文化的角度來分析解剖文學的現象，倡導文學與歷史的對話。鑒於民國歷史至今仍然存在諸多的晦暗不明之處，對於歷史的澄清和發現往往就意味著主體精神的某種解放，所以澄清外在歷史真相總是能夠讓我們比較方便地進入到人的內在精神世界之中，因而作為精神現象組成部分的文學也就得到了全新的認識。最近幾年，中國現代文學研究中較有收穫的一部分就是善於從民國史研究中汲取養分，詩史互證，為學術另闢蹊徑，文學研究主動與歷史研究對話，歷史研究的啟發能夠激活文學研究的靈感，「民國文學」的概念賦予「現代文學」研究以新機。雖然如此，我們也應該不斷反思和調整，因為，隨著歷史研究、文化研究在文學考察中的廣泛運用，新的問題也已經出現，那就是，我們的文學闡述因此而不時滑入到了純粹的歷史學、社會學之中，「忘情」的歷史考察有時竟令我們在遠離文學的他鄉流連忘返，遺忘了文學學科的根本其實還是文學作品的解釋。捨棄了這一根本，模糊了學科的界限，我們其實就面臨著巨大的自我挑戰：面向文學的聽眾談歷史是容易的，就像面對歷史的聽眾談文學一樣；但是，如果真的成了面對歷史的聽眾談歷史，那麼無疑就是學科的冒險！對此，每一位文學學科出身的學人都應該反覆提醒自己：我準備好了嗎？

　　在這個意義上，我們應該始終牢記，從歷史文化的角度研究文學，最終也需要回到「大文學本身」，民國文學研究對民國時期文學現象的研究，而不是以文學為材料的民國研究。將來我們可能要完成的也不是信馬由繮的《民國史》而是不折不扣的《民國文學史》。

　　沒有對這些研究前提、研究方法的反思，就不會有紮實的研究，當然最終的文學史是什麼樣子，也就難以預期了。闡釋優先，史著緩行，民國文學史的寫作，當穩步推進。

目次

引言　歷史的激情與惆悵

　　2001 年的深秋，我曾專程到滬上，拜謁、參觀了魯迅墓和中國左翼作家聯盟成立大會會址紀念館。當我在多倫路那曲曲折折的里弄中徜徉，尋覓著當年那些叱吒文壇風雲的左翼文人知識分子（魯迅、茅盾、柔石、周揚、馮雪峰……）舊蹤，在景雲里魯迅故居、茅盾故居、創造社發行部、太陽社舊址，以及國民黨達官貴人的白公館、孔公館、湯公館前徘徊，緬想半個多世紀前那場轟轟烈烈的左翼文化（學）運動，思潮澎湃、感慨萬千。「昔人已乘黃鶴去，此地空餘黃鶴樓」，面對那些塵封已久的歷史遺跡，恍惚間時光彷彿倒流，半個多世紀以前的歷史，似乎就發生在昨天、發生在身邊。仔細諦聽，歷史深處彷彿依然能夠遙遙傳來不滅的回聲。

一、革命摧毀舊的幻象，又創造新的幻象

　　那是一個「忍看朋輩成新鬼，怒向刀叢覓小詩」的時代。那個時代既有「風生白下千林暗，霧塞蒼天百卉殫」的如晦風雨，又有「心事浩茫連廣宇，於無聲處聽驚雷」的動地豪情。左翼文人知識分子以激進、高亢的歌哭與吟唱，為人類理性精神的張揚與膨脹，譜寫了一曲真摯、沉痛的篇章。它的理想主義的光焰，救世主義的道德熱忱，急功近利的盲動傾向，魚龍混雜的人事糾紛……，都在 20 世紀的中國歷史上投下了長長的背影，讓後人在歷史的激情與惆悵中，回味那無盡的甘苦與悲歡。

　　毫無疑問，中國的左翼文學運動，是當時一批最為優秀的文人知識分子，以自覺推動歷史進步的豪邁姿態，掀起的一場歷史性的思想文化革命的巨瀾。同時，它也是全球性共產主義運動的一個重要組成部分，表達了人類理

性精神在高熱狀態下，尋求塑造歷史進程和自我形象的可歌可泣的努力。對於中國本土而言，它主要以精神的力量直接參與了中國現代革命進程，是現代中國人思想和精神革命的一面鏡子；從世界性視角來說，作為馬列主義革命的東方中國版本，它以區域性形象，體現了人類在全球化進程中超越自我的追求。它在光明與黑暗、文明與野蠻的搏鬥中，深刻展現了人性在自我超越進程中的自豪與無奈，演示了人類理性精神在塑造歷史和自我形象進程中的力量與局限。

「革命在人類社會的命運中是一樁永在的現象」〔註1〕，一切遭受壓迫、剝削和奴役的勞苦大眾，不是在沉默中滅亡，就是在沉默中爆發。為了追求平等、正義和公理，不願做奴隸的人們，不得不起來將自己的渴望付諸革命實踐。目睹底層人民艱辛和痛苦的掙扎，直面底層人民無法擺脫的非人道的生存境遇，良知和理想決不允許我們為既得利益者唱讚歌、美化和苟安於「暫時坐穩了奴隸」的時代。否則，就不但是拋棄了最基本的正義感和良知感，而且是背叛了人性的崇高和尊嚴。站在底層人民的立場上，不能不承認革命風起雲湧的歷史必然性和社會合理性。

但是人類歷史的二律背反，就在於革命從來不是純潔無邪的神聖事件，革命者也並不比被革命者更具有圓滿、完善的人性。人們總是發現，當革命的激情冷卻之後，歷經革命顛峰體驗的人們，並沒有如期升入天國。當人們以為喪鐘為舊時代而鳴的時候，在革命發生的第二天，卻看到「太陽」照常升起。革命總是在摧毀舊的幻象的同時，又創造出新的幻象。真理哪怕向前一步，也往往意味著謬誤。人世間最大的悲哀，或許，莫過於目睹和體驗「咸於革命」的光榮與卑劣，莫過於看清新的幻象終究還是幻象，莫過於上蒼再給一次革命的機會時是否還說：我愛你？

幸運的是，人類歷史並非過去時光的重演。但是，這並不意味著回首歷史是一件輕鬆愜意的事情。人們尋求對歷史內在結構和發展脈絡的理解，為的是從中取得衡量自己行為選擇和價值取向的準繩。當我們「橫站」在21世紀的歷史支點上，回眸左翼文學運動時代那風雲激蕩的歷史版圖，總是生發出無盡的感慨與歎息。歷史精神資源從來就不是一個純粹和澄明的體系，總是充斥著真與假、美與醜、善與惡的歷史辯證內涵。情緒化的讚美或拒斥、接受或反抗，都有悖於歷史摧枯拉朽的氣魄和人性兼容並包的品格。學術乃

〔註1〕 別爾嘉耶夫《人的奴役與自由》，貴州人民出版社1994年版，第166頁。

天下之公器，以學術為天職的學者，首要的責任並非為當下的價值選擇，提供歷史資源的支撐和合理性論證，而是遵從真理和正義的召喚，將歷史事件的是是非非、風風雨雨，置放在真理和思想的天平上，衡量它真實的歷史重量，接受後來者發自靈魂深處的不斷拷問。當我們緬想著文人知識分子的精神傳統，重構著它的價值譜系和知識源流的時候，必須真誠和勇敢地面對那些無法迴避和拒絕的精神遺產。

二、豈有豪情似舊時，敢遣春溫上筆端？

托克維爾在談到撰寫《舊制度與大革命》的動機時，曾經說過：「我希望寫這本書時不帶有偏見，但是我不敢說我寫作時未懷激情。一個法國人在談起他的祖國，想到他的時代時，竟然無動於衷，這簡直是不能容許的。我承認在研究舊社會的每個部分時，從未將新社會完全置之不顧。我不僅要搞清病人死於何病，而且要看看他當初如何可以免於一死。我像醫生一樣，試圖在每個壞死的器官內發現生命的規律。我的目的是要繪製一幅極其精確、同時又能起教育作用的圖畫。因此，每當我在先輩身上看到某些我們幾乎已經喪失然而又極為必要的剛強品德──真正的獨立精神、對偉大事物的愛好、對我們自身和事業的信仰──時，我便把它們突出出來；同樣，當我在那個時代的法律、思想、風尚中碰到吞噬過舊社會，如今仍在折磨我們的某些弊病的痕跡時，我也特別將它們揭露出來，以便人們看清楚這些東西在我們身上產生的惡果，從而深深懂得它們還可能在我們身上作惡。」〔註2〕托克維爾的動機和理想，堪稱典範與楷模。面對中國左翼文學運動這一歷史精神現象，我無法遏制憧憬偉大理想的激情，同樣我也無法忍受革命長河中的濁流、污穢與血腥。我無法掩飾自己面對複雜歷史現象時的矛盾心情，更無法消解價值選擇上的進退兩難。

由於個人價值觀的矛盾及影響，我無法保持價值中立和零度情感式的所謂純粹學術立場。就個人的學術趣味而言，我不欣賞「躲進小樓成一統」式的文學觀，更願意將文學首先定位於一種精神現象，將文學置放於廣闊的社會背景中理解，將文學視為文化、歷史和社會研究的鮮活標本。面對洶湧澎湃的歷史激流，我總是壓抑不住個人的愛憎與好惡，儘管我知道這並不「客

〔註2〕托克維爾《舊制度與大革命》，商務印書館1992年版，第33～34頁。

「觀」和「公正」。我試圖在行文中緩和學術與思想判斷中的那些矛盾，但是可能造成自我言說的進退失據。當面對兩種或多種合理權利和價值理想的相互衝突時，我提醒自己選擇那些位階更高、更基本的權利與理想（從現代社會權利結構來看，最基本的人權是人的尊嚴和自由，一切損害它的行為，都應該受到譴責，無論打著什麼旗號、喊著什麼口號）。我希望自己的學術研究能夠遵循這一基本原則的要求，儘管也需要做出痛苦和矛盾的選擇。我期冀著自己的學術研究和價值選擇，能夠達到托克維爾所描述的那種境界。即使身不能至，也心嚮往之。我知道自己的學術追求不一定能在行文中全部實現，更何況我是在矛盾的狀態中投入到左翼文學研究領域。但是我一直希望：行行重行行，努力加餐飯，在艱辛和清貧的學術探索中見賢思齊。

馬克思在《評普魯士最近的書報檢查令》這一光輝文獻的篇末，引用了塔西佗的一句名言：「當你能夠感覺你願意感覺的東西，能夠說出你所感覺到的東西的時候，這是非常幸福的時候。」願意感覺自己願意感覺的東西，並非難事。但是能夠自由說出自己感覺到的東西，卻需要審慎和斟酌。在這一點上真是羨慕馬克思可以直言不諱。不過，帶著鐐銬跳舞，既是必然和無奈之事，又似乎更能體現舞者之創新欲望和舞姿之原創性。

半個多世紀前，一生都在深深體味舊時代之無盡悲哀的魯迅，在《亥年殘秋偶作》一詩的結尾，發出深深的長歎：「聳聽荒雞偏闃寂，起看星斗正闌干」。在那個「風雨如晦，雞鳴不已」的年代，有那麼多仁人志士聞雞起舞，在革命理想的召喚下，為反抗專制和黑暗前仆後繼、死而後已；有那麼多柔弱的文人知識分子，吟唱著國際歌走向刑場，倒在專制主義者的槍口下。然而這種為「生民立命」的承擔精神，在物欲張著血盆大口哈哈大笑的時代卻愈發彌足珍貴，可謂是「羚羊掛角，無跡可循」。儘管人們在夢醒時分發現，革命理想的實現，與當初捨身取義時的歷史想像大相徑庭，但是那股豪情、那腔熱血，卻足以令人扼腕長歎、唏噓不已。那些為反抗專制和黑暗、為謀求社會底層人民幸福奉獻出青春、熱誠乃至生命的人，永遠值得後人尊敬。當然今天我們也沒有必要隱惡揚善，諱言他們身上那些人性的弱點，諱言歷史抉擇中那些人為的慘痛教訓，諱言革命的烏托邦色彩。我們必須真誠、理智的對待歷史的闕失，避免那些災難在我們以後的生存中重新上演。

今天，我們誰也沒有資格拍著胸脯，自封為勞苦大眾的代言人。但是，每一個掙扎、奮鬥著走向社會的文人知識分子，都不應忘記草根階層的艱辛

與困苦。面對日益衝突的社會利益再分配，我們必須強烈譴責那些無恥掠奪底層人民血汗的人。學術從來就不是世外桃源，正義的學者應當用自己的語言，發出良知的呼聲。葛蘭西曾經指出：「現代知識分子在政治領域提出的最重要的要求之一，就是所謂『思想自由和思想表達自由』（『出版自由』，『結社自由』）。」〔註3〕面對複雜多變的諸多社會現象，我們可以選擇晉身之道、利益追逐，也可以選擇狷狂耿介、有所不爲。但是，如果我們還自視爲文人知識分子，如果喪失了追求「思想自由和思想表達自由」的欲望，那麼一個文人知識分子存在的理由是什麼？我們似乎應該捫心自問：能否像魯迅那樣「曾驚秋肅臨天下，敢遣春溫上筆端」？

　　流年似水，光陰荏苒，彈指間那場轟轟烈烈的左翼洪流，已經過去了 70 多年。正如當年魯迅對殷夫《孩兒塔》的評價，左翼文學運動同樣是「東方的微光，是林中的響箭，是冬末的萌芽，是進軍的第一步，是對於前驅者的愛的大纛，也是對於摧殘者憎的豐碑。」然而這「第一步」邁的是何等艱辛、何等坎坷，以至於「別一世界」在今天成爲空谷幽蘭、明日黃花。我希望在學術研究中，與當年那些血氣方剛的左翼文人知識分子們，作一次跨越時空的對話，就他們遺留下來的、依然影響我們精神世界的那些觀念，表達自己的同情和理解、抗辯和批判。歷史長河驚濤拍岸、大浪淘沙，「紅色的 30 年代」是人們無法迴避的精神礦藏，我希望自己的學術研究，能夠掀起哪怕是歷史厚重帷幕的小小一角，去追索靈魂深處那些被革命的刀光劍影掩映的歷史豐厚底蘊，去回應這個不知是鐵幕重重、還是生命不能承受之輕的時代。

〔註3〕葛蘭西《獄中札記》，中國社會科學出版社 2000 年版，第 262 頁。

第一部分
理性與革命：左翼文學歷史精神脈絡

第一章　現代性平臺上的理性與革命

　　費希特有名言曰:「無物常存,無論是在我之外,還是在我之內,所有的只是永不停息的變化。……世間唯有想像:它們是唯一的存在,它們以想像的方式認識自己。」現代中國文學史在某種程度上,就可以視爲是創造主體「想像」的產物,即以「想像」的生成方式,進行著自身現代性命題的文學建構,以「想像」作爲動力和激情,以現代性爲認同基礎,推動著仍處於現在進行時態的文學現代性價值夢想的實現。

一、現代性:文學史視野與方法

　　關於文學的現代性問題,保羅・德曼曾在《文學史與文學現代性》一文的開篇就提出質疑:「如果提筆對現代性作一回顧就會發現,這一用語到底有沒有用處還是一個問題,特別是它是否適用於文學的時候。」〔註1〕適用與否暫且不論,問題的關鍵在於「現代性」與「文學」作爲原始性的首級理論概念,並非是澄明而可靠的存在。同時作爲原始的不證自明的話語表達體系,又往往被運用於協調二者的闡釋行爲和評判活動中。在現代性一語的使用日益頻繁、語義日益駁雜的當下語境,尤其是人們戲言現代性爭論最爲激烈的當代中國,它不僅成爲一種泛理論型態,成爲一種意識形態色彩濃重的強勢話語,而且作爲一種話語權力,日益成爲重新規劃和構造文學理論、文學史、文學批評和文學創作實踐的某種先在性思維框架和理念圖式。

　　倘若對現代性及其現象進行概念性的理論界定,尤其是從文學角度入

〔註1〕保羅・德曼《解構之圖》,中國社會科學出版社1998年版,第165頁。

手，等待我們的往往是更加引起混亂的諸多困境和悖論。對於 20 世紀中國文學研究，現代性問題所導致的意義和功能，或許我們不得不同意保羅・德曼的觀點：「我所關注的，與其說是對自己現代性的描述，毋寧是對於方法或者這一概念所蘊涵的文學史的可能性提出的那種挑戰。」〔註2〕

什麼是現代性？這是一個至今尚未得到完整、統一、清晰和嚴格界說的理論術語，「由於這樣或那樣的具體原因，在整個社會科學中，人們對現代性的理解仍然極為膚淺。」〔註3〕人們對現代性諸多言說的共識性出發點，往往滯留於常識性、印象式的認知基礎上，認為它不過是指不同於以往傳統社會的現代社會的一種性質，更有人堅持認為這種性質屬於一項西方的工程，是西方現代社會形成過程中產生的系統質。至於現代性所指涉的方方面面，則眾說紛紜、莫衷一是。或許，對於「現代性」的定義化和概念化理解，本身就是出於一種歷史宏大敘事的思維方式和慣性。

事實上，我們通常所說的現代性概念具有極大的包容性，涵納了現代性所指涉的現象與本質的所有關聯域，比如現代化現象與事件，現代性的特徵與本質，現代性的效應與後果，以及現代學建構等問題。由於知識歸納和邏輯分類的差異，人們對現代性的言說往往依照不同的層面和理路展開，從而形成了對現代性不同的理解系統和闡釋視野。劉小楓從現代學的角度對這一問題進行的梳理是頗富啓發性的：「從形態面觀之，現代現象是人類有『史』以來在社會的政治——經濟制度、知識理念體系和個體——群體心性結構及其相應的文化制度方面發生的全方位秩序轉型。它體現為一個極富偶在性的歷史過程，迄今還不能說已經終止。從現代現象的結構層面看，現代事件發生於上述三個相互關聯、又有所區別的結構性位置。我用三個不同的述語來指稱它們：現代化題域——政治經濟制度的轉型；現代主義題域——知識和感受之理念體系的變調和重構；現代性題域——個體——群體心性結構及其文化制度之質態和形態變化。」〔註4〕這種分類是從知識學的視野對現代性事實及話語進行理論觀照的結果，為我們理解現代性問題及其涉及的方方面面廓清了學術邏輯基礎。同時也啓發我們從理論層面對現代性問題進行一種常規性的區分：作為歷史事實的現代性，這是我們的研究內容和對象；作為話

〔註2〕保羅・德曼《解構之圖》，中國社會科學出版社 1998 年版，第 167 頁。
〔註3〕吉登斯《現代性的後果》，譯林出版社 2000 年版，第 2 頁。
〔註4〕劉小楓《現代性社會理論緒論》，上海三聯書店 1998 年版，第 3 頁。

語言說的現代性，這是人們針對現代現象和內容所做的描述、分析、評判與闡釋；作爲現代學之研討中心的現代性，這是對上述對象和上述話語之間可能關係的研究。

現代學視野中的現代性問題暫且不論。問題在於：我們一般意識中的現代性，總是藏身於我們難以直接體驗的歷史眞實和我們對這種歷史眞實的想像與言說之中，我們對作爲歷史眞實的現代性的認識與理解，基本上是通過對它的話語言說來表達和獲得的。正如詹明信所強調的：「歷史本身在任何意義上不是一個本文，也不是主導本文或主導敘事，但我們只能瞭解以本文形式或敘事模式體現出來的歷史，換句話說，我們只能通過預先的本文或敘事建構才能接觸歷史。」〔註5〕因此，我們的有關現代性的理論期待視野，奠基於作爲歷史眞實的現代性和作爲話語言說的現代性之上，既融鑄著事實和經驗情境，又涵納了當下意識和問題情境。

對人自身而言，歷史是一個可理解的有意義的過程和整體。但是，歷史的意義不可能以直接的方式呈現給人類。歷史是一個由各個相對自律的異質斷層構成的結構統一體，歷史的意義乃是人們通過對斷層的勘探形成共同的意義指向而形成。對於人類的存在和需要而言，歷史並非是支離破碎的現象和雜亂無章的事件，而是作爲總體現象而展示自身，有著一種內在的統一性和整體性。福柯說過：「我知道現代性常常被說成是一個時代，或者，至少被說成是構成一個時代特徵的一組特徵；從它在日曆上的位置看，在它之前，是多少有些幼稚或古舊的前現代性，在它之後，是莫測高深的和引起麻煩的『後現代性』。」〔註6〕對於歷史進程中的現代性，現代性這一理論述語，正是圍繞著「現代」的本質和特徵，對一個特定歷史時代進行總體化描述過程中形成的概念，並賦予現代性所指涉的歷史時代以總體化的歷史形象和歷史意識。

毫無疑問，現代性是產生於西方社會的一個概念。正如吉登斯所強調的：「現代性指社會生活或組織模式，大約十七世紀出現在歐洲，並且在後來的歲月裏，程度不同地在世界範圍內產生著影響。」〔註7〕隨著西方社會的政治、

〔註5〕 詹明信《晚期資本主義的文化邏輯》，三聯書店、牛津大學出版社1997年版，第148頁。
〔註6〕 福柯《什麼是啓蒙》，載汪暉、陳燕谷主編《文化與公共性》，三聯書店1997年版。
〔註7〕 吉登斯《現代性的後果》，譯林出版社2000年版，第1頁。

經濟、軍事和文化在全球體系中處於中心和支配地位，其文化觀念、價值取向和意識形態等，在擴張的過程中也隨之具有了普遍主義的色彩。尤其是在20世紀，從傳統社會向現代社會的大變遷，成為全球性的社會衍化和發展趨勢。那些後發型、被動式的現代化國家的文化取向與價值系統，都程度不同地在追隨、模仿著西方現代性的內在要求和發展理路。因為全球化現代性語境已經不可避免的形成了。

自西方文藝復興和啓蒙運動以來，幾乎所有關於現代性的理論話語都推崇理性，把它視為知識與社會進步以及人類進化的的源泉，視為真理之所在和知識與科學之基礎。人們深信人類依靠理性，就有能力發現適當的理論與實踐規範，依據這些理論和規範，思想體系和行動體系就會建立，社會就會得到重建與發展。因此，理性是現代性生產一整套規戒性制度、實踐和話語的源頭，並使它的統治和控制模式合法化的理論基石。理性成為現代性得以建構的坐標原點，同時也成為文明的核心和象徵。

正是在理性這一具有先驗色彩的思想坐標的指引下，現代性生產出了科學、民主、自由、平等等一系列衡量一個社會文明與否的價值指標。這些，隨著工業革命和資本主義體系向全球的擴張，而成為一種具有普遍主義性質的權利話語。正如人們不得不經常看到的那樣，對於那些處於邊緣地區的民族與國家，由於在政治、經濟和軍事上都處於弱勢，因而對於世界體系軸心地區所創造的強勢文明，很難作出平等的回應，而是往往陷入一種兩難境地：拒絕接受將是一個損失，接受也是一個損失。如果拒絕接受，邊緣地區就很難享受這種文明給世界帶來的益處。如果接受，那就意味著不得不放棄自己、至少要改變以前所具有的文明〔註8〕。

中國社會由傳統向現代的變遷，就是在這樣一個全球性的歷史情境中發生的。日益惡化的社會狀況和迫在眉睫的民族危機，使中國社會生發了追慕現代性的衝動，它的可見的和可能的益處，激發了中國人自覺的學習意識。於是，無論是闡釋歷史還是創造歷史，都籠罩在現代性敘事的話語權利陰影下，科學、民主、自由、平等、個人、社會、國家和民族等現代主題，都被置放於傳統／現代的闡釋框架中。

現代性之所以成為當今對20世紀中國的主流敘事話語，一方面是因為現

〔註8〕 這種悖論現象，20世紀70年代以來的現代化研究專家們屢屢論及，比較有代表性的有華勒斯坦等人。

代性產生的改變社會的實踐效果，正如吉登斯所說：「現代性以前所未有的方式，把我們拋離了所有類型的社會秩序的軌道，從而形成了其生活形態。在外延和內涵兩方面，現代性捲入的變革比過往時代的絕大多數變遷特性都更加意義深遠。在外延方面，它們確立了跨越全球的社會聯繫方式；在內涵方面，它們正在改變我們日常生活中最熟悉的最帶個人色彩的領域。」〔註9〕另一方面，是因為現代性所具有的普遍主義性質，「普遍主義的實質是什麼？在理論上它的含義是人類在道義上都是平等的。它不僅認為所有的人都享有相同的天賦人權，而且認為人類的行為存在著我們能夠查明並進行分析的普遍原則。」〔註10〕以理性為精神和思維核心的現代性實踐和話語，因為它本身所宣揚的全人類道義平等原則和信奉歷史發展遵循普遍的規律與原則的敘事想像，賦予了自身超越國家、民族和個人的全人類色彩，因此就成為一種既是認識論又是信仰的歷史總體化意識形態。它所具有的實踐效果和理論統攝力，促使中國人積極而自覺地將現代性工程的諸種形態引介到國內，進行大規模的社會實踐。同時，中國的大批知識分子和文化人，更是積極而自覺地將之運用於闡釋歷史動向、分析社會現狀和指導未來走勢的文化創造行為中。

文學與現代性固然沒有絕對的、必然的內在邏輯聯繫，但中國社會長期以來對現代性孜孜不倦的追求，卻構成了文學發展的顯在歷史語境。現代性經過全球化過程中的「理論旅行」，經過 20 世紀中國文學的主動選擇，構成了一種外源性動力。一方面，現代性促成了 20 世紀中國文學由古典形態到現代形態的轉變，實現了文學形式的現代化；另一方面，現代性又成為 20 世紀中國文學所表達的歷史內容和價值追求。現代性既為 20 世紀中國文學的發展提供了廣闊場域和歷史資質，也為文學史提供了廣闊的論域和學術增長點。現代性既構成了 20 世紀中國文學的重要歷史內涵，又成為我們觀測、考察其歷史的視野與方法。

正是因為從內容到形式、從本體到客體，現代性與文學在歷史運作過程中發生了聯繫，20 世紀中國文學的現代性問題可以歸結為三個方面：第一，文學自身的現代性，主要是指中國文學為適應時代需求，以世界現代文學樣式為模本，所進行的文學形式的變革，這可稱之為文學形式的現代性；第二，文學內涵的現代性，主要是指中國文學在追慕西方現代文明的過程中，從表

〔註 9〕吉登斯《現代性的後果》，譯林出版社 2000 年版，第 4 頁。
〔註10〕華勒斯坦《歷史資本主義》，社會科學文獻出版社 1999 年版，第 100 頁。

現內容審美趣味到價值理想，表達出對現代性實體狀態和精神心理的渴望與企求；第三，歷史語境的現代性，現代性作爲一種整體歷史內涵和歷史意識，毫無疑問從內外兩個層面構成了文學發展流變的歷史背景和話語中心。

從另一個角度來說，20 世紀中國文學的現代性已成爲揮之不去的文學事實，同時又成爲理解作爲文學事實的現代性的文學史期待視野；另外它們又共同促成了文學史研究的現代性模式的形成，如果拋卻文學史研究話語各個時代的色彩，從理論內涵到方法論，中國 20 世紀文學史研究也展現出對現代性的追求與探索。儘管對現代性的體認各不相同，但追求現代性的總體趨勢，卻是 20 世紀中國文學及研究的一個重要歷史目標。所以，談論 20 世紀中國文學的現代性問題，並不在於將它預設爲文學的本質和標準，或者去追尋和發掘現代性與文學之間的必然邏輯聯繫，而是在於將「現代性」視爲一種理論導向和方法論導向的思考工具，在一定程度和範圍闡明 20 世紀中國文學的基本歷史風貌、基本歷史內涵和具體展現形式，勘探文學歷史斷層中那些漸漸湮滅的信息，在文學的歷史演繹中把握我們曾經經歷的和將要經歷的「存在的本眞」。

二、理性：革命文學的價值平臺

康德在《世界公民觀點之下的普遍歷史觀念》〔註 11〕中強調：人是「作爲大地之上唯一有理性的創造物」，因此「一個被創造物的身上的理性，乃是一種要把它的全部力量的使用規律和目標都遠遠突出到自然的本能之外的能力，並且它不知道自己的規劃有任何的界限。」他進一步引申說：「既然她把理性和以理性爲基礎的意志自由賦予了人類，這就已經是對她所布置的目標的最明顯不過的宣示了。這就是說，人類並不是由本能所引導著的，或者是由天生的知識所哺育、所教誨著；人類倒不如說是要由自己本身來創造一切的。」康德的思想是現代歷史觀和世界觀的智慧基石，其推崇理性至上的原則，也構築了現代性工程和現代性言說的哲學認識論基礎與文化心理底色，並且作爲一種思維常識影響和左右著人們的思想和行爲，直至今天仍發揮著廣泛而潛在的影響。一言以蔽之，可用「人爲萬物自然立法」作概括。

這種歷史觀或世界觀，將上帝或神的統治權讓渡給人自身，認爲人自身

〔註11〕康德《歷史理性批判文集》，商務印書館 1990 年版。

的實存或本質屬性是所有社會制度與精神秩序的先天合理性根據，強調人的本性和實存作為一切事物的中心和源點，強調源自理性的人類要求的合目的性和正當性。它認為理性是人之為人的最內在的本質和屬性，理性是合乎自然社會規律的人的本體化表現形式。憑此，人能夠再現或表現世界和歷史的本質，即發現真理和創造真理。正是這種信奉人是社會歷史之中心的理性原則，賦予人自由運用自己理性的權力，人憑藉理性的無邊法力，去解釋、規劃和變革世界。人的現代性王國也在此基礎上開始建立。

　　齊格蒙·鮑曼在闡述以理性為基石的現代性世界觀時認為：「典型的現代性世界觀認為，世界在本質上是一有序的總體，表現為一種可能性的非均衡性分佈的模式，這就導致了對事件的解釋，解釋如果正確，便會成為預見（若能提供必需的資源）和控制事件的手段。控制（『征服自然』，『規劃』或『設計』社會）幾乎總是與命令性行為相關聯，或與其同義，這種命令性行為被理解為一種對於可能性的操縱（增大或減小事件發生的可能性）。控制的有效性依賴於對『自然』秩序的充分瞭解。」〔註 12〕這種世界觀，或者說人生觀與社會觀的形成，正是人對自身理性能力頂禮膜拜的必然邏輯結果。人依據理性能夠正確認識與解釋自然秩序社會秩序，能夠在正確認識的基礎上憑藉理性合乎目的和發展規律的能力去征服自然改造社會。這樣，人就可以憑藉理性賦予的自由意志去創造新的天地，「在它的理論化的形態中，現代首先把自己界定為理智與理性的王國，相應地，把其它的生活方式看作是這兩種東西的缺乏。」〔註 13〕從而使理性和理性賦予的自由意志向一切領域擴張和膨脹。

　　憑此，自詡為理性代言人和規律揭示者的個體，就站到了掌握歷史槓杆的地位上，成為歷史變革和發展的最有權威的發言人，成為人類整體發展方向的促進者指導者，成為人類全體利益的代表和化身。「現代人最深刻的本質，它那為現代思辨所揭示的靈魂深處的奧秘，是那種超越自身，無限發展的精神。」〔註 14〕現代人這種自我精神的無限發展，正是緣自於對理性無比崇尚的後果。

〔註 12〕齊格蒙·鮑曼《立法者與闡釋者——論現代性、後現代性與知識分子》，上海人民出版社 2000 年版，第 4 頁。
〔註 13〕齊格蒙·鮑曼《立法者與闡釋者——論現代性、後現代性與知識分子》，上海人民出版社 2000 年版，第 150 頁。
〔註 14〕丹尼爾·貝爾《資本主義文化矛盾》，三聯書店 1989 年版，第 96 頁。

人爲自身和萬物立法的雄心壯志，使理性成爲最高評判標尺。這成爲自文藝復興和啓蒙運動以來全球性的主流性的共識和常識，恰如恩格斯所強調的：「一切都必須在理性的法庭面前爲自己的存在作辯護或者放棄存在的權利」。〔註15〕馬克思主義理論就是建構在這種理性觀基礎上，是自笛卡爾、康德和黑格爾以來最具道義責任和倫理意圖的理性主義集大成者。馬爾庫塞將它的主要內容概括爲這樣幾點：1、人有權力按照自身的需要和認識去改造世界，所謂合乎理性的世界首先是人根據理性所認識和改造的世界；2、人類理性在歷史發展中只有把社會和自然合理地組織起來，人才可以得到全面的發展；3、人只有通過合乎理性地教育才能成爲理性世界中合乎理性的存在；4、人的活動乃是理性主體的活動，它的活動以理性爲指導去認識普遍必然的規律，但這種活動並不是主觀任意的，而是受客觀現實的結構所限制的；5、理性不僅使自然界，而且使社會歷史領域得到了統一。有理性思維能力的主體乃是普通概念的創造者，這個主體必然是自由的，這是它的主觀性本質；6、根據理性行動的自由主體能在自然和社會實踐中實現其自身的真正自由。〔註16〕馬爾庫塞的概括，彰顯了馬克思主義理性觀的精髓。

作爲社會批判理論的馬克思主義理性觀，其著眼點在於人類的理想與未來（烏托邦色彩），在於人的自由本質的自由實現，在於社會理想模式和規律的動態發展，在於人自身的發展必須建立在理性要求的基礎上。它強調理性作爲人類意識的能動性，能夠改造或否定現存社會中不合理性的現實，能夠廢黜非理性及違反人類自由意志的反人道的專制者。它強調世界、國家、社會和個人的行動，應該服從於理性的指引，只有以理性指導人類的實踐，才能改變現實社會中不合理、不合法的一切，從而創造出符合理性想像的美好公正和至善的新型社會。

在馬克思主義視野中，真善美的東西應該在社會現實生活中成爲真實的存在，理性正是實現這種追求的思想和意識指南。理性以主體的自由爲先決條件，自由也以理性爲指南，依靠理性能力獲得。理性與自由是互爲因果、互爲條件、互相依賴、互相促進的相輔相成的辯證關係，二者統一於實踐主

〔註15〕《馬克思恩格斯論藝術》第二卷，中國社會科學出版社1983年版，第130頁。
〔註16〕參見馬爾庫塞《理性和革命——黑格爾和社會理論的興起》有關論述，重慶出版社1993年版。馬爾庫塞認爲「理性和革命」是黑格爾哲學的基本精神。其實，從某種程度上說是馬克思主義哲學的基本精神，似乎更合適一些。本節對「革命與理性」的理解與闡發的理論起點，就以馬爾庫塞思想爲基礎。

體之中，理性的目的是實現自由，而自由又依賴於主體在理性指引下的解放。但是在現實社會中，就社會構成因素而言，由於私有制惡性膨脹和專制獨裁泛濫，人的本質遭到扭曲和變形，人的存在和自由遭到異化，人的理性變成了斤斤計較的精明的利益換算，理性指引下的自由意志被侵蝕殆盡。這種社會異化必然導致人們要求變革不符合眞實理性要求的社會現實和社會結構，以達到社會現實和理性要求相符合，與人的自由本質的實現合爲一體。這可以視爲理性與革命的關係的潛在內涵。

　　理性在自由意志和生命意志的支撐下，本著自身邏輯發展的趨向不斷地否定不合理的現實，進而逐漸實現現實和理性的同一性。人類追求意志自由的內在生命衝動在理性的指引下，促使自身投入到合乎理性的、合乎規律的改造現實的實踐行爲中。革命就是這種自由主體的改造現實的最激烈的生命實踐行爲。在資本主義體系中，由於資產階級對無產階級這一歷史主體進行剝削和奴役，無產階級在理性精神的推動下，必然按合規律、合目的的社會理想要求，揭竿而起、奮起革命，砸碎資產階級的鐐銬和桎梏。因此，在馬克思主義的理性與革命關係的視野中，無產階級就是按照人類理性要求而被歷史實踐創造出來的建構新社會的歷史主體。這樣，理性與革命的現實聯繫，就聚焦於無產階級這一馬克思主義設想的變革主體上。這是理性與革命的關係的顯在內涵。

　　總之，理性在人類自由意志的內在驅動下，按自身的要求不斷地否定不合理的現實，進而實現歷史、現實和未來的合乎規律、合乎目的的發展，革命就是它實現這些要求的最激進的、最高級形式的手段。理性給予革命行爲以精神指導，革命行爲使理性要求獲得現實內容，二者統一在無產階級實現歷史要求的實踐中。這樣，無產階級作爲歷史主體就成爲重新構造社會的中心和焦點。無怪乎有的社會學家認爲：「對於馬克思及其社會主義、共產主義信仰者來說，工人階級是個應該從思想上眞正給予崇敬的對象。他們把改變世界、實現後資本主義理想國（烏托邦）即地球上的天國的希望寄託在工人階級身上。他們相信，不管怎麼說，由於世界開始衰退，無產階級將很快成爲活動和批評的源泉。它將逐漸擁有自身的意識，通過意志的力量改變生產關係——私有財產法，並創造一個新的世界。」〔註17〕

〔註17〕傑弗里·亞歷山大《社會學二十講：二戰以來的理論發展》，華夏出版社 2000
　　　　年版，第 251～252 頁。

馬克思主義思潮在「五四」時代就已傳入中國並產生了一定影響。正如毛澤東所說的，十月革命一聲炮響，給中國送來了馬克思主義。馬克思主義及其現實樣板蘇俄社會主義制度的建立，在政治領域直接促成了中國共產黨的建立。然而對於廣大知識分子而言，對馬克思主義的認同和接受，則是 20 年代中後期以後的事情，有的學者指出：「1924 和 1927 年這幾年的特點，最重要的是作為知識分子一種主要觀點的馬克思主義的某些看法在城市知識分子當中引人注意的傳播。」〔註 18〕這個特點在從事文學活動的知識分子中尤為顯著。生活於水深火熱中的底層民眾，動盪不安、急劇惡化的社會黑暗現實，以及弱肉強食的國際形勢、列強紛爭的國際秩序，促使心靈極為敏感、特別是出生於社會中下階層的大批文人和知識分子，轉向激進的馬克思主義的接受和實踐，以期從中尋找到國家、社會和個人的出路。

積極探索和實踐馬克思主義學說，成為當時激進知識分子和文人的流行文化時尚。我們今天稱為「左翼十年」的那段歷史時期，正是左翼文學作為被壓抑性和批判性話語最為風光的時代，「左翼革命文學之所以受歡迎，就是由於它們較多地表達了『公眾所珍視的政治思想』，在最大程度上順應了公眾的政治取向以及由此形成的社會心理。」〔註 19〕更為重要的是，在馬克思主義的啟迪下，對於文學自身而言，中國文學的格局和發展趨勢發生了重大變動，它所引發的文學的重新定義、文學隊伍的重新劃分，創作形式和內容的重新釐定，對五四及以往時代文化的評價，等等，都改變了中國文學的前進航向，並影響至今。

左翼文人通過一系列論戰和批判，逐步確立了馬克思主義在當時文壇的最具強勢的話語權力地位，主要有革命文學論爭、對魯迅茅盾等人的批判、對新月派的批判、對民族主義文學的批判、對「自由人」和「第三種人」的批判、關於大眾化和拉丁化的論爭，以及「兩個口號」之爭等等。這些論爭和批判今天固然仍須進一步釐清，但是通過這些論爭和批判，馬克思主義的話語權威樹立了起來。左翼文人都自覺不自覺地遵循著一些基本規則。透過當年那些歧義紛呈、厚可盈尺的文獻，我們至少可以歸納出以下四點：第一，根據馬克思主義的歷史發展五階段學說，未來的社會主義社會和共產主義社會遠遠優越於現存社會狀態，提供了一個理想主義目標和承諾；第二，按照

〔註 18〕《劍橋中華民國史》上卷，中國社會科學出版社 1994 年版，第 499 頁。
〔註 19〕朱曉進《政治文化心理與三十年代文學》，《文學評論》2000 年第 1 期。

馬克思主義對階級結構和階級力量的分析，實現這一理想社會狀態的歷史主體是無產階級，未來必將是無產階級的未來；第三，未來的美妙前景無法坐享其成，只有通過革命才能獲得，革命是實現理想的最快捷的手段；第四，根據馬克思主義關於經濟基礎和上層建築關係的原理，屬於上層建築和意識形態領域的文學具有強大的能動性，必將促成革命的成功，必將幫助無產階級實現創建新社會的理想。

這樣就形成了一個堅實的邏輯認識基礎：文學能夠幫助無產階級以革命的手段實現社會主義共產主義社會。這種認識構成了當時左翼文學場形成的話語基礎。儘管對於文學如何實現階級使命、文學促成革命的手段、文學的內容和技巧如何體現革命要求等問題，左翼文人們眾口難調，但是上述四條卻成爲話語言說的前提，成爲左翼文人的一種言說標誌和資格。今天翻閱當年的批判和論爭文獻，不必一一引述，上述邏輯認識基礎清晰可見，其中最具代表性的是李初梨的觀點：「無產階級文學是：爲完成他主體階級的歷史的使命，不是以觀照的——表現的態度，而以無產階級的階級意識，產生出來的一種的鬥爭的文學。」〔註 20〕當然，最集中體現左翼文人這種共識的，還有左聯的行動綱領和理論綱領。

「我們今日所需要的文藝，便是本著人類社會活動的『不斷的反抗』的精神，準著適合現代的思想而產生的具有革命性的文藝。」〔註 21〕當左翼文人沸騰著熱血將文藝納入到革命的行列中時，他們實際上是在文藝領域實驗一場歷史超越，將自近代以來中國人追求現代性的實踐，錨定在一個更具烏托邦色彩的至善至美的目標上。剛剛脫離傳統封建社會專制主義束縛的中國人尚未充分咀嚼啓蒙精神和人道主義，就在短短不到十年間的時間裏躍上當代人類最高價值追求的峰尖，憧憬著塑造完美人性的社會的降臨。

「從理智的層面上，重新規劃社會秩序，是人類約定活動的一個結果，不是『絕對的』，也沒有超出人類所能控制的範圍，它是在通向現代性道路上的迄今爲止最重要的里程碑。然而，爲了使這一重新規劃得以展開，在通往重建社會秩序之路上，一場革命在所難免。」〔註 22〕自文藝復興和啓蒙運動

〔註 20〕李初梨《怎樣地建設革命文學》，1928 年 2 月 15 日《文化批判》第 2 號。
〔註 21〕芳孤《革命的人生觀與文藝》，1927 年 9 月 1 日《泰東月刊》創刊號。
〔註 22〕齊格蒙・鮑曼《立法者與闡釋者——論現代性、後現代性與知識分子》，上海人民出版社 2000 年版，第 69 頁。

以來「人成為自身存在和一切行動的理由」的理性主義想像，經過跨越歷史和國家的旅行，在 20 世紀 20、30 年代乃至以後時代的中國版圖上，醞釀了一場追求被視為最高級最先進現代性的實踐。在這場實踐中，馬克思主義預設的完美社會理想成為最高價值坐標，革命成為唯一合法合理的手段，文學成為文人知識分子們獻身這一行動的戰場。

三、革命與文學：時代精神的現實演繹

自鴉片戰爭以來的幾代中國人，都是在亡國滅種的歷史危機中睜開眼睛看世界的。他們在全球版圖中重新審定自己的位置，在拯救國家、民族和個人的過程中，無不苦苦尋覓「師夷長技以制夷」的救世良方。從洋務運動的信奉西方列強堅船利炮的科技文明，到維新變法和辛亥革命崇尚西方的制度文明，再到五四時代新文化運動對西方精神文明的羨慕，問題的癥結歸根到了人的現代化和文化的現代化，正如李大釗所宣稱的：「一切解決的基礎，都在精神解放。」〔註 23〕用了將近半個世紀的光陰，中國人對現代性的認識完成了從物質到精神、從外部社會到內在靈魂的認識，形成了對現代性工程系統性和整體性認識。軍事救國、實業救國、教育救國、科技救國、文化救國等等，一浪高過一浪的現代性實踐在中國大地全面展開。回望這段歷史，這些先輩慷慨激昂、熱血沸騰的民族主義獻身精神，依然令後世人欽佩和感動。至於他們的失誤及後果，都遮蔽在人們對歷史的諒解情緒中。

在這一歷史時段中，對我們當下社會尤其是對文學影響最大，並依然發揮作用的，當首選五四新文化運動。新文化運動是一次全面的、系統的和整體的在人的精神世界進行現代性實踐的集體性文化再造行為，是對西方自文藝復興以來現代性文化尤其是啓蒙理性精神的大規模模仿與接受。

鑒於以往半個世紀的現代性實踐方案並沒有起到揭竿而起一定乾坤的功效，新文化運動的首倡者們將新一輪現代性實踐的突破口錨定在文化和文學上。正如陳獨秀在著名的《文學革命論》〔註24〕中闡述的，今日歐洲的繁榮，是由政治、宗教、倫理革命、文學藝術方面的革命振興而達成，而中國「政治界雖經三次革命，而黑暗未嘗稍減。其原因之小部分，則為三次革命皆虎頭蛇尾，未能充分以鮮血洗淨舊污；其大部分，則為盤踞吾人精神界根深蒂

〔註23〕李大釗《精神解放》，載 1920 年 2 月 8 日《新生活》第 25 期。
〔註24〕陳獨秀《文學革命論》，載《新青年》第 2 卷第 6 號。

固之倫理、道德、文學、藝術諸端，莫不黑幕層張，垢污深積」，文學革命的重要目的之一，就是要革除與舊文學互爲因果的「吾阿諛、誇張、虛僞、迂闊之國民性。」強調「文學者，國民最高精神之表現也」的陳獨秀認爲：「舊文學、舊政治、舊倫理、本是一家眷屬，固不得去此而取彼；欲謀改革，乃畏阻力而牽就之，此東方人之思想，此改革數十年而毫無進步之最大原因也。」〔註25〕李大釗更是堅信：「由來新文明之誕生，必有新文藝爲之先聲。」〔註26〕由此可以看出，新文化運動的倡導者們將文學作爲他們的現代性實踐框架的基本和首選策略，在促進文學由古典向現代的轉換過程中，是將社會整體的現代性內容實踐賦予文學，文學承擔了現代性社會意識形態的功能。

　　如果說新文化（學）運動偏重於以啓蒙理性爲核心的現代性方案的選擇，那麼左翼文學運動則熱衷於當時處於前衛範疇的現代政治理性精神的引進與實驗，將政治現代性或者說革命理性置於文學實踐的中心位置。眾所周知，左翼文學實踐的活躍時期，正值馬克思主義思潮風靡全球之時。「赤化」既寓意著它的批判性和顛覆性，也象徵著它的威懾力與革命能量。馬克思主義是現代資本主義體系派生出來的一股異己力量，它提出了一整套有別於原有資本主義現代性形態和質態的現代性重構方案。它關注大多數人尤其是下層人民的幸福問題，追求更加合理的社會秩序和社會模式，承諾未來社會面向大眾及所有人的福祉。它提出了社會主義社會和共產主義社會較之於資本主義社會的全面超越性理想，提出了無產階級是資產階級掘墓人，是社會變革的主要歷史力量的觀點。這些在革命的名義下形成的理性言說，對當時尋求救國、救民、救個人之道的中國人來說，無異於救世福音。況且，蘇俄社會主義形態的建立，更是樹立了楷模。且不說當時中國人對馬克思主義的接受是否全面系統，是否來自馬克思主義原典，這些輾轉相傳的朦朧的社會人生理想，足以激發自古就嚮往大同理想的中國人的心靈衝動與渴望。易於敏感與激動的文化人走在了全社會接受的前沿。或許正如郭沫若所說：「因爲他的感受性銳敏，所以一個社會臨到快要變革的時候，在別種氣質的人尚未十分感受到壓迫階級的凌虐，而他已感受到十二分，經他一呼喚出來，那別種氣質的人也就不能不繼起響應了。文學能爲革命的前驅的，我想怕就在這兒。」〔註27〕

〔註25〕陳獨秀《論〈新青年〉之主張》，載《新青年》第5卷第4號。
〔註26〕李大釗《「晨鐘」之使命》，載1916年8月15日《晨鐘》。
〔註27〕郭沫若《革命與文學》，載1926年5月16日《創造月刊》第1卷第3期。

　　革命文學和左翼文學歷史敘事話語的中心是政治革命和階級鬥爭，崇尚當時被視爲最先進的社會政治模式，表現和促進階級鬥爭和階級解放，追求公正、合理和平等的社會秩序。如果說五四時代強調個性解放、強調人的啓蒙，那麼左翼文學時代更強調社會政治啓蒙、強調社會和階級解放。從文學革命到革命文學的轉變，實際上是從啓蒙理性到革命理性的轉變，是從崇尚歐美現代性到崇尚蘇俄現代性的轉變，是從五四時代多元啓蒙現代性到一元政治現代性的轉變。現代性追求的焦點由抽象的人轉向了具體的社會，由個人主義轉向了集體主義，「現代革命的傾向，就是要打破以個人主義爲中心的社會制度，而創造一個比較光明的，平等的，以集體爲中心的社會制度」。〔註28〕

　　左翼文學運動的提倡者和實驗者們將文學現代性追求與政治現代性追求合二爲一，「文學是社會上的一種產物，她的生存不能違背社會的基本而生存，她的發展也不能違背社會的進化而發展，所以我們可以說一句，凡是合乎社會的基本的文學方能有存在的價值，而合乎社會進化的文學方能爲活的文學，進步的文學。……眞正的文學是只有革命文學的一種。」〔註29〕左翼文學運動將政治意識形態的功能賦予文學，是五四新文化運動乃至晚清以來將追求社會現代性使命賦予文學的必然歷史邏輯結果。從此，政治現代性追求制約著文學的發展與流變長達半個世紀。革命理性精神成爲從 20 年代末到 70 年代末中國文學發展的重要文化哲學基礎和主要價值坐標。

　　馮乃超在革命文學論爭中發表文章強調：「我們的藝術是階級解放的一種武器，又是新人生觀新宇宙觀的具體的立法者及司法官。革命的整個的成功，要求組織新社會的感情的我們的藝術的完成。」〔註30〕彭康也強調：「在階級立場及階級意識之下，思想的組織化使讀者得到舊社會的認識及新社會的預圖，感情的組織化使讀者引起對於敵人的厭惡，對於同志的團結，激發鬥爭的意志，提起努力的精神，這是革命文藝的根本精神，也是它的根本任務。」〔註31〕在革命文學的倡導和左翼文學運動的實踐過程中，馮、彭二人的這些言論是具有典型的。且不說他們及其代表的言論「並沒懺悔以往的表示，而

〔註28〕蔣光慈《關於革命文學》，載 1928 年 2 月 1 日《太陽月刊》2 月號。
〔註29〕郭沫若《革命與文學》，載 1926 年 5 月 16 日《創造月刊》第 1 卷第 3 期。
〔註30〕馮乃超《怎樣地克服藝術的危機》，載 1928 年 9 月 10 日《創造月刊》第 2 卷第 2 期。
〔註31〕彭康《革命文藝與大眾文藝》，載 1928 年 11 月 10 日《創造月刊》第 2 卷第 4 期。

是一種『先驅』的，『灼見』的態度；這使得不健忘的人們頗覺忍俊不禁。」
〔註 32〕也不說他們及其代表的言論「未必像有些人的不客氣的猜度所說的竟
是投機，是出風頭。」〔註 33〕也不說「不要腦子裏存著許多舊的殘滓，卻故
意瞞了起來，演戲似的指著自己的鼻子道，『惟我是無產階級！』」〔註 34〕的
指責全無道理。而是說左翼文學實踐家們的言論與行爲，恰如茅盾在《談〈倪
煥之〉》中以「以子之矛攻子之盾」的方式反證出來的「時代性」所體現的「必
然律」：「所謂時代性，我以爲，在表現了時代空氣之外，還應該有兩個意義：
一是時代給予人們以怎樣的影響，二是人們的集團的活力又怎樣地將時代推
進了新方向，換言之，即是怎樣地催促歷史進入了必然的新時代，再換一句
說，即是怎樣地由於人們的集團的活動而及早實現了歷史的必然。」〔註 35〕
這種時代性對社會發展的推動是鋪天蓋地的，不管你激進與否。

　　所謂文藝是階級解放的武器，是新人生觀宇宙觀的立法者及司法官，所
謂以無產階級立場組織思想和情感來痛詆舊社會預圖新社會，無不透露出革
命意識形態中所具的歷史理性、必然規律、終極目的對文學觀念的支撐與整
合。這一方面固然是時代性作爲外力的影響，另一方面更是左翼文學實踐家
們刻意以歷史主體姿態進行主觀歷史想像和塑造的結果。「我們的任務是要如
何領導現代的潮流，使向更高的階段發展」。〔註 36〕左翼文學實踐家們面對「歷
史必然」的這種創造歷史的主體自信心，正體現和宣告了啓蒙理性已被政治
理性及其實踐所替代，政治現代性的追求已躍居歷史舞臺的中心。

　　由此可以看出，左翼文學運動實踐者們所遵循的哲學認識論基礎，已不
再是啓蒙主義、個人主義等價值目標，而是政治啓蒙、歷史理性、集體主義
等價值規則與價值律令。在左翼文學運動實踐者們的視野中，一切都被視爲
階級鬥爭階級解放和創造新型政治社會的工具，所謂的這種歷史必然規律也
「必然應該」內化爲個體的自覺追求。由於當時社會的關注焦點在於政治平
等和社會的公正，政治言行成爲社會構成諸領域中最具煽動性和蠱惑力的社

〔註 32〕茅盾《讀〈倪煥之〉》，載 1929 年 5 月《文學周報》第 8 卷第 20 號。
〔註 33〕茅盾《讀〈倪煥之〉》，載 1929 年 5 月《文學周報》第 8 卷第 20 號。
〔註 34〕魯迅《現今的新文學的概觀》，載 1929 年 4 月 26 日《未名》半月刊第 2 卷第
　　　　8 期。
〔註 35〕茅盾《讀〈倪煥之〉》，載 1929 年 5 月《文學周報》第 8 卷第 20 號。
〔註 36〕克興《評駁甘人的〈拉雜一篇〉——革命文學底根本問題底考察》，載 1928
　　　　年 9 月 10 日《創造月刊》第 2 卷第 2 期。

會表達方式，政治及其諸樣式的實踐，成為最易引爆各種欲望與意志的領地。

因此，左翼文學運動的倡導者們以掌握歷史規律、洞晰未來趨勢的先知先覺姿態，將文藝創造行為納入到實現階級解放、創造未來新型社會政治秩序的行為中。所以沈起予宣稱：「藝術運動底結論，是應當與政治合流，——即是應當作為政治運動底補助——我們給它一個『副次的工作』底名詞。」〔註37〕林伯修認為沈起予的見解固然是對的，但降低了文藝的主觀能量，他進一步補充道：「普羅文藝運動是普羅鬥爭中的一種方式，它和政治運動一樣地是階級解放所必要的東西。它與政治運動是有著內面的必然的聯絡，所以它必須與政治運動合流。但不應該因此把它看做『副次』，把它看做政治運行的補助。在這裡只有工作上分配的問題，而不是性質上輕重的問題。如果把它看做副次的東西，結果必不能獲得藝術運動的正確的理論。」〔註38〕沈起予強調文藝是政治鬥爭的補助，而林柏修固然強調文藝與政治的平等地位與作用，但他們的大前提卻是一致的，即文藝是階級鬥爭和階級解放的工具。

這裡所隱藏的問題的關鍵在於：文學與政治都是人類意識與精神的總體化表現形式之一種，二者在人類精神、意識的版圖中都是獨立自足的平等系統，在唯階級鬥爭階級解放馬首是瞻的視野中，強調補助也好強調平等也罷，根本就沒有本質區別，所獲得的關於「藝術運動的正確的理論」不過是五十步笑百步，在這樣的前提下獲得的「正確的理論」未必就那麼正確。想像固然是創造歷史的一種力量，但歷史規律並不一定符合想像中所掌握的歷史規律，歷史也不總是必然按照想像中的歷史必然軌道前行。

「我們知道帝國主義的資本主義制度已經變成人類進化的桎梏，而其『掘墓人』的無產階級負起歷史的使命，在這『必然的王國』中作人類最後的同胞戰爭——階級鬥爭，以求人類徹底的解放。」〔註39〕當左翼文人以高亢的歷史主體姿態，投入到救世的歷史想像和歷史創造實踐中時，他們高昂的道德理想主義姿態，將他們定義在歷史浪漫英雄的位置上，定義在歷史桂冠詩人的位置上。當後人緬想那慷慨激昂、熱血沸騰的歷史場景時，無法不為之動容。然而，歷史並非依照主體的想像演進，當歷史想像與歷史創造在數十

〔註37〕沈起予《藝術運動底根本概念》，載 1928 年 10 月 10 日《創造月刊》第 2 卷第 3 期。

〔註38〕林伯修《1929 年急待解決的幾個關於文藝的問題》，載 1929 年 3 月 23 日《海風周報》第 12 期。

〔註39〕《中國左翼作家聯盟的成立》，1930 年 3 月 10 日《拓荒者》第 1 卷第 3 期。

年後演變爲狂熱的全權道德禁欲主義專制時，人們不免向它的歷史淵源投去懷疑的目光。歷史資源並非可以簡單地肯定或否定、贊成或反對，它需要我們勘測它之所以然的理由，在是也非也的感歎中，尋覓歷史及歷史精神的可能的本眞狀態。因爲我們及後來人還要更加完美完善地活著。

第二章　政治文化語境與左翼文學創生

　　對於左翼文學運動的興起，魯迅有一個著名的看法：「這革命文學的旺盛起來，在表面上和別國不同，並非由於革命的高揚，而是因爲革命的挫折」[註1]。這爲左翼文學發生和發展的歷史背景和社會文化語境，提供了準確的理解線索，開拓了廣闊的闡釋空間。眾所周知，革命文學在中國的勃興，有著深刻的國際和國內的社會政治、文化原因，以及中國現代文學自身發展尋求突破的內在需要，這就需要我們回溯到歷史的深處，去探尋中國左翼文學運動產生與發展的歷史隱秘。

一、馬克思主義的理論旅行

　　中國左翼文學主潮的形成和高漲，適值20世紀的2、30年代，亦即人們常說的「紅色的 30 年代」。在世界範圍內，這一時段最令人矚目的精神和文化現象，是全球化語境中馬克思主義話語權威的崛起，特別是在東方（蘇聯、日本、中國等）的輾轉傳播和接受。

　　在蘇俄，隨著社會主義制度和形態的建立，新興的掌權階級不但在政治、經濟和軍事領域掌握著社會的命脈，而且尋求思想文化和文學領域的領導權，在這些領域傳播新興掌權階級的價值觀念和意識形態訴求。無產階級文化派和稍後出現的「拉普」成爲最具代表性的文學思潮流派。無產階級文化派出現於 1917 年，是一個在工人群眾中從事無產階級文化普及的群眾性組

〔註 1〕　魯迅《上海文藝之一瞥》，載《魯迅全集》第 4 卷，人民文學出版社 1981 年版。

織，其鼎盛時期參加活動的人數達到 40 多萬，出版刊物近 20 種。這個組織最有影響的領導人是臭名昭著的波格丹諾夫，他所代表的「唯我獨革」的「極左」傾向和他的文學藝術能「組織社會經驗」、是「組織階級力量的工具」的觀點，產生了極為惡劣的流弊，對中國左翼文學運動影響頗深，至今流毒未絕。雖然它在 1932 年才宣佈解散，但在 20 年代初即開始解體。因為思想觀念的分歧、組織的頻繁更替和宗派主義泛濫，先後出現過「鍛冶場」、「青年近衛軍」、「工人之春」、「十月」、「列夫」、「莫普」（莫斯科無產階級作家聯合會）、「瓦普」（全蘇無產階級作家聯合會）、「拉普」（俄羅斯無產階級作家聯合會）、「伏阿普」（全蘇無產階級作家聯合會聯盟）、「文學陣線」、「構成派」等文學團體和流派，其中「拉普」是它們的核心。參加這些組織的既有一般的工人和文學青年，更有傑米揚、別德內、馬雅可夫斯基、法捷耶夫、綏拉菲莫維奇、富曼諾夫、肖洛霍夫等文學名流，他們的作品對中國左翼文學的創作產生了示範性影響。「拉普」對文學理論問題進行了廣泛的探討，諸如文藝與現實的關係、文藝與政治的關係、真實性、典型性、現實主義和浪漫主義、世界觀與創作方法的關係、形式與內容的關係等命題，都在中國左翼文學產生和發展的過程中產生過回響。特別是它的理論核心「辯證唯物主義創作方法」，更是成為中國左翼文學思潮和創作的理念和價值框架。有的專家評價說：「『拉普』最主要的錯誤是組織上的宗派主義（特別表現在對待『同路人』作家的問題上）、思想上的教條主義（把文學與政治混同起來，用行政命令的方法去解決複雜的文藝問題）和理論上的庸俗社會學傾向（提倡辯證唯物主義創作方法等）。」〔註 2〕考諸中國左翼文學運動的是是非非，這些「最主要的錯誤」不但屢見不鮮，而且大有青出於藍之勢。

在日本，左翼文學運動始於 20 世紀 20 年代初《播種人》雜誌的創刊。1928 年，日本成立了左翼作家總同盟，繼而組成全日本無產者藝術聯盟，簡稱「納普」，其綱領的核心是「建立為無產階級解放服務的階級文學」。1931 年「納普」解散，又成立了日本無產階級文化聯盟，簡稱「克普」。他們接受共產國際和日共的政治領導，文學活動具有鮮明的政治色彩，是日共的外圍組織和政黨活動的一個分支。日本左翼文學的產生和發展過程，是馬列主義及其文藝理論在日本傳播和產生影響的過程。對日本無產階級文學運動衝擊

〔註 2〕 李輝凡《「拉普」初探》，載《蘇聯文學史論文集》，外語教學與研究出版社 1982
　　　年版。

和影響最大的政治思潮是福本主義，福本主義是在當時共產國際內部和日共批判右傾機會主義鬥爭中產生的，其根本特點是追求純粹的階級意識，帶有濃厚的「寧左勿右」特色。福本主義和「納普」在中國左翼文人知識分子中產生了重大影響，特別是在後期創造社成員的理論架構中，可以清晰看出福本主義的思想脈絡，像「意識鬥爭」、「分離結合」等術語就直接來源於福本和夫的理論。在文學理論領域的代表人物是青野季吉和藏原惟人。他們分別成為前後期日本本無產階級運動的理論高峰。像青野季吉的「自然生長」、「目的意識」，藏原惟人的「無產階級寫實主義」等理論和概念，直接為中國左翼文學運動的激進派提供了文學理論資源。在創作方面，代表人物有創作了《蟹工船》的小林多喜二和創作了《沒有太陽的街》的德永直。

在 20 世紀 2、30 年代世界範圍的左翼文學思潮中，聲勢最大的運動出現在蘇聯、日本和中國。但是在德國、法國、匈牙利、波蘭、美國以及東南亞等國家，也都出現了程度不等的左翼文學運動，紛紛建立無產階級文學組織、創辦無產階級文學刊物。在這樣一個世界範圍無產階級文學運動興起的基礎上，由蘇聯「拉普」提議，在 1925 年建立了國際革命文學聯絡機構，日後又成立了國際革命作家聯盟，各國的革命文學組織是它的一個支部，接受它的領導。因為它所執行的路線、方針和政策全都來自「拉普」，因此各國無產階級運動在組織形式、指導思想、理論建設和創作得失等諸多方面都存在聲氣相通的相似性。它對中國的影響，正如後世學者所看到的：「中國對國際的亦步亦趨，既表現為政治的，更表現為組織的，尤其表現在思想、理論上。」〔註3〕全球範圍內馬克思主義話語權威的崛起，為中國左翼文學的興起和發展提供了可供借鑒與模仿的思想平臺與價值參考系。文學成為馬克思主義由理念轉化為現實的重要實踐領域。中國左翼文學運動構成了全球性左翼文學運動的重要一環。

二、政治遇挫與激情反彈

1928 年對於現代中國文學的生長而言，是一個「血沃中原肥勁草，寒凝大地發春華」的時節，中國左翼文人知識分子提倡革命文學的熱誠，在這一年的血腥政治壓抑氛圍中愈加高漲。魯迅說：「舊曆和新曆的今年似乎於上海

〔註 3〕　張大明《左翼文學與國際左翼文學思潮》，載《紀念中國左翼作家聯盟成立 70 週年文集》，上海文藝出版社 2000 年版。

的文藝家們特別有著刺激力，接連兩個新正一過，期刊便紛紛而出了。」〔註4〕魯迅著意所指的，是以後期創造社和太陽社成員爲主創辦的《文化批判》、《太陽月刊》等左翼文學和思想文化刊物的問世。這些刊物的出現，標誌著中國左翼文學運動的歷史帷幕正式拉開。

以後期創造社和太陽社成員爲主的左翼激進派，以批判國民黨政權的政治和文化專制主義爲基本價值平臺，運用當時最爲先進的馬克思主義思想文化話語，向「五四」以來以民主、科學、個性解放等理念爲核心精神象徵符號的知識和思想話語權力體系，發動了措辭激烈、聲勢浩大的「文化批判」，決意促成中國文壇的「轉換方向」。左翼激進派以嶄新的馬克思主義知識譜系和價值取向，以新銳、前衛的鋒芒橫掃當時的思想、文化和文學界，從作家構成、創作潮流和具體的文本建構諸多方面，促使當時中國文壇發生了天翻地覆的變化。它的影響，正如後世研究者所看到的：「20 年代末和 30 年代在中國產生和發展起來的左翼文學運動，是決定著此後至今的中國新文學發展的整體面貌的一個關鍵性運動，沒有這個運動和如果這個運動當時不是那樣一種面貌，其後的整個中國文學也不會是現有的面貌。」〔註5〕

當然，1928 年只是一場疾風暴雨般文學運動的臨界點。

正如魯迅所明確指出的那樣，中國革命文學運動的興起與其它國家不一樣之處，在於其它國家的革命文學是伴隨著無產階級革命運動的高漲而產生的，中國革命文學卻是在革命遭受嚴重挫折之後，政治欲望和追求在文學和思想精神文化領域的應激式反彈。大革命失敗之後，國共兩黨由合作轉向你死我活的全面政治、軍事和經濟角逐，進入了第二次國內革命戰爭時期。眾所周知，南京國民黨政權的建立是主要依靠政治暴力。易勞逸在論及南京政權的意識形態、結構和職能時認爲：「所有強大的現代民族國家的一個特點是，人口相當大的部分被動員起來支持政府的政治目標。而國民黨人在重視政治控制和社會秩序的同時，不信任民眾運動和個人的首創精神；所以他們不能創造出那類基礎廣泛的民眾擁護，在 20 世紀，民眾擁護才能導致眞正的政治權力。」〔註6〕雖然暴力在社會危機和動亂時刻完全是必須的，但是沒有

〔註 4〕 魯迅《「醉眼」中的朦朧》，載《魯迅全集》第 4 卷，人民文學出版社 1981 年版。

〔註 5〕 楊占升《〈中國左翼文學思潮探源〉序》，載艾曉明《中國左翼文學思潮探源》，湖南文藝出版社 1991 年版。

〔註 6〕 《劍橋中華民國史》下卷，中國社會科學出版社 1994 年版，第 157～158 頁。

任何一個統治階級能夠永遠依靠暴力來維持其統治，還必須在思想和精神文化領域建立意識形態領導權，來說服人們承認社會現狀、贊成現政權的合理性與合法性。但是，國民黨政權顯然缺乏這樣一套行之有效的思想文化說服體系。非但如此，國民黨政權在國共分裂後，加強了專制獨裁統治，強化對社會民眾和文人知識分子的政治控制，加劇了社會整體的緊張心理。

國民黨政權在思想文化性質上是一個政治民族主義和文化保守主義相結合的黨治體系，無論是三民主義理念還是新生活運動的價值觀，重視的是以中國傳統價值觀念的復活來支持其統治的合理性。這種思想文化趨向與「五四」以來倡導現代民主、自由理念的文人知識分子本來就存在思想隔閡。胡適就指出過：「國民黨對於新文化運動的態度，國民黨對於中國舊文化的態度，都有歷史的背景和理論根據。根本上國民黨的運動是一種極端的民族主義的運動，自始便含有這保守的性質，故起來了一些保守的理論。這種理論便是後來當國時種種反動行為和反動思想的根據了。」〔註7〕國民黨政權在思想文化領域連續出臺了一系列反動措施，查禁書刊，封閉書店，頒佈扼殺言論自由的「出版法」、「圖書雜誌審查辦法」，借助政治高壓手段推行思想文化專制主義。人們往往用「白色恐怖」來形容當時的社會狀況，無非表達了人們對社會政治環境的壓抑和恐懼心理，使人們鬱積起了不滿社會現狀的政治焦慮情緒。人們對國家社會政治進程的懷疑、對政治前景的苦悶和焦慮，得不到國家政治意識形態的合理解釋與說明時，勢必要尋求其它的渠道進行釋放和排解。

20世紀30年代初，國民黨深感意識形態領域的失控，開動宣傳機器，提出了「三民主義文學」和「民族主義文學」口號，企圖在文藝領域建立意識形態領導權，但遭到了絕大多數文人知識分子的反對。這既包括左翼文人知識分子，也包括右翼和獨立的文人知識分子。在當時的思想文化和文學界，除了左翼文人知識分子集團外，最具影響力的當屬以新月派為代表的文人知識分子群體。這一派別大多信奉英美模式的社會政治架構，基本認同和支持國民黨政權，對蘇俄模式的社會政治架構嗤之以鼻。但是，由於他們是體制內的文人知識分子，以及「小罵大幫忙」式的思想文化批判方式，儘管其存在豐富了現代中國思想文化和文學體系的整體構成，卻難以形成一套相對獨立、完整系統、具有說服力和行之有效的解釋系統，難以滿足民眾尤其是青年學生排解政治焦慮和政治想像的需要。

〔註7〕胡適《新文化運動與國民黨》，載1929年9月《新月》第2卷第6、7期合刊。

馬克思主義的傳播恰恰適應了當時社會民眾緩釋政治焦慮心理的需要。作爲被壓抑者代言人形象出現的馬克思主義，在國民黨政權和其它思想文化派別的意識形態不能爲社會政治進程提供恰當的形象和意義指導時，以一套完整的、能夠激發人們想像力的說服體系，以作爲社會狀態的科學認識論的先進形象，對社會發展前景做出了嶄新的說明和構想，喚起了飽受壓抑的人們對社會人生的希望之火。左聯的一個盟員就回憶說：「那年頭，青年爲解脫思想苦悶，到處找文藝書讀。對於無關痛癢的作品，厭棄不顧，專門找魯迅、郭沫若、蔣光慈作品來讀，從中尋求啓示和刺激。只要有進步的名教授、名作家講演，不管路程遠近總要去聆聽一通。我說這片閒話，在說明青年爲政治上苦悶而追求文學，又從文學中找尋政治出路。」〔註8〕

文學是社會心理、情緒、欲望和意志宣泄與展現的精神中介和渠道，左翼文學文本之所以受到民眾尤其是青年人的普遍關注，在很大程度上在於馬克思主義學說對未來世界的美好憧憬，在於通過文學想像建勾勒一個雖然粗糙、幼稚但是充滿誘惑的藝術想像空間，從中生發出對於社會人生的浪漫理想和行動指南。由於大眾的政治關懷成爲指導文學內容與形式的重要價值力量，由於左翼革命文學實踐在最大程度上適應了公眾的政治取向和社會心理，使政治焦慮情結在文學領域尋找到新的置換途徑，文學自身在某種程度上轉換爲大眾政治行爲藝術，因此它在當時成爲思想文化和文學界的主潮，就是大勢所趨了。

三、創生：全球性追求與未來想像在文學領域匯流

政治文化語境給中國現代文學的流變提供了現實土壤，左翼文學主潮的產生、發展與壯大，還有賴於文學內部諸多構成要件的變革。

其實早在 1923～1926 年間，就有了革命文學的初步倡導。早期的共產黨人瞿秋白、鄧中夏、惲代英、蕭楚女、沈澤民等人，利用《新青年》季刊、《中國青年》周刊、《民國日報》副刊《覺悟》等傳媒，宣傳革命文學的主張。如瞿秋白的《告研究文學的青年》、鄧中夏的《貢獻於新詩人之前》、惲代英的《文學與革命》、蕭楚女的《藝術與生活》、沈澤民的《文學與革命的文學》等文章，已經開始初步運用馬克思主義理論，對文學的上層建築性質、文學

〔註 8〕楊纖如《壽南北兩「左聯」六秩》，載《左聯紀念集》，百家出版社 1990 年版。

的階級性、文學與社會生活的關係等命題進行解說，有意將新文學的發展方向與政治革命的走勢結合起來。但由於他們大多不從事文學實踐，其言論自然難以在文學領域產生重要的回應。

這一時期，走在左翼文學理論和實踐前沿的文學界代表人物，是蔣光慈、沈雁冰、郭沫若等人。自此，左翼文學理論和創作開始勃興。

蔣光慈是較早系統介紹和評價十月革命和無產階級文學、並進行革命文學創作的文學家。他在《無產階級革命與文化》〔註9〕一文中強調，無產階級革命一方面要建立無產階級政權，一方面還要建立無產階級文化，創造出無產階級詩人，這些「不但是可能的，而且是必然的」；他的《現代中國社會與革命文學》〔註10〕一文，呼籲反抗的、偉大的、革命文學家的出現，呼喚鼓動、提高和興奮社會情緒的革命文學的出現。蔣光慈的詩作《新夢》、《哀中國》和小說《少年漂泊者》、《鴨綠江上》、《短褲黨》等作品，更是中國革命文學早期最重要的藝術成果之一，甚至可以說蔣光慈是中國革命文學創作的開山。蔣光慈的名字在近20多年的文學史評價機制中，快要被遺忘和消除了。可是蔣光慈在當時產生了廣泛而深遠的影響，他不但使帶有先鋒性質的革命文學作品成為暢銷書和大眾讀物，更激勵和鼓舞了一代青年的人生選擇，許多熱血青年是讀著蔣光慈的作品開始走向憧憬革命的人生追求之路〔註11〕。

沈雁冰的《論無產階級藝術》〔註12〕是新文學史上較早的系統闡述無產階級文學主張的理論文章。這篇文章從理論到實踐各個方面分別論述了無產階級藝術產生的條件、無產階級藝術的範疇、內容和形式等命題。該文提出了藝術產生的條件的方程式：「新而活的意象＋自己的批評（即個人選擇）＋社會選擇＝藝術」，指出寫無產階級生活的作品並不等於無產階級藝術，僅有反抗意識的革命文學也不是無產階級文學，無產階級藝術必須「把無產階級所受的痛苦真切地寫出來」，「把無產階級所負的巨大的使命明白的指出來給全世界人看」，無產階級藝術的內容絕不僅僅是破壞資本主義制度，而是建設

〔註9〕　載1924年8月《新青年》季刊第8期。
〔註10〕　載1925年1月《民國日報》副刊《覺悟》。
〔註11〕　張大明《不滅的火種——左翼文學論》記載：「陽翰笙曾不止一次地講起一個
　　　　例子。說張治中說過，他是讀了蔣光慈的《少年漂泊者》、《鴨綠江上》，才參
　　　　加革命的。」
〔註12〕　載1925年5月2日、17日、31日和10月24日《文學周報》第172、173、
　　　　175、196期。

全新的人類生活，「指示人生向善美的將來」。該文不但列舉蘇聯、德國、美國的無產階級文學創作的事實，來說明無產階級藝術的產生，還指出了無產階級藝術還處於萌芽和幼稚階段，更指出了當時人們對無產階級文藝的內容與形式的偏狹理解。這是一篇有理論深度和警醒作用的無產階級革命文學理論文獻，茅盾曾回憶說：「半個多世紀過去了，這篇文章的內容，在今天已是文藝工作者普遍的常識，但在當時卻成了曠野的呼聲。」〔註13〕

郭沫若是創造社的精神領袖，是自覺追逐時代精神潮頭的文壇風雲人物。他在新文化運動落潮不久，就號召「反抗資本主義的毒龍」，「要在文學之中爆發出無產階級的精神」。〔註14〕他在北伐出征前夕寫的《革命與文學》〔註15〕，更是以排山倒海之勢呼喊「文學是革命的先驅」。這篇文章主要探討「文學對於時代有何種關係，時代對於我們有何種要求，我們對於時代當取何種態度」，認為「真正的文學是只有革命文學的一種」，「革命的時期中總會有一個文學的黃金時代出現」，號召青年「你們應該到兵間去，民間去，工廠間去，革命的漩渦中去，你們要曉得我們所要求的文學是表同情於無產階級的社會主義的寫實主義的文學」。

如果說「五四」新文化運動落潮和政治環境衝擊著文人知識分子的情感，使他們逐漸左傾，那麼大革命的失敗則為這種轉變提供了政治導火索，中國現代文學從「文學革命」階段走向了「革命文學」時期，1928 年成為無產階級文學運動正式開始的標誌性年份，上海成為這場運動的策源地，激進的左翼文人知識分子如後期創造社的李初梨、彭康、馮乃超、朱鏡我和太陽社的蔣光慈、錢杏邨、洪靈菲等人成為吶喊革命文學的急先鋒。正如成仿吾在 1928 年 1 月《文化批判》創刊號上發表的《祝詞》中所宣稱的：「它將從事資本主義社會的合理的批判，它將描繪出近代帝國主義的行樂圖，它將解答我們『幹什麼』的問題，指導我們從哪裏幹起。／政治，經濟，社會，哲學，科學，文藝及其餘個個的分野皆將從《文化批判》明瞭自己的意義，獲得自己的方略。《文化批判》將貢獻全部的革命的理論，將給予革命的全戰線以朗朗的光火。／這是一種偉大的啟蒙。」太陽社成員也在 1928 年 1 月《太陽月刊》創刊號上表達了雄心壯志：「倘若我們是勇敢的，那我們也要如太陽一樣，將我

〔註13〕茅盾《我走過的路》，載《茅盾全集》第 19 卷，人民文學出版社 1991 年版。
〔註14〕郭沫若《我們的新文學運動》，載 1923 年 5 月《創造周報》第 3 號。
〔註15〕載 1926 年 5 月《創造月刊》第 1 卷第 3 期。

們的光輝照遍全宇宙。太陽是我們的希望，太陽是我們的象徵——讓我們在太陽的光輝下，高張著勝利的歌吼：我們要戰勝一切，我們要征服一切，我們要開闢新的園土，我們要栽種新的花木。」他們對五四文學革命和新文化運動進行批判和清算，強烈批判資產階級意識形態對文學的影響，號召將當前的文學發展同無產階級革命運動結合起來，掀起一場轟轟烈烈的普羅文學運動，大張旗鼓地開始了現代文學領域的馬克思主義政治啓蒙運動。蔣光慈的《關於革命文學》、馮乃超的《藝術與社會生活》、成仿吾的《從文學革命到革命文學》、李初梨的《怎樣地建設革命文學》、錢杏邨的《死去了的阿 Q 時代》等文章，在當時都產生了重大影響。

　　以後期創造社和太陽社成員爲主的左翼激進派，首先對「五四」以來的新文學成就進行否定和批判，並在這個基礎上，初步探討了無產階級文學的理論建設問題，諸如文學的階級性、文學的意識形態性質、無產階級文學的內容與形式、作家的思想轉變等等命題，都成爲當時思想文化和文學論爭的中心內容。1928 年無產階級文學的揭竿而起，既是對「五四」時代剛剛建立起來的帶有資產階級意識形態性質的文學知識體系的顛覆，也是無產階級意識形態訴求在文學領域的擴張，以唯物辯證法、奧伏赫變、意德沃羅基、普羅列塔利亞等時尚名詞所代表的思想理念和藝術表達形式，爲中國現代文學帶來了新的話語實踐方式和新的生長空間。

　　在這種思想觀念背景下，爲了團結思想文化和文學界的力量，共同反抗國民黨的政治、文化專制主義，在中國共產黨的斡旋和指示下，1930 年 3 月 2 日下午，以創造社、太陽社爲代表的左翼激進文人知識分子和以魯迅爲代表的左傾文人知識分子，在上海成立了中國左翼作家聯盟，這是中國左翼文學蔚然大觀的標誌。據刊登在 1930 年 3 月 10 日《拓荒者》第 1 卷第 3 期上的《中國左翼作家聯盟的成立》報導，參加「左聯」成立大會的有 50 餘人，「宣告開會以後，推定了魯迅，沈端先，錢杏邨三人成立主席團。先由馮乃超，鄭伯奇報告籌備經過。接著就是中國自由運動大同盟代表的講演。往下由魯迅，彭康，田漢等相繼演說。然後通過籌備委員會擬定的綱領，至四時，開始選舉，當選定沈端先、馮乃超、錢杏邨、魯迅、田漢、鄭伯奇、洪靈菲爲常務委員，周全平，蔣光慈爲候補委員。往後爲提案，共計約十七件之多，主要是：組織自由大同盟的分會，發生左翼文藝的國際關係，組織各種研究會，與各革命團體發生密切的關係，發動左翼藝術大同盟的組織，確定各左

翼雜誌的計劃，參加工農教育事業等」。左聯的「行動總綱領的主要點是：（一）我們文學運動的目的在求新興階級的解放。（二）反對一切對我們的運動的壓迫」。其綱領強調：「社會變革期中的藝術，不是極端凝結爲保守的要素，變成擁護頑固的統治之工具，便向進步的方向勇敢邁進，作爲解放鬥爭的武器。也只有和歷史的進行取同樣的步伐的藝術，才能夠喚喊它的明耀的光芒。／詩人如果是預言者，藝術家如果是人類的導師，他們不能不站在歷史的前線，爲人類社會的進化，清除愚昧頑固的保守勢力，負起解放鬥爭的使命。」魯迅在大會上也發表了《對於左翼作家聯盟的意見》的講演。今天許多文學史著作認爲，魯迅是站在辯證唯物主義和歷史唯物主義的高度總結革命文學的經驗教訓，指明了中國左翼文學的發展方向，其實細讀之後，不難發現魯迅對革命文學運動的一些警惕和懷疑情緒。同樣一些左聯成員也在私下表達對魯迅及其演講的不滿。

左聯設有黨團、執行委員會（又稱常務委員會）、秘書處、組織部和宣傳部。開展文學實踐活動的組織有大眾文藝委員會、創作批評委員會、馬克思主義文藝理論研究會、國際聯絡委員會、小說研究委員會和詩歌研究委員會（後發展爲中國詩歌會）等，在北平、天津、保定、青島、廣州和日本東京以及南洋等地都有分盟。左聯是國際革命作家聯盟所屬的支部之一。據統計，先後參加左聯組織的約有 400 人，左聯出版的刊物主要有《萌芽月刊》、《前哨》、《拓荒者》、《十字街頭》、《北斗》等，僅左聯研究專家姚辛在《左聯畫史》中的記載，左聯及其成員出版的刊物就有 88 種。左聯在當時被視爲共產黨的外圍組織，是「第二黨」。左聯在探索無產階級文學的理論和創作的同時，還積極參加政治活動，遭到了國民黨政權的鎮壓，一大批作家被捕被殺，許多刊物遭禁。1936 初，在日寇入侵的政治形勢和共產國際的指示下解散。左聯是中國左翼文學運動最爲核心的組織，是左翼文人知識分子和政黨政治雙向選擇的產物。

左翼十年間，正是由於左翼文人知識分子及其組織的推動，中國文學追求現代化的發展航向發生了改變。它將近代乃至「五四」以來人們對歐美資產階級現代性的模仿與建構，變更爲對蘇俄無產階級現代性的仰慕與渴望，以巨大的道德理想主義熱誠，將文學納入到實現共產主義烏托邦想像的歷史實踐洪流中，自覺的、有效的、系統的將文學塑造成實現社會政治目標和政治理想的重要工具和有力武器。從左翼文學運動的目的性、價值傾向性和政

治效果來看，革命文學的倡導和發展是相當成功的，毛澤東在論及十年內戰期間的左翼文化運動時，視之爲第二條革命戰線，感歎說：「其中最奇怪的，是共產黨在國民黨統治區的一切文化機關中處於毫無抵抗力的地位，爲什麼文化『圍剿』也一敗塗地了？這還不可以深長思之麼？」〔註16〕如果從文學創作的實績來考察，儘管左翼作家從主題、題材、體裁、敘事模式等諸多方面豐富和開拓了中國現代文學的生長空間，但是在作品的藝術性或者說審美性這一重要維度上，卻往往遭到後世人們的詬病。

〔註16〕《毛澤東論文藝》，人民文學出版社 1983 年版，第 16 頁。

第三章　理論鬥爭：文壇的奇特景觀

　　掌握不同文學知識和價值資源的諸種勢力之間頻繁和激烈的理論論爭，是左翼十年間中國文壇最爲突出的現象之一。從 1928 年開始無產階級革命文學倡導以來，大大小的論戰就貫穿了左翼文學發展的歷史，甚至可以說正是這些論戰，決定了左翼十年間年中國現代文學的基本歷史風貌和發展框架。

　　有的學者就這樣敘述這段歷史：「左聯十分活躍，但不是在提拔新的無產階級人才上，而是在挑起意識形態的論戰上。左聯七年的歷史，充滿了針對各種各樣『敵人』的連續不斷的論爭。從魯迅與自由派新月社的論戰開始，左聯接連與『民族主義文學』的保守派倡導者們，與傾向左派的『第三種人』作家們，最後又在關於『大眾語』的爭論以及與 1936 年左聯突然解散有關的『兩個口號』的爭論中，與自己的某些成員展開了鬥爭。」〔註 1〕其實，這些論戰不但構成了中國左翼文學運動的基本歷史事實，而且許多論爭話題在今天也有著深遠的現實意義。更爲重要的是，深刻瞭解和理解這些論戰的前因後果以及糾葛背後的那些更爲本質性的因素，對現代中國文學史述秩序和闡釋系統的更新與完善，具有重要作用。當然，因篇幅所限，我們尚不可能將這十年間的大大小小的論戰完整地描述出來，只能擇其要者述之。

一、革命文學論爭及左翼激進派對魯迅、茅盾等人的批判

　　這場論戰的發生是頗富戲劇性的。
　　大革命失敗和國共合作分裂之後，傾向革命的文人知識分子陸續彙集到

〔註 1〕　《劍橋中華民國史》，中國社會科學出版社 1994 年版，第 488 頁。

上海。當時左翼激進派認爲必須與魯迅等人聯合起來，共同創辦刊物，提倡新的文學運動。在鄭伯奇、蔣光慈等人的協調下，雙方聯合署名，在 1927 年 12 月 3 日的《時事新報》上刊登《〈創造周報〉復活宣言》。但是成仿吾和從日本歸國的創造社新銳馮乃超、李初梨、彭康、朱鏡我等人，認爲《創造周報》復刊不足以代表時代精神，反對與魯迅聯合，創刊《文化批判》，並發動了對以魯迅爲代表的「五四」時代權威作家的批判。與此同時，太陽社成員蔣光慈、錢杏邨等人也提倡革命文學，將鬥爭的矛頭指向魯迅。他們的共同特點在於，在宣稱革命文學是符合歷史和文學發展規律的最進步的文學的同時，將魯迅看作是最大的障礙。

這時，茅盾也與創造社、太陽社成員發生了衝突。茅盾於 1928 年 1 月《文學周報》第 5 卷第 23 期上發表了《歡迎〈太陽〉！》，表示「敬祝《太陽》時時上昇，四射它的光輝」的同時，對蔣光慈的革命文學觀點提出了商榷意見。又於同年 10 月《小說月報》上發表《從牯嶺到東京》，解釋《蝕》的寫作境況的同時，對當時的「革命文學」提出了批評。這引起了創造社和太陽社成員的強烈不滿，克興、李初梨、錢杏邨分別發表了《小資產階級文藝理論之謬誤──評茅盾君的〈從牯嶺到東京〉》〔註 2〕、《對於所謂小資產階級革命文學底擡頭》〔註 3〕和《從東京回到武漢──讀了茅盾〈從牯嶺到東京〉以後》〔註 4〕，將茅盾視爲「小資產階級文學的代言人」。雙方相互詰難，展開了論戰。

以後期創造社和太陽社爲代表的左翼激進分子，自居爲正統的無產階級文學的主體，向「五四」以來的文壇發動了全面批判。他們認爲，爲了建立眞正的無產階級革命文學，就必須對就文壇進行理論鬥爭和清算，推動文學上的方向轉換。他們將魯迅、茅盾、葉聖陶、郁達夫等在當時文壇上最具影響力的一批作家作爲清算對象和批判目標，要求重新劃分分作家隊伍、重新定義文學觀念，建立起無產階級作家主宰文壇的文學戰線。其中，魯迅遭到了最爲猛烈的批判，像馮乃超的《藝術與生活》《人道主義者怎樣地防衛著自己》、錢杏邨的《死去了的阿 Q 時代》《朦朧以後》、李初梨的《請看我們中國的 Don Quixote 的亂舞》、彭康的《「除掉」魯迅的「除掉」！》、石厚生的

〔註 2〕 載 1928 年《太陽月刊》第 4 號。
〔註 3〕 載 1928 年《創造月刊》第 2 卷第 5 期。
〔註 4〕 載伏志英編《茅盾評傳》，現代書局 1931 年版。

《畢竟是「醉眼陶然」罷了》、杜荃的《文藝戰線上的封建餘孽》等等一大批文章，都集中火力將魯迅作爲首要清算對象。《1913～1983 魯迅研究學術論著資料彙編》所輯錄的 1928 年有關魯迅的文章共 45 篇，有 30 多篇對魯迅大加鞭撻，其中絕大多數出自創造社、太陽社成員之手。

在自居正統的左翼激進派眼中，以魯迅爲代表的文壇卓有成就者，已經成爲歷史人物、時代的落伍者和革命文學運動的絆腳石：「無論魯迅著作的量增加到任何地步，無論一部分讀者對魯迅是怎樣的崇拜，無論《阿 Q 正傳》中的造句是如何俏皮刻毒，在事實上看來，魯迅終竟不是這個時代的表現者，他的著作內含的思想，也不足以代表十年來的中國文藝思潮！……在幾個老作家看來，中國文壇似乎仍然是他們『幽默』的勢力，『趣味』的勢力，『個人主義』的勢力，實際上，中心的力量早已暗暗的轉移了方向，走上了革命文學的路了。」〔註5〕「對於布魯喬亞汜是一個最良的代言人，對於普羅列塔利亞是一個最惡的煽動家！」〔註6〕是文藝戰線上的「封建餘孽」、「二重的反革命的人物」、「不得志的 Fascist（法西斯諦）」〔註7〕，「魯迅對於革命文學的冷嘲熱諷，是舉不勝舉」〔註8〕。

別爾嘉耶夫認爲：「一切浩大的革命無不宣稱創造新人」〔註9〕。革命需要用新舊範疇來劃分彼此對立的兩個陣營，對舊人的否定意味著對新人的肯定，新人需要打倒舊權威確立自己歷史英雄的地位。魯迅和茅盾等人是當時文壇最有權威的「舊人」，符合新人們除舊布新的革命心理和對敵對者的擇取標準，自然被新人們推上了革命的祭壇。在左翼激進派攻勢凌厲的意識形態批判面前，魯迅無奈的慨歎說「似乎要將我擠進『資產階級』去」〔註10〕，「在革命文學的戰場上，是落伍者」〔註11〕，茅盾也反覆申訴自己的小說悲觀頹廢，「說他們是革命小說，那我就覺得很慚愧，因爲我不能積極的指引一些什麼——姑且說是出路吧」〔註12〕。在左翼激進派批判魯迅、茅盾等人的過程

〔註 5〕錢杏邨《死去了阿 Q 時代》，載 1928 年 3 月《創造月刊》3 月號。
〔註 6〕李初梨《請看我們中國的 Don Quixote 的亂舞》，載 1928 年 4 月《文化批判》第 4 號。
〔註 7〕杜荃《文藝戰線上的封建餘孽》，載 1928 年 8 月《創造月刊》第 2 卷第 1 期。
〔註 8〕錢杏邨《朦朧以後——三論魯迅》，載 1928 年 5 月《我們月刊》創刊號。
〔註 9〕別爾嘉耶夫《人的奴役與自由》，貴州人民出版社 1994 年版，第 173 頁。
〔註 10〕魯迅《「醉眼」中的朦朧》，載 1928 年 3 月《語絲》第 4 卷第 11 期。
〔註 11〕魯迅《文壇的掌故》，載 1928 年 8 月《語絲》第 4 卷第 34 期。
〔註 12〕茅盾《從牯嶺到東京》，載 1928 年 10 月《小說月報》第 19 卷第 10 期。

中，雙方的論爭涉及了革命的形式與性質、作家的世界觀和態度、文學與革命的關係、文學與時代的關係、文學的功能與特性、「標語口號」等諸多問題。但是對左翼激進派而言，最根本的目的在於通過對文壇舊權威的批判，獲得左右當時文壇的強勢話語權力，形成一支強大的社會精神文化力量，自我確證推動文學和歷史前行的主體地位。

這場論爭最大成果是初步確立了馬克思主義意識形態文學觀的話語領導權，爲各種類型的左翼文人知識分子集結爲共產黨的知識分子集團，奠定了理論基礎和價值坐標。雖然論爭的各種具體問題依然存在，但在「革命」這一最高價值尺度下，論爭的各方在共產黨的斡旋下達成妥協，順利組建了中國左翼作家聯盟。通過文學領域內的這種基本上屬於政治意識形態鬥爭性質的論爭，鼓吹和提倡革命文學、乃至同情革命文學的各類文人知識分子，漸漸圍繞著共產黨的政治革命集結起來，具有了引領文學潮流的價值資本和文化心理優勢，左翼文學運動也漸成時代主潮。

二、魯迅等左翼文人和新月派文人的較量

在創造社太陽社與魯迅論戰的同時，雙方還有一個共同的對手，這就是當時文壇上可與左翼文人分庭抗禮的新月派。新月派是一個兼容政治、思想、文化和文藝、崇尚英美社會政治模式的右翼文人知識分子團體，主要代表人物有胡適、徐志摩、梁實秋、羅隆基、聞一多等人。

1928 年 3 月《新月》創刊號上，發表了徐志摩執筆、體現新月派共同思想文化觀點的《〈新月〉的態度》，這篇文章將當時文壇上與其文藝理念相悖的諸多文學現象概括爲 13 派：感傷派、頹廢派、唯美派、功利派、訓世派、攻擊派、偏激派、纖巧派、淫穢派、狂熱派、稗販派、標語派、主義派，並標榜「尊嚴」與「健康」兩大原則：「尊嚴，它的聲音可以喚回在歧路上彷徨的人生。健康，它的力量可以消滅一切侵蝕思想與生活的病菌。」梁實秋在同年 6 月《新月》第 1 卷第 4 號上發表《文學與革命》，以人性論爲理論基礎，否定革命文學：「在文學上講，『革命的文學』這個名詞根本的就不能成立。……並且偉大的文學仍是基於固定的普通的人性，從人心深處流出來的情思才是好的文學，文學難得是忠實，——忠於人性。……因爲人性是測量文學的唯一標準。所以『革命的文學』這個名詞，縱然不必說是革命者的巧立名目，至少在文學上的瞭解上是徒滋紛擾。」顯然，新月派將主要矛頭指向了左翼文人知識分子。

　　左翼激進文人知識分子早就手心癢癢、躍躍欲試，對於新月派文人知識分子集團的挑戰，當然是不甘人後。彭康於同年 7 月《創造月刊》第 1 卷第 12 期上發表了《什麼是健康與尊嚴》，指斥徐志摩為「小丑」、胡適為「妥協的唯心論者」，指出「在這個年頭，我們可以看到新興階級的出現；在這市場上，我們可以看到新興階級的理論的確立。／這更使得支配階級的走狗這班小丑們不得不歡氣，更不得不自告奮勇，賣力氣，替支配階級圖挽既倒的狂瀾。」馮乃超在 8 月《創造月刊》第 2 卷第 1 期上發表《冷靜的頭腦》，就「革命與人性」、「天才是什麼」、「文學的階級性」、「浪漫主義與革命的文學」和「革命文學」等幾大問題，批駁梁實秋的《文學與革命》，指出「民眾正在『水深火熱』的壓逼裏面掙扎著的當今，又得了多次的革命行動的實際的經驗。他們有反抗的感情，求解放的欲念，如荼如火的革命的思想。把這些感情，欲念，思想以具體的形象表現出來的就是藝術——文學——的任務，也是主張革命文學家的任務。……無產階級文學是依據於無產階級的藝術的憧憬，同時，無產階級若沒有自身的文學，也不能算是完成階級的革命。」

　　對新月派批判最為深刻、最為犀利的是魯迅。魯迅對新月派的嫌惡自有歷史淵源，他在 1927 年 9 月 19 日寫給友人的信中說：「新月書店的目錄，你看過了沒有？每種廣告都飄飄然，是詩哲手筆。春臺列名期間，我覺得太犯不上也。最可惡者《閒話》廣告將我升為『語絲派頭領』，而云與『現代派主將』陳西瀅交戰，故凡看《華蓋集》者，也當看《閒話》云云。我已作雜感寄《語絲》以罵之，此後又作了四五篇（這些文章係指《辭「大義」》、《革「首領」》、《扣絲雜感》、《「公理」之所在》、《「意表之外」》等）。」〔註13〕批駁了新月派對他的嘲諷與貶損。新月派的梁實秋是魯迅的主要理論和論戰對手。在 1928 年之前，二人就有過交鋒，諸如「小謠言」問題、文學批評標準問題、盧梭女子教育問題等。

　　在 1928 年之後的幾年中，二人的論爭達到白熱化程度，論爭除了個人積怨外，更因為涉及了文學的諸多深刻命題、上昇到政治意識形態高度而影響深遠。梁實秋 1929 年 9 月在《新月》第 2 卷第 6、7 號合刊上發表的《文學是有階級性的？》，是一篇有分量的文章。他在文章中嘲諷說：「現在還沒有一個中國人，用中國人所能看懂的文字，寫一篇文章告訴我們無產階級文學的理論究竟是怎樣一回事。」他批評左翼文人知識分子：「錯誤在把階級的束

_____

〔註13〕載《魯迅全集》第 11 卷，人民文學出版社 1981 年版。

縛加在文學上面，錯誤在把文學當作階級鬥爭的工具而否認其本身的價值。」他認爲：「文學的國土是最寬泛的，在根本上和理論上沒有國界，更沒有階級的界限」，「文學就是表現這最基本的人性的藝術」，而「無產階級文學理論家時常告訴我們，文藝是他們的鬥爭的『武器』，把文學當作『武器』！這意思很明白，就是說把文藝當作宣傳品，當作一種階級鬥爭的工具」，「但是，我們能承認這是文學嗎？」他挑戰說：「無產文學的聲浪很高，艱澀難通的理論書也出了不少，但是我們要求給我們幾部無產文學的作品讀讀。我們不要看廣告，我們要看貨色。」

魯迅 1930 年 3 月發表在《萌芽月刊》第 1 卷第 3 期的《「硬譯」與「文學的階級性」》，是一篇有代表性的反駁文章。魯迅辯駁說：「文學不借人，也無以表示『性』，一用人，而且還在階級社會裏，即斷不能免掉所屬的階級性，無需加以『束縛』，實乃出於必然。自然，『喜怒哀樂，人之情也，』然而窮人絕無開交易所折本的懊惱，煤油大王那會知道北京檢煤渣老婆子身受的酸辛，饑區的災民，大約總不去種蘭花，向闊人的老太爺一樣，賈府上的焦大，也不愛林妹妹的。『汽笛呀！』『列寧呀！』固然並不是無產文學，然而『一切東西呀！』『一切人呀！』『可喜的是來了，人喜了呀！』也不是表現『人性』的『本身的文學』。……倘說，因爲我們是人，所以以表現人性爲限，那麼無產者就因爲是無產階級，所以要做無產文學。」針對梁實秋的「要看貨色」，魯迅強調說：「但錢杏邨先生也曾辯護，說新興階級，語文學的本領當然幼稚而簡單，向他們立刻要求好作品，是『布爾喬亞』的惡意。這話爲農工而說，是極不錯的。這樣的無理要求，恰如使他們凍餓了好久，到怪他們爲什麼沒有富翁那麼肥胖一樣。」

儘管個人恩怨在雙方的論爭中起了火上澆油的作用，但根本不同的政治價值取向以及由此帶來的對文學的不同認識，是魯迅等左翼文人知識分子與梁實秋等新月派的「楚河漢界」。眾所周知，左翼文人知識分子所信奉的文學觀念，是建構在馬克思主義階級鬥爭學說基礎上，強調文學的階級性等文學的意識形態內涵和性質，傾向於文學作爲階級鬥爭和政治鬥爭工具的取向。而梁實秋等新月派所提出的恰恰是一套幾乎與之完全對立的文學觀念和理論，正如有的學者總結的那樣：「這一理論提出了人們熟悉的英美的文學自律的觀念——文學刻畫的是『固定的普遍的人性』，有創造性的作品總是個體（用梁的話來說，是『貴族式的士紳』）的產物，並且只能以自身的內在價值對它

做出評判，而無需考慮歷史時期、環境或者階級。」〔註14〕如果可以一言以
蔽之的話，就是文學的「人性論」和文學的「階級論」的對峙。顯然，魯迅
等左翼文人知識分子與梁實秋等新月派的論爭，既是建構在不同政治意識形
態追求之上的文學觀念的碰撞，同時也是對文壇話語領導權和文化象徵資本
的爭奪。

　　值得注意的是：儘管魯迅與創造社、太陽社等激進派在基本政治價值觀
念上存在趨同性和相似性，但並不說明他們是同一的，左翼激進派在實行「文
化批判」時，是將新月派與魯迅一視同仁的，魯迅在批駁梁實秋等新月派時，
也是時時想起他的那些左派宿敵，比如在《「硬譯」與「文學的階級性」》中
就譏諷說：「假如在『人性』的『藝術之宮』（這須從成仿吾先生處租來暫用）
裏，」向南面擺兩把虎皮交椅，請梁實秋錢杏邨兩位先生並排坐下，一個右
執『新月』，一個左執『太陽』，那情形可真是『勞資』媲美了。當然，魯迅
在「新月」和「太陽」異曲同工的夾擊下，採取「橫站」的姿態，也就是情
理之中的事情了。

三、由批判三民主義、民族主義文藝到文藝自由論辯

　　隨著政局逐漸穩定，國民黨政權企圖在意識形態領域建立話語霸權，在文
壇出現了三民主義文藝與民族主義文藝的叫囂。1929 年國民黨中宣部召開全國
宣傳會議，確立三民主義文藝爲「本黨之文藝政策」。1930 年在南京出現的《文
藝月刊》，可算是它的機關刊物。必須指出，三民主義文藝是一個糠心大蘿蔔，
「作爲口號，它沒有站得住腳的理論，作爲政策，它沒有具體可行的措施；作
爲文學流派，它無根無枝，沒有一篇稱得上是文學的創作。」〔註15〕相比而言，
民族主義文藝則顯得頗有聲勢。發表在 1930 年 6 月《前鋒週報》上的《民族
主義文藝運動宣言》宣告了它的誕生，鼓吹民族主義應爲文藝的「中心意識」、
「最高意義」和「偉大的使命」。代表人物主要有潘公展、朱應鵬、范爭波、
傅彥長等人。創辦的刊物主要有《前鋒週報》、《前鋒月刊》和《現代文學評論》。
黃震遐的《隴海線上》、《黃人之血》、《大上海的毀滅》，萬國安的《刹那的革
命》、《國門之戰》、《準備》等，是民族主義文藝的代表作品。

〔註14〕《劍橋中華民國史》下卷，中國社會科學出版社 1994 年版，第 489 頁。
〔註15〕張大明《不滅的火種——左翼文學論》，四川文藝出版社 1992 年版，第 277
　　　頁。

　　但是國民黨政權這種企圖在文藝領域建立意識形態霸權的做法，遭到了大多數文人知識分子的強烈反對。不但左翼陣營（主要有茅盾、魯迅、瞿秋白等人）猛烈抨擊，斥之「屠夫文學」、「僵屍文學」，「自由人」胡秋原說它是「法西斯蒂文學」，新月派的梁實秋也批評國民黨進行「思想統一」的圖謀。很顯然，三民主義文藝和民族主義文藝作爲國民黨的文藝政策和黨治手段，一開始就注定了它不可能對現代中國文學的發展產生影響，正如有的學者所看到的，在「30 年代早期，一個有良心的文人去作政府的傳聲筒，幾乎是不可想像的」〔註 16〕。但是，在大批文人知識分子對它群起而攻之之時，卻觸發了現代中國文學史上一場極爲重要的論爭——文藝自由論辯。

　　在 1931 年 12 月《文化評論》創刊號上，其發刊詞《眞理之檄》就聲稱：「我們是自由的知識階層，完全站在客觀的立場，說明一切批評一切。我們沒有一定的黨見，如果有，那便是愛護眞理的信心。」同時，胡秋原還發表了《阿狗文藝論——民族文藝理論之謬誤》。這是一篇有著相當理論深度、才識卓具的文章，在相當深的層次上涉及了現代中國文學史上一個極爲重要的命題——文藝與政治的關係。他在猛烈批判民族主義文藝的同時，更爲深刻的指出：「文學與藝術，至死也是自由的，民主的。……藝術雖然不是『至上』，然而決不是『至下』的東西。將藝術墮落到一種政治的留聲機，那是藝術的叛徒。……用一種中心意識獨裁文壇，結果，只有奴才奉命執筆而已。」對民族主義文藝而言，這不啻爲一記響亮的耳光，可是也觸到了左翼陣營的痛處，並被認爲是對左翼文壇的進攻。1932 年 1 月，左翼陣營發表文章，呼籲胡秋原和《文化評論》「脫棄『五四』的衣衫」〔註 17〕，指出並批評胡秋原「想在嚴陣激戰之中，找第三個『安身地』，結果是『爲虎作倀』！」〔註 18〕

　　以當時中國最瞭解馬克思主義第一人自居的胡秋原自然不甘示弱，在1932 年 4 月的《文化評論》第 4 期上同時發表了 3 篇文章，憑藉堅實、廣博的馬列主義理論和知識，爲自己辯解，批評左翼陣營「對於 Marxism Leninism 文化觀念認識之不足」〔註 19〕。約同年 5 月，又在《讀書雜志》第 2 卷第 1

〔註 16〕《劍橋中華民國史》下卷，中國社會科學出版社 1994 年版，第 493 頁。

〔註 17〕瞿秋白《請脫棄『五四』的衣衫》，載 1932 年 1 月《文藝新聞》。

〔註 18〕譚四海《「自由智識階級」的「文化」理論》，載《文藝自由論辯集》，現代書局 1933 年版。

〔註 19〕胡秋原《文化運動問題》，載 1932 年 4 月《文化評論》第 4 期。另兩篇是《勿侵略文藝》《是誰爲虎作倀？》。

期發表《錢杏邨理論之清算與民族文學理論之批評——馬克思主義文藝理論之擁護》，批評以錢杏邨爲代表的左翼激進批評「和馬克思主義毫不相干」，所謂的「文藝目的意識論」，「就是作品上露骨的政治口號及政論的結論之意」，「是列寧之政治理論在文藝上的機械底適用」，「遂之抹殺藝術之條件及其機能，事實上達到藝術之否定」。此時，瞿秋白在同月的《文藝新聞》發表《「自由人」的文化運動》，質問胡秋原「究竟是誰領導著這新的文化革命，是資產階級，還是無產階級？」批評他「客觀上是幫助統治階級——用『大家不准侵略文藝』的假面具，來實行攻擊無產階級的階級文藝。」6月，馮雪峰在《文藝新聞》發表《「阿狗文藝」論者的醜臉譜》，指出胡秋原「不是爲了正確的馬克思主義批評而批判了錢杏邨，卻是爲了反普洛革命文學而攻擊了錢杏邨；他不是攻擊錢杏邨個人，而是進攻普羅文學運動」。就在雙方愈爭愈烈之時，蘇汶在 1932 年 7 月《現代》第 1 卷第 3 期發表《關於〈文新〉與胡秋原的文藝論辯》，豎起了「第三種人」的旗幟，表面上是各打五十大板，實則偏袒胡秋原，諷刺和攻擊左翼陣營。在以後的歲月裏，左翼陣營方面瞿秋白、馮雪峰、魯迅、周揚、胡風等人，和胡秋原、蘇汶展開了大範圍的論爭。

　　這場論爭主要集中在 1932 年，但是直到 1936 年才似乎塵埃落定。這是整個左翼文藝運動中最有理論深度的一場論爭。它是雙方在基本認同馬克思主義的大前提下，在馬克思主義、列寧主義話語範疇內展開的對文藝與政治關係的大論戰。用蘇汶的話來說，雙方的分歧在於「一方面重實踐，另一方面只要書本；一方面負著政治的使命，另一方面卻背著眞理的招牌。」〔註20〕左翼陣營主要是從政治革命和階級鬥爭的角度出發，認爲文藝是政治革命和意識形態鬥爭的重要工具，認爲強調文藝自由，勢必損害自身及所屬黨派在文壇的話語領導權。周揚的表述在左翼陣營中具有代表性：「文學的眞理和政治的眞理是一個，其差別，只是前者是通過形象去反映眞理的。所以，政治的正確就是文學的正確。……作爲理論鬥爭之一部的文學鬥爭，就非從屬於政治鬥爭的目的，服務於政治鬥爭的任務之解決不可。」〔註21〕而胡秋原、蘇汶等人則是站在學術和純粹文藝的立場要求「文藝自由」，強調的是文藝的

〔註20〕蘇汶《關於〈文新〉與胡秋原的文藝論辯》，載 1932 年 7 月《現代》第 1 卷第 3 期。
〔註21〕周起應《文學的眞實性》，載 1933 年 5 月《現代》第 3 卷第 1 期。

獨立性和自律性，蘇汶就對左翼陣營一針見血的反駁說：「我當然不反對文學作品有政治目的，但我反對因這政治目的而犧牲眞實。更重要的是，這政治目的要出於作者自身的對生活的認識和體驗，而不是出於指導大綱。」〔註22〕

必須說明的是，這是一次雙方同時運用和依據馬克思主義話語所進行的一次關於文藝自由問題的論辯。同時，這次論戰實際上也是文藝的黨派性要求和反對文藝黨派性要求之間的一次碰撞。或者可以說，在馬克思主義話語的不同資源支撐下，這次論戰是有黨派歸屬的馬克思主義知識分子和自由的馬克思主義知識分子之間的一次文學觀念的交鋒。在「以文藝創作的自由為問題中心的」這場論爭前期，左派將胡、蘇的看法視為「對於無產階級文學的不滿」，「甚至竟把它擴大為一種政治的陰謀，並且從而加以猛烈的抨擊」。〔註23〕後期，由於黨的領導人張聞天的干涉〔註24〕，出於擴大統一戰線的需要，左派向胡、蘇搖起橄欖枝，但是兩人似乎不領情。這次論戰所討論的文藝與政治的關係問題，是長期以來難以得到恰當處理的歷史與現實問題，也是難以徹底清理的禁區。當年韓侍桁在《論「第三種人」》中不無惡意地說：「現今左翼文壇的橫暴，只是口頭上的橫暴，是多少伴隨著理論鬥爭的一種橫暴，若比起現統治階級對於左翼作家們的壓迫，禁錮與殺戮，還是有天淵之別的，因為他們現在沒有權力來禁錮與殺戮；一旦有了之後，是否怎樣，這也就難說了。」〔註25〕但不幸得很，這惡意竟成為多年後歷史事實的讖語。

四、「兩個口號」論爭及左翼文學主潮的終結

「兩個口號」論爭，是 1936 年以周揚和魯迅為首的兩派左翼作家圍繞「國防文學」和「民族革命戰爭的大眾文學」兩個口號發生的一次激烈論爭，是在日寇入侵、面臨新的政治抉擇的危亡環境下，左翼文學陣營發生的一次宗派色彩濃厚的論爭，也是中國左翼文學主潮終結的一個重要標誌性事件。

在過去的文學史敘事中，人們往往奉魯迅為左翼文學領袖、「左聯」盟主，事實上魯迅並不掌握著左翼陣營的領導權。曹聚仁就說過：「他自己並不願處於領導地位，同時左聯也不讓他去領導，直到他死後才奉他為神明，好似他

〔註22〕蘇汶《論文學上的干涉主義》，載 1932 年 11 月《現代》第 2 卷第 1 期。
〔註23〕蘇汶《〈文藝自由論辯集〉編者序》，載《文藝自由論辯集》，現代書局 1933 年版。
〔註24〕科德《文藝戰線上的關門主義》，載 1933 年 1 月《世界文化》第 2 期。
〔註25〕載侍桁《文學評論集》，現代書局 1934 年版。

是那時期的領導者。」〔註26〕王宏志也認爲：「左聯內還有共產黨的黨團書記，它的實際領導權便是掌握在黨團的書記手中，這點魯迅也很清楚。……無論是在『名』或『實』上面，魯迅都不是在操縱著左聯。」〔註27〕由於前期「左聯」的兩位重要領導人瞿秋白、馮雪峰與魯迅私交甚好，魯迅與左聯領導層的關係是比較融洽的。但是 1933 年瞿、馮二人離開上海，特別是 1934 年紅軍長征、上海的地下組織與中共中央失去聯繫後，「左聯」的政治生存環境惡化，魯迅與「左聯」新領導層尤其是周揚的矛盾也日益加深。「兩個口號」論爭是雙方積怨甚久的一次矛盾總爆發。

其實早在 1934 年，具有高度政治敏感的周揚就提出過「國防文學」的口號〔註28〕。1935 年，周揚等人從莫斯科出版的《國際通訊》瞭解到共產國際關於建立反帝統一戰線的方針，從巴黎出版的《救國報》看到了《八一宣言》，瞭解到中共中央停止內戰、一致抗日、組織「國防政府」的主張。年底又收到「左聯」駐莫斯科代表蕭三的來信，傳達王明的指示，建議解散「左聯」，另行組織一個體現反帝抗日統一戰線的文學團體，於是決定解散「左聯」並提出「國防文學」的口號。1936 年 2 月，周揚等人在《生活知識》第 1 卷第 11 期，正式將「國防文學」作爲建立文藝界抗日統一戰線的口號提出來並加以討論。應該說，「國防文學」口號因爲適應了急劇變化的社會政治形勢和社會政治心裡選擇，在經過討論後產生了廣泛的影響，並相繼出現了「國防戲劇」、「國防詩歌」、「國防音樂」、「國防電影」等口號，形成了強大的「國防文學」運動，並於 6 月 7 日成立了有 112 人參加的「中國文藝家協會」。

但是在「左聯」解散和「國防文學」口號等問題上，魯迅並沒有得到應有的尊重，因此他拒絕參加。1936 年 4 月，馮雪峰作爲中共中央特派員到上海後並沒有直接見周揚，而是首先會見了魯迅，並與魯迅、茅盾、胡風等人討論上海文藝界的情況。5 月底，與周揚素有矛盾的胡風發表了《人民大眾向文學要求什麼？》〔註29〕，提出了「民族革命戰爭的大眾文學」的口號。龍貢公、紺弩、張天翼等作家紛紛發表文章表示贊同。此外，魯迅等 63 人在 6 月末共同發表《中國文藝工作者宣言》。「民族革命戰爭的大眾文學」口號提

〔註26〕曹聚仁《魯迅評傳》，東方出版中心 1999 年版，第 128 頁。
〔註27〕王宏志《魯迅與左聯》，風雲時代出版公司 1991 年版，第 41 頁。
〔註28〕企《「國防文學」》，載 1934 年 10 月 2 日《大晚報・火炬》。
〔註29〕載 1936 年 5 月《文學叢報》第 3 期。

出後，很快遭到了周揚等人的反對和指責，比如徐懋庸在 6 月 10 日《光明》第 1 期發表《「人民群眾向文學要求什麼」》，指出胡風的口號「故意標新立異，要混淆大眾的視聽，分化整個新文藝運動的路線。」在胡風遭到非難後，魯迅發表了《論我們現在的文學運動》〔註 30〕，指出：「『左翼作家聯盟』五、六年來領導和戰鬥過的，是無產階級革命文學的運動。……民族革命戰爭的大眾文學，是無產階級革命文學的一發展，是無產階級革命文學在現在時候的真實的更廣大的內容。……新的口號的提出，不能看作革命文學活動的停止，或者說『此路不通』了。……絕非革命文學要放棄它的階級的領導責任，而是將它的責任更加重，更放大，重到和大到要使全民族，不分階級和黨派，一致去對外。這個民族的立場，才真是階級的立場。」

　　魯迅的意見非但沒有引起周揚等人的重視，反而招致了更多的批評。「兩個口號」的論爭愈加激烈。更為嚴重的是，徐懋庸在 8 月 1 日寫信給魯迅，貶斥與魯迅關係較密的胡風、黃源、巴金等人，並指責魯迅：「半年來的言行，是無意地助長著惡劣傾向的」，「對於現在的基本的政策沒有瞭解」，「不看事只看人，是最近半年來先生的錯誤的根由」。這徹底激怒了魯迅。他抱病寫了《答徐懋庸並關於抗日統一戰線問題》〔註 31〕，在闡述自己對抗日統一戰線、文藝界統一戰線態度的同時，明確指出「民族革命戰爭的大眾文學」口號「不是胡風提的，胡風做過一篇文章是事實，但那是我請他做的」，更為重要的是，魯迅在嚴厲駁斥徐懋庸的同時，還批判了「四條漢子」——田漢、周揚、夏衍、陽翰笙。魯迅的震怒使周揚派措手不及，紛紛指責徐懋庸莽撞，而徐懋庸則非常不滿周揚等人推卸責任〔註 32〕。就在魯迅發表這篇文章、公開了和左聯領導層的矛盾之後，引起了中共領導層的重視並出面干預，「兩個口號」論爭也就基本平息了。

　　這場論爭在理論層面主要圍繞三個問題：1、兩個口號孰優孰劣，2、要不要公開提出無產階級領導權問題，3、「國防文學」是作為聯合的標誌還是文藝創作的標誌。參加這場論爭的人數、刊物和文章之多，在現代文學史是

〔註 30〕 載 1936 年 7 月《文學界》第 1 卷第 2 號。
〔註 31〕 載 1936 年 8 月《作家》第 1 卷第 5 號。這篇文章由馮雪峰代筆起草，魯迅審閱後執意加上了批判「四條漢子」的內容。
〔註 32〕 他在《徐懋庸回憶錄》裏較為詳細記載了與魯迅的交往，稱周揚多次派他與魯迅交涉，事後又不認賬，反而嚴厲批評他，將他置於兩面受氣的尷尬地位。

較爲罕見的。〔註33〕其實就理論表述而言，雙方的分歧沒有本質差別，只不過側重點不同。如果雙方能夠進行良好的溝通和協調，這場論爭是可以避免的。但是左翼陣營內部嚴重的宗派主義和私人矛盾卻激化了論爭。雙方都犯了不可推卸的錯誤。

這場論爭對雙方的傷害是巨大的，給文藝界留下了長期難以泯滅的陰影。對魯迅而言，這場論爭不但是他與左聯領導層矛盾的激化和公開展示，而且使他的權威遭遇到來自「內部」的強烈挑戰。更爲重要的是，「左聯」的突然解散和「兩個口號」論爭引發了魯迅一生中最後一場可怕的精神危機，他不僅被迫要重新闡述自己的立場，而且他多年來精神生活中的支柱馬克思主義也岌岌可危了〔註34〕。顯然，魯迅遭遇到了來自現實領域和精神領域的雙重危機，這彷彿爲他一生「橫站」的命運畫上一個濃重的感歎號。他不久就去世了。爭論雖然結束了，但矛盾並沒有消解，建國後絕大多數參與者，都或多或少因爲這一問題在載浮載沈的政治鬥爭中付出慘重代價。被稱作「魯迅大弟子」的胡風，在建國後不久就因「胡風反革命集團」案鋃鐺入獄。周揚在「文革」中被敕封爲「30年代文藝黑線的祖師爺」。

另外值得我們今天要分清的是，這場論爭和「左聯」悄無聲息的解散，標誌著左右中國文壇近10年之久的左翼文學主潮落潮了。在新的政治情勢下，中國左翼文學結束了自己先鋒性、反叛性、顛覆性、前衛性、批判性、戰鬥性和革命性的歷史使命，中國左翼文學所表達的那種強大的社會批判和社會叛逆傳統從此消失了，支撐中國左翼文學精神不屈不撓、頑強抗爭的生命力在此時已經「死亡」和「衰竭」了。整個左翼文學的傳統，在新的體制下得到了「有選擇」、「有甄別」的繼承，左翼激進派的那些理論觀念，經過重新的嫁接與改造，爲新制度下的文學政策奠定了思想觀念基礎。

〔註33〕據人民文學出版社1982年出版的《兩個口號論爭資料選編》統計，僅在能夠查閱到的300餘種刊物上，就發現了有關的文章485篇。

〔註34〕參見夏濟安《黑暗之門：中國左翼文學運動研究》英文版魯迅部分，華盛頓大學出版社1968年版。

第四章　左翼文人知識分子和政黨政治關係

　　有的學者將近 20 多年左翼文學研究的問題焦點歸納輯錄爲八個方面：1、1928 年革命文學論爭；2、左聯的功過；3、左聯時期的創作；4、魯迅與左聯；5、文藝大眾化；6、「新月派」；7、「自由人」與第三種人；8、解散左聯與兩個口號之爭。〔註 1〕這八個問題基本上代表了學術界審視左翼文學運動時所持的學術興趣和價值趨向。學人們就這八個方面問題所作的評判與爭論，既表明了當前左翼文學研究所能達到的學術高度，也暴露了存在的問題和盲區。近年來，由於社會政治經濟形勢的悄然變動，學術界對左翼文學研究又表現出濃厚的興趣。因爲人們都清楚，左翼文學研究的突破，將導致中國現代文學研究格局的重大變動，導致中國現代文學史的重新書寫，導致文學觀念的重構和知識分子自身的價值重估。

　　然而，現實政治對人們實際生存狀況的制約和對人們精神心理的影響，仍然是首先需要突破的學術研究瓶頸。由於左翼文學運動是當前政治權威得以維護和鞏固的重要歷史積澱和歷史資源，是當前體制內的文學和文化政策的重要歷史源頭和歷史前身，學人們還不能獨立自由地構築探討這一文學史問題的學術語境，當前的政治文化環境也沒有開闢充足的言論空間。更爲嚴重的是，在精神文化心理和價值判斷上，學人們尚受政治慣性思維的支配，不能擺脫政治價值選擇的左右。政治立場、政治方向的擇取，成爲制約人們學術研究的先在命題和前理解視野。左翼文學運動的肯定者歌功頌德早已司

〔註 1〕 張小紅《新時期左聯研究的幾個話題》，載《新文學史料》1999 年第 4 期。

空見慣，否定者欲問政治之罪往往圖窮匕見其政治意圖。政治是否正確，成為人們進行正常學術研究的關隘。當然這不意味著否定政治介入、排斥政治影響，問題的關鍵在於，是以學術研究為中心還是以政治判斷為中心，是學術研究視野中的政治判斷還是政治取向下的學術研究。急於對左翼文學運動做出政治評判，很可能都達不到當年左翼文學運動參與者和批判者的水平。把歷史上的政治命題轉化為當下的政治命題，本身就是一種政治行為而非學術行為。只有將政治命題轉換為學術命題，才有可能真正窺見中國左翼文學運動的歷史奧秘，將中國左翼文學研究推向更深更廣的境地。

一、理性的狡點及作為殊相的文學

在馬克思主義誕生並產生實踐力量之前，近現代哲學和思想就達到了它可能達到的認識顛峰，即不再把世界和社會視為獨立於認識主體而產生的，例如是由上帝或神創造的，而是將之主要把握為人類自身的產物。從蘇格拉底、柏拉圖以降，中經笛卡爾、霍布斯、斯賓諾沙、萊布尼茲等，再到康德、黑格爾，雖然論題和論域變化多端，在認識論意義上卻造就了集大成的理性主義精神產品：理性主義作為一種思想視野和思維體系，自認為具有洞察自然和社會萬象的能力，自認為發現了或必將可能發現人在自然和社會生存中所面對的全部現象相互聯繫相互鬥爭的根本原則，全部自然和社會事實是理性可以控制、預見和計算的，社會是可以規劃、設計和重建的。

然而，當人們高奏理性主義凱歌進軍人類所面對的諸領域，並試圖建構理性主義王國時，矛盾與危機開始顯現，被康德稱為「二律背反」的歷史和社會機制開始發揮作用：人們一方面日益打碎、擺脫和拋棄了純自然的、非理性的和實際存在的桎梏；另一方面又同時在自己建立的、自己創造的現實中，建立了一個觀念中的自然和社會，並且它們以同樣無情的規律性展現和人們相對立，如同以前非理性的和自然的力量一樣向人類的理想藍圖挑戰。「理性的狡點」本是黑格爾的哲學用語。在對黑格爾哲學的批判過程中，盧卡奇從「理性的狡點」所指涉的歷史真實的縫隙中，看到了近現代理性主義無法克服的根本矛盾：「這種宏大的觀念在力求把世界的總體把握為自己創造的東西時撞上了既定性，即自在之物這一不可逾越的界限。」〔註2〕作為卓越的馬克思主義思想家，盧卡奇深刻揭示了理性主義想像王國的虛妄性：「不能

〔註2〕盧卡奇《歷史與階級意識》，商務印書館1992年版，第192頁。

抽象地和形式地看待理性主義，把它變成爲一種人的思想本質中固有的超歷史原則。……如果理性主義要求成爲認識整個存在的普遍方法，那麼問題就完全不同了。在這種情況下，非理性原則的必然相對性的問題就取得了一種決定性的、融化瓦解整個體系的意義。」〔註3〕當理性主義驅使歷史戰車向前狂奔，人類既充分享受了它創造的累累碩果、體驗了人的尊嚴，又充分飽嘗了它攜帶的酸澀苦果、體驗了人的狂妄和無能。因爲理性主義並未超越自然和社會的實際運行規律，儘管它試圖解釋這些規律、超越這些規律。

作爲精神現象的理性主義發揮能量、顯現局限的場所是現實實踐領域。儘管哲學家思想家發現或者預設了它的運行機制和規律，但人們的實踐及後果並不一定依照理性的想像運作，反而往往以非理性的力量作用於人。即是說作爲自在之物存在於實踐領域的理性，與人類主體的意志與欲望並非一致，人們自以爲憑藉理性的要求和原則行事，可能並不符合理性的眞實存在狀態和眞實運行規則。更爲重要的是，馬克思主義的傑出理論家或其它學派卓越的思想家哲學家對理性的認識和反思，只是表明人類認識在時代要求的制約下所達到的認識的高峰，並不意味著其接受者、信仰者和追隨者持有同樣的水平和深度，並不意味著這種認識和反思成爲普世的實踐觀念。

這意味著在歷史實踐領域，在人們潛在的期待視野中，理性既可以依據人們的預期想像發揮作用，也可以以原始的、自然的自在之物狀態發揮影響；也就是說理性的運作和效應既可以符合理性想像，也可以脫離理性想像的軌道，以非理性的方式存在。正是在這個意義上，「理性的狡黠」在歷史和現實的實踐領域尋找到了展現自身所擁有的歷史和現實內容的豐富多彩性。正如抽象的理性本身所展現的悖論結構一樣，這些具象的方式可以是直接以理性的名義行事，也可以是以自在之物的原始狀態運行。換句話說，無論實踐主體對理性有多少自覺性，處於歷史運行狀態中的理性都依據自身的客觀規律產生效力，並不以人們主觀意志中的理性想像爲轉移。如果人們的理性想像符合理性指涉的歷史本眞和實踐眞相，那麼它就產生積極的正面的效應；如果人們的理性想像脫離了歷史和實踐領域的眞實狀況，僅僅以人的主觀意志和願望爲出發點，就易產生消極的負面的效應。面對理性主義的功能和局限，我們應當像盧卡奇那樣發出深深的疑問：「人的理智爲什麼恰恰把這樣一些形式體系把握爲它自己的本質（並和這些形式的內容的『既定的』、異在的、不

〔註3〕盧卡奇《歷史與階級意識》，商務印書館1992年版，第181頁。

可認識的特點相對立），以及這樣的把握有多大的正確性，這個問題還沒有人提出來，人們把它作爲天經地義的東西接受了。」〔註4〕

「理性的狡黠」作爲一種共相悖論形式，廣泛存在於人類的思想精神世界。作爲一種殊相，文學就是一個以具象的和感性的方式展現理性狡點的場所。在這樣一個理性狡點的藏匿之處，上述的理性作爲一個抽象指稱，與文學研究範疇中的術語如感性、形象、具象等等，或者還包括它對理性這一術語的運用，都不是同級的、對稱性概念。作爲自在之物和精神現象意義上的理性，是事物和現象所具有的共相，具有本體論指涉功能。而在文學領域中，理性本體、理性精神和理性思維往往是以常識性的認知狀態存在、發生作用，以殊相方式展現自身。它往往不以思想家哲學家們歸納總結的理性模式運作，而是在具體的文學日常形態中包孕著理性的認知標準和價值取向。也就是說理性作爲自在之物，往往以原始的日常生活狀態存在於文學領域，並不一定打著理性的旗號、運用理性的話語，而且它不依賴於人的主觀意志。通俗一些說，就是宣稱理性並不一定符合理性的眞實狀況，反對理性也並不意味著不具有理性的內涵，而且不管理性自覺程度的高低，都不妨礙理性在文學實踐中的實際功能的發揮，理性作爲人的一種精神能力，即可以以理性的名義存在，也可以不具備這種名份，在文學領域它總能以適當的形式發揮作用、展示能量。

文人知識分子，往往是理性主義和理念世界的守護者，是意識形態的啓蒙者，是革命與夢想的鼓吹者。美國著名社會學家劉易斯·科塞在《理念人：一項社會學的考察》中，分析了 20 世紀 30 年代秉持共產主義理念的知識分子們在展望未來的狂潮中的理性主義夢想：年輕的共產黨作家魯思·肯尼熱情洋溢地認爲，今天的共產主義者是人類長河中被遺忘的語言發明者的兄弟，是發現了新形式的希臘建築家的同行，……他們發現了生產方式由資本主義的無政府狀態轉向社會主義的方向。共產主義者能夠創造歷史。由於知道了人類所能達到的唯一不朽性——爲明天打上印記，從而超越了他們自己的生命；科學家、共產黨員海曼·萊維宣稱，社會實踐要求對現狀進行變革，所以科學家應把自己與共產主義運動結合起來，只有這樣才能建立起科學的統治，以社會作大實驗室，以人類作爲試驗材料；社會思想家愛德華·林德曼強調，人類本性完全有可能發生足夠迅速而深刻的變化，以達到構成共產

〔註4〕盧卡奇《歷史與階級意識》，商務印書館 1992 年版，第 179 頁。

主義綱領本質的革命目標，從而塑造出理性化的新人；詩人戴‧劉易斯則以詩歌的形式加以形象化概括，「革命，革命／是唯一正確的答案——／我們已經找到了它，我們深信它會勝利。／不管你遇到什麼打擊，／這些信念將會給你注入活力。」〔註5〕

科塞所描述的社會各界人士對共產主義的理性主義想像狂潮，並非是區域性和偶然性時段的現象，而是當時一種全球性的認知模式和價值取向。如果說在西方更多的是坐而論道的咖啡館式革命家，那麼在20世紀20年代末以來的東方中國，文人知識分子則在日益困窘的社會和政治狀態中投入到實踐者的行列，追逐理性想像中的共產主義夢想。

對於以文學為志業的中國現代知識分子而言，當共產主義這種充滿巨大誘惑的理性主義夢想具有實踐可能性時，這個系統中的大部分人，自覺地為之奉獻青春、熱情、意志、知識乃至生命，將自己的志業開闢為實現夢想的領地。20世紀中國的左翼文學運動，是不甘與現狀妥協的文人知識分子，運用手中掌握的文學和文化資源，反抗政治專制主義和文化專制主義，憧憬新的精神文化體制的浪漫的理性主義創新行為。和世界各地信仰共產主義的兄弟們一樣，中國的左翼文人知識分子的理性主義暢想目標，是更加合理化、秩序化，更加正義和平等的社會文化狀態。然而，正如理性主義想像不等同於理性的實際運行狀況，文學從業者的希望與政治實踐者的目的也往往大相徑庭。左翼文學運動的發起者和參與者們在遵循理性想像行事的時候，就遭遇了理性狡點的悖論。

像革命資格與話語權力、文人知識分子與政黨政治關係問題，就充分展現了這種理性與實踐的悖論。其反對者和批評者梁實秋當年就說過：「在革命期中，實際的運動家也許要把文學當作工具用，當作宣傳的工具已達到它的目的。對於這種的文學的利用，我們沒有理由與願望去表示反對。沒有一種東西不被人利用的。豈但革命家要利用文學？商業中人也許利用文學作廣告。牧師也許利用文學作宣講。真的革命家用文學的武器以為達到理想之一助。對於這種手段我們不但是應該不反對。並且我們還要承認，真的革命家的熾燒的熱情滲入於文學裏面，往往無意的形成極能感人的作品。不過，純

〔註5〕劉易斯‧科塞《理念人：一項社會學的考察》，中央編譯出版社2001年版，第258～265頁。

粹以文學爲革命的工具，革命終結的時候，工具的效用也就截止。」〔註6〕歷史不幸被梁實秋言中了。歷史實踐不但沒有爲文學從業者的理性想像提供更廣闊的發展空間，反而以歷史理性的鐵血運行碾碎了他們的夢想。人們以熱血和生命去追逐至善至美的理想，最終卻只能眼睜睜目睹歷史的鐵血戰車碾著橫飛的血肉前行，彌漫的歷史硝煙遮蔽了人性的光暈。歷史以悖論方式發出了深深地疑問。

二、革命資格和話語權力

　　將問題聚焦於左翼文學運動中的革命資格和話語權力問題，也就是文人知識分子和政黨政治的關係問題，是在閱讀當年大量的原始文獻，尤其是 1928 年革命文學論爭的大量文章基礎上，產生了對這一話題的闡釋衝動和求知欲望。因爲這既是一個理性主義、也是一個實用主義色彩濃厚的領域。

　　透過當年聚訟不已的論爭，可以看到革命資格和話語權利問題作爲左翼文學運動的中心話題之一，關係到左翼文學運動的方向和命運，更體現了歷史理性在這場文學實踐中的精神演習。正如當年左翼文學運動的一個參與者所說：「倘若沒有大革命失敗後革命文學的呼聲，『五四』以後的新文學就如此安定平穩地走下去，可能產生一批藝術水平較高的作品，致使國民黨反動統治得以短期的無憂無慮。事情是左翼作家不允許這樣辦！青年文藝愛好者不允許這樣辦！於是誰來主宰文學的問題就提出來了。」〔註7〕當時革命實踐在文學領域所提出的問題是，依靠誰、憑什麼力量、運用什麼樣的手段，使文學成爲實現政治革命宏偉理想遠景的有力武器，誰是這場文學實踐運動的主體，誰有資格成爲它的代言人，誰具有強勢話語權力成爲它的領袖，成爲當時文人知識分子系統內部亟待解決的問題。

　　其實，革命資格和話語權力問題在革命文學論爭初期，還只是一個不證自明的問題。對革命文學的最初倡導者太陽社和創造社而言，革命文學的主體毫無疑問是他們，而且肩負倡導者、領導者、引路者和實踐者的歷史重任。以這兩派成員創辦的刊物的創刊號爲例，《太陽月刊》在《卷頭語》中宣稱：「倘若我們是勇敢的，那我們也要如太陽一樣，將我們的光輝照遍全宇宙。

〔註6〕 梁實秋《文學與革命》，載 1928 年 6 月 10 日《新月》月刊第 1 卷第 4 期。
〔註7〕 楊纖如《壽南北兩「左聯」六秩》，載《左聯紀念集 1930～1990》，百家出版社 1990 年版。

太陽是我們的希望，太陽是我們的象徵──讓我們在太陽的光輝下，高張著勝利的歌吼：我們要戰勝一切，我們要征服一切，我們要開闢新的園土，我們要栽種新的花木。」〔註8〕再結合同期發表的蔣光慈的《現代中國文學與社會生活》一文來看，「我們」一詞並非是泛指的代名詞，而是代表歷史和文學正確發展方向的「中國文壇的新力量」的太陽社同仁。創造社成員在《文化批判》的《祝詞》中更是擺出一副革命文學舍我其誰的姿態：「它將從事資本主義社會的合理的批判，它將描繪出近代帝國主義的行樂圖，它將解答我們『幹什麼』的問題，指導我們從那裡幹起。／政治，經濟，社會，哲學，科學，文藝及其餘個個的分野皆將從《文化批判》明瞭自己的意義，獲得自己的方略。《文化批判》將貢獻全部的革命的理論，將給與革命的全戰線以朗朗的星火。／這是一種偉大的啓蒙。」〔註9〕如果說「太陽」和「他們」等詞彙在太陽社成員那兒尚具有幾分隱喻色彩的話，那麼創造社同仁則明明白白清清楚楚地將革命文學運動的領導責任賦與了《文化批判》，也就是創造社自己。

事實上，革命資格和話語權力問題漸漸浮出歷史水面，成為當時的中心話題，是在左翼文人知識分子進行的對外和對內的批判與論爭中展現的。在20世紀20年代末30年代初的中國文壇上，主要有三種文學勢力左右文學思潮和創作。一派是以「新月派」為代表的仰仗當時國家體制支撐的文人知識分子，一派是以魯迅茅盾等人為代表的同情共產黨的革命、認同馬克思主義學說、又不直接受其支配的左翼獨立文人知識分子，另一派則是以創造社太陽社成員為主要代表的在組織人事上受黨管轄的左翼激進文人知識分子。由於梁實秋徐志摩為代表的新月派反對馬克思主義、反對共產黨的政治革命，遭到了後兩派文人知識分子的一致抨擊。布迪厄說過：「在更普遍的意義上，內部鬥爭儘管在原則上是充分獨立的，但在根源上總是能與外部鬥爭──無論是在權力場內部還是從總體上來講的社會內部的鬥爭──保持著聯繫。」〔註10〕在當時知識分子系統內部產生的鬥爭，既是根源於文學認識的分歧，又根源於知識分子在社會存在意義上的政治態度和政治傾向。

包括魯迅等人在內的左翼文人知識分子與梁實秋徐志摩為代表的右翼自

〔註8〕 載 1928 年 1 月 1 日《太陽月刊》創刊號。
〔註9〕 載 1928 年 1 月 15 日《文化批判》創刊號。
〔註10〕布迪厄《藝術的法則：文學場的生成和結構》，中央編譯出版社 2001 年版，第 158 頁。

由主義文人知識分子的對立，儘管是圍繞著文學問題構築了論爭空間，但是文學自身的問題在很大程度上成為意識形態鬥爭和社會政治鬥爭的話語言說載體，鬥爭的焦點在於文人知識分子對待國民黨專制主義、對待社會革命的態度。以梁實秋及新月派為代表的右翼自由主義文人知識分子是當時國家政權體制的受益者，儘管這派文人知識分子在 20 年代末由胡適帶頭髮起了批評國民黨「黨治」的「人權運動」，但是由於其態度和最終目的在於「善意的期望與善意的批評」，「批評的目的是希望他自身改善」，因此他們自「五四」時代以來所秉持的自由民主的啓蒙理性主義立場已經淪落為政治和文化專制主義、保守主義的同道。他們對國民黨政治和文化專制主義的抗議往往流於「小罵大幫忙」的實際社會效果，他們不但不能領導不甘向專制主義妥協的文人知識分子的社會鬥爭，其言行反而從實踐效果上維護與鞏固了國民黨的政治文化專制，在思想精神領域為國民黨提供合法性支持。因此這派文人知識分子不情願也沒有資格去領導作為時代潮流的革命文學，也就失去了左右文壇發展的主流話語權力。

對左翼文人知識分子而言，通過對右翼自由主義文人知識分子的批判，獲得了左右當時文壇的強勢話語權力，形成了一支強大的社會精神文化力量，自我確證了推動文學和歷史前行的主體地位，以及對當時文學發展潮流當仁不讓的領導權。葛蘭西曾經說過：「並不存在任何獨立的知識分子階層，但每個社會集團都有它自己的知識分子階層，或者往往會形成一個這樣的階層；然而，歷史上（確實的）進步階級的知識分子在特定的環境下具有一種吸引力，致使他們歸根結底要以制服其它社會集團的知識分子而告終。」〔註11〕通過對國民黨體制內的文人知識分子的批判，排除了他們對文學潮流的合法領導權，從而為各種類型的左翼文人知識分子生成為共產黨所代表的社會階級的知識分子集團，奠定了價值坐標和價值基礎。通過文學領域內的這種基本上屬於政治意識形態鬥爭性質的爭論和批判，鼓吹和提倡革命文學、乃至同情革命文學的各類文人知識分子，具有了引領文學潮流的價值資本優勢和文化心理優勢，在最大程度上掌握了當時的文壇領導權，從而也使左翼文學運動的諸種實踐成為最具吸引力的時代風氣和文學主潮。蔣光慈曾得意洋洋地宣稱：「時至今日，所謂革命文學的聲浪，日漸高漲起來了。革命文學成了一個時髦的名詞，不但一般急進的文學青年，口口聲聲地呼喊革命文學，

〔註11〕葛蘭西《獄中札記》，中國社會科學出版社 2000 年版，第 40 頁。

就是一般舊式的作家，無論在思想方面，他們是否是革命的同情者，也沒有一個敢起來公然反對。……雖然有許多眞正的投機的人們，一方面表示贊成革命文學！似乎比誰都激烈些，然而在別一方面卻極力詆毀從事革命文學的創作的人爲淺薄，爲幼稚，爲投機，爲魯莽……雖然這是很可恨的事情，雖然這些人們的心理難以猜測，雖然在實際上他們是革命文學的障礙，然而他們無論如何，不敢公然地反對革命文學，這可見得革命文學比不革命的文學神聖些，有威權些；這可見得革命文學在現代中國的文壇上，已經戰勝一切反革命的傾向了。」〔註 12〕儘管蔣光慈有些誇大其詞和一廂情願，但是革命話語資源所具有的巨大能量卻非同一般，它賦予了左翼文人知識分子以強勢心理，使之可以心安理得地雄視文壇，自詡爲文學潮流和歷史發展的領路人。

　　然而，儘管各種類型的左翼文人知識分子反對國民黨專制主義的目標一致，但是在革命與文學的一系列問題上分歧遠遠大於共識。關於革命資格和話語權力的爭奪，在左翼文人知識分子內部尤爲激烈。以創造社太陽社成員爲代表的左翼激進派文人知識分子，自居爲正統的無產階級文學運動的主體，向『五四』以來的文壇發動了全面批判。他們認爲，爲了建立眞正的無產階級革命文學，就必須對舊文壇進行理論鬥爭和全部批判，推動文學上的方向轉換。他們將魯迅、茅盾、葉聖陶、郁達夫等在當時文壇上最具影響力的一批作家作爲清算的對象和批判的目標，要求重新劃分作家隊伍，建立無產階級作家主宰文壇的文學戰線。魯迅遭到了最爲猛烈的批判，像馮乃超的《藝術與社會生活》《人道主義者怎樣地防衛著自己？》、錢杏邨的《死去了的阿 Q 時代》《「朦朧」以後》、李初梨的《請看我們中國的 Don Quixote 的亂舞》、彭康的《「除掉」魯迅的「除掉」！》、石厚生的《畢竟是「醉眼陶然」罷了》、杜荃的《文藝戰線上的封建餘孽》等等一大批文章，都集中火力將魯迅作爲首要清算對象。《1913～1983 魯迅研究學術論著資料彙編》所輯錄的1928 年有關魯迅的文章共 45 篇，有 30 多篇對魯迅大加鞭撻，其中絕大多數出自創造社太陽社成員之手。

　　在自居正統的左翼激進派眼中，以魯迅爲代表的文壇卓有成就者，已經成爲歷史人物、時代的落伍者和革命文學運動的絆腳石：「在幾個老作家看來，中國文壇似乎仍然是他們的『幽默』的勢力，『趣味』的勢力，『個人主義』的勢力，實際上，中心的力量早已暗暗的轉移了方向，走上了革命文學

〔註12〕蔣光慈《關於革命文學》，載 1928 年 2 月 1 日《太陽月刊》二月號。

的路了。……所以魯迅的創作，我們老實的說，沒有現代的意味，不是能代表現代的，他的大部分創作的時代是早已過去了，而且遙遠了。他的創作的時代背景，時代地位，把他和李伯元，劉鐵雲並論倒是很相宜的」〔註13〕，「對於布魯喬亞汜是一個最良的代言人，對於普羅列塔利亞是一個最惡的煽動家！」〔註14〕是文藝戰線上的「封建餘孽」、「二重的反革命的人物」、「不得志的Fascist（法西斯諦）！」〔註15〕別爾嘉耶夫說過：「一切浩大的革命無不宣稱創造新人。」〔註16〕革命需要把新舊劃分為彼此敵對的兩個營壘，對新人的肯定意味著對舊人的否定，新人需要打到舊權威確立自己的歷史英雄地位。魯迅是當時文壇最有權威的「舊人」，符合新人們除舊布新的革命心理和對敵對者的擇取標準，於是被新人們推上了革命的祭壇。

魯迅面對這種批判，一面感歎自己「在『革命文學』戰場上，是落伍者」〔註17〕，一面憤起反擊，「我並不希望做文章的人去直接行動，我知道做文章的人是大概只能做文章的。……我們的批判者才將創造社的功業寫出，加以『否定的否定』，要去『獲得大眾』的時候，便已夢想『十萬兩無煙火藥』，並且似乎要將我擠進『資產階級』去（因為『有閒就是有錢』云），我倒頗也覺得危險了。……不遠總有一個大時代要到來。現在創造派的革命文學家和無產階級作家雖然不得已而玩著『藝術的武器』，而有著『武器的藝術』的非革命武學家也玩起這玩意兒來了，有幾種笑迷迷的期刊便是這。他們自己也不大相信手裏的『武器的藝術』了罷。那麼，這一種最高的藝術——『武器的藝術』現在究竟落在誰的手裏了呢？只要尋得到，便知道中國的最近的將來。」〔註18〕「但立意怎樣，於事實是無干的。我疑心吃苦的人們中，或不免有看了我的文章，受了刺戟，於是挺身出而革命的青年，所以實在很苦痛。但這也因為我天生的不是革命家的緣故，倘是革命巨子，看這一點犧牲，是不算一回事的。第一是自己活著，能永遠做指導，因為沒有指導，革命便不成功了。你看革命文學家，就都在上海租界左近，一有風吹草動，就有洋鬼

〔註13〕錢杏邨《死去了的阿Q時代》，載1928年3月1日《太陽月刊》三月號。

〔註14〕李初梨《請看我們中國的Don Quixote的亂舞》，載1928年4月15日《文化批判》第4號。

〔註15〕杜荃《文藝戰線上的封建餘孽》，載1928年8月10日《創造月刊》第2卷第1期。

〔註16〕別爾嘉耶夫《人的奴役與自由》，貴州人民出版社1994年版，第173頁。

〔註17〕魯迅《文壇的掌故》，載1928年8月20日《語絲》周刊第4卷第34期。

〔註18〕魯迅《「醉眼」中的朦朧》，載1928年3月12日《語絲》周刊第4卷第11期。

子造成的鐵絲網，將反革命文學的華界隔離，於是從那裡面擲出無煙火藥——約十萬兩——來，轟然一聲，一切有閒階級便都『奧伏赫變』了。」〔註19〕在這一時期，魯迅以自己獨特的思想和話語方式，向左翼激進派的革命資格和話語權力發出了深刻質疑：「在我自己，是以爲若據性格感情等，都受『支配於經濟』（也可以說根據於經濟組織或依存於經濟組織）之說，則這些就一定都帶著階級性。但是『都帶』，而非『只有』。所以不相信有一切超乎階級，文章如日月的永久的大文豪，也不相信住洋房，喝咖啡，卻道『唯我把握住了無產階級意識，所以我是眞的無產者』的革命文學者。」〔註20〕

　　若按照左翼激進派的理論，他們自己都是小資產階級知識分子出身，也不應該具有領導無產階級文學運動的資格。那麼，他們如何確立自身在無產階級文學運動中的革命資格和話語權力呢？蔣光慈認爲：「倘若我們要斷定某個作家及其作品是不是革命的，那我們首先就要問他站在什麼地位上說話，爲著誰個說話。這個作家是不是具有反抗舊勢力的精神？是不是以被壓迫的群眾作出發點？是不是全心靈地渴望著勞苦階級的解放？……倘若答案是肯定的，那麼這個作家就是革命的作家，他的作品就是革命的文學。……革命的作家不但要表現時代，並且能夠在汜亂的鬥爭的生活中，尋出創造新生活的元素，而向這種元素表示著充分的同情，並對之有深切的希望和信賴」。〔註21〕郭沫若認爲：「只要你有傾向社會主義的熱忱，你有眞實的革命情趣，你都可以來參加這個新的文藝戰線。」〔註22〕李初梨認爲：「我以爲一個作家，不管他是第一第二……第百第千階級的人，他都可以參加無產階級文學運動；不過我們先要審察他的動機。看他是『爲文學而革命』，還是『爲革命而文學』。」〔註23〕「對於普羅列塔利亞文學底作家的批評，只能以他的意識爲問題，不能以他的出身階級爲標準。」〔註24〕從利己心理出發，左翼激進派通過對革命熱情、革命動機和革命意識的強調，又加之對自身方向轉換歷史的重新闡釋，以循環論證的方式證明了自己的合法地位：因爲具有強烈的革命熱情、

〔註19〕魯迅《通信》，載1928年4月23日《語絲》週刊第4卷第17期。
〔註20〕魯迅《文學的階級性》，載1928年8月20日《語絲》週刊第4卷第34期。
〔註21〕蔣光慈《關於革命文學》，載1928年2月1日《太陽月刊》二月號。
〔註22〕麥克昂《英雄樹》，載1928年1月1日《創造月刊》第1卷第8期。
〔註23〕李初梨《怎樣地建設革命文學》，載1928年2月15日《文化批判》第2號。
〔註24〕李初梨《自然生長性與目的意識性》，載1928年9月15日《思想》月刊第2期。

動機和意識，所以能夠很快轉換方向、提倡革命文學；因為是革命文學的首
倡者，具有強烈的革命熱情、動機和意識，所以具有領導無產階級文學運動
的革命資格和話語權力。然而，這種近乎自封的資格和權力是經不住事實和
理論推敲的。發生在創造社和太陽社之間的革命文學首倡權的爭奪，更顯示
了其理論和事實的脆弱性。

　　弱水（潘梓年）在總結這場關於革命資格和話語權力的論爭時強調：「蔣
光慈的兩篇和麥克昂的一篇，我以為太為文學家的地位顧慮了。……至於誰
是向前者誰是落後者自有時代在那裡批判；志同者來，不同者去，誰有前進
的志願和勇氣自己自然會得來。說什麼太快太慢，說什麼勸勉的話。難道我
們為要維持文學者的地位才來做新文學運動的嗎？……錢杏邨那封通信，未
免太小氣了。誰是革命文學的首創者這個問題也值得爭辯的嗎？事實俱在，
無容自白。況且斤斤於首創者的名義也太未脫去英雄思想。革命者只知勞力，
只知事業，難道還希望有人來論功行賞嗎。」﹝註25﹞革命者的目的固然不一
定是地位和論功行賞，但是卻需要政治權威的評定。很快，傳來了黨的領導
人的指示：停止論爭，將太陽社、創造社和魯迅等人聯合起來，成立「左聯」。
發生在左翼文人知識分子內部的論爭，因為政黨政治利益的需要而終止。但
是作為實質問題，仍然以不同的形式存在於左翼文學運動中，像對「自由人」、
「第三種人」的批判、魯迅與周揚等人的矛盾、關於「兩個口號」和解散「左
聯」的論爭，在某種程度上都是革命資格和話語權力之爭的變異形式。

三、文人知識分子與政黨政治的雙向選擇

　　客觀地看，左翼文學運動既是一場政黨政治力量參與推動的文學和文化
運動，又是一場知識分子和文人自發提倡與形成的文學和文化自治運動。它
具有政治文化與人文文化相生相剋、相輔相成的交融特色和雙重特徵，在運
動形態上表現為政黨政治力量的介入與文人知識分子自主性之間的統一和對
立，表現為文學資本掌握者和政治資本掌握者之間的統一和對立、相互依重
和轉換。

　　在左翼文學運動的歷史實踐中，政黨政治力量的的介入是通過爭取文人
知識分子實現的；文人知識分子對共產黨政治取向的同情與支持並非被動式

﹝註25﹞弱水《談現在中國的文學界》，載 1928 年 4 月 1 日《戰線》周刊創刊號。

的，也反映了其借助政治力量獲取更多文學和文化領導權的實際意圖。換個角度看，政黨力量想獲得這場運動的支持與響應，首先必須掌握一定的文化和文學資本；文人知識分子想獲得更多的文學權力，擇取政治力量的支持又是一條捷徑。當然，最爲重要的是，共產黨的政治取向與知識分子文人的價值取向，也就是說在反抗專制、暢望未來社會前景方面達到了空前的一致。目標一致，並不意味著文學的生產和實踐等同於政黨政治的運行與實踐。

從 1928 年革命文學論爭到 1936 年兩個口號之爭的左翼文學鬥爭史，主要包括對魯迅、茅盾、葉聖陶、郁達夫等人的批判，革命文學發明權的爭奪，文藝大眾化的討論，對新月派的猛烈批判，對「自由人」和「第三種人」的抨擊，兩個口號孰優孰劣，可以非常清楚地看到，問題的實質之一就是誰有資格成爲這場運動的領導者，誰是中國文壇話語權力的執掌者。正是在這場運動中，中國現代知識分子和文人第一次大規模將自身的命運和政黨政治運動掛上鈎，開始了將自身的價值追求與政黨政治取向聯姻的悲歡史。對於中國現代知識分子而言，這是一次大規模的、自發性和集體性的文化選擇行爲。

從 1928 年革命文學論爭到左聯解散時「兩個口號」的論爭所展現的革命資格和話語權力問題，實質上反映了 20 世紀中國文學史的一個重大命題，即文人知識分子和政黨政治的關係問題。政黨政治力量爲了實現其政治理想，不僅要依賴政治經濟和軍事鬥爭，進行反對統治階級的社會革命，而且要依賴思想文化領域的鬥爭，在思想文化領域尋找其代理人，通過他們向大眾宣傳其世界觀、社會觀、倫理觀和政治理想，以獲取社會大多數人的支持從而獲得革命成功。共產黨宣稱其階級基礎是處於社會底層的工人和農民，而他們在整個社會體系中處於被剝削被壓抑的地位，根本不可能全面系統地享受人類歷史積澱下來的思想文化和科學成果，根本不可能對其政治先鋒隊的意識形態和政治理想進行理論概括、總結和闡發。這一任務只能由黨內和黨外的知識分子來承擔。列寧對此在《怎麼辦？》這部重要著作中引證考茨基的觀點論述說，社會主義作爲一種學說根源於現代經濟關係，社會主義學說並不能從工人隊伍中自發產生出來，它是在深刻的科學知識的基礎上形成起來的，現代社會主義學說是在個別的資產階級知識分子的頭腦中產生出來的，然後傳給才智出眾的無產者，並進而灌輸到無產階級的革命鬥爭中去。列寧主張必須把社會主義的意識形態從外部灌輸到無產階級隊伍中去，因爲社會主義的意識形態是從有產階級的有教養的人，即知識分子創造的哲學、歷史

和經濟理論中成長起來的。〔註 26〕列寧的理論，不僅爲左翼文人知識分子尤其是激進派確立自身作爲無產階級文學運動主體地位，提供了經典的理論來源和合法化支持。而且，在思想文化領域開闢鬥爭場所、集結爲自己的政治革命服務的知識分子力量，也成爲共產黨參與和支持左翼文學文化運動的最終目的。

對文人知識分子來說，他們往往自詡爲是眞理、道德價值和審美理想的體現者和實踐者，是正義、公正、自由、民主等諸價值理念的捍衛者，能夠將利益的衝突轉化爲理念的衝突。然而，他們的諸種價值理念總是依託利益的平臺。文人知識分子往往渴望社會組織的理性化，並鑄造一個理想社會的圖景，他們評價現存社會形態的標準在於，它與理性想像王國的標準社會模式存在多大程度的相似，它爲這一標準社會模式的實現提供了多大的自主空間，它爲文人知識分子實現自己的價值理念提供了多大的自由度和可能性。當時的國民黨政權不但沒有爲文人知識分子提供實現理想的渠道，反而爲維護獨裁統治壓制文人知識分子的思想和行動自由。這就勢必導致文人知識分子的分裂。在當時文人知識分子的分裂與重新組合過程中，利益與價值理念的衝突成爲最根本的原因。

國民黨政權體制內的文人知識分子不可能放棄已獲得的利益和社會地位，從事反對和推翻現政權的思想文化鬥爭。而反對國民黨專制主義的文人知識分子就要尋找能夠實現其價值理想的社會力量。共產黨的政治革命和提出的社會理想，爲文人知識分子理性想像的現實化提供了可能性。因此大多數反對國民黨專制統治的文人知識分子傾向於共產黨，在很大程度上是因爲滿足了自身尋求實現價值理念的欲望。這就導致了當時文人知識分子因依託不同政治力量而造成的分裂和重組。文人知識分子對不同政黨政治力量的選擇，在當時的歷史境遇中顯然是一種自主行爲。齊格蒙・鮑曼強調：「在一切足以導致他們之間分裂的眾多因素中，最根本的一點就是知識分子階層的不同部分提出不同的方略來推進他們的社會的理性化程度；他們謀求不同的權力以實現其使命。」〔註 27〕正如右翼自由主義文人知識分子相信通過體制內的批評可以使政府改良從而實現其價值理想一樣，左翼文人知識分子相信新的政黨政治力量能夠幫助自己實現自身的歷史使命。因此左翼文學和文化運

〔註26〕 列寧《怎麼辦？》，載《列寧全集》第 1 卷，人民出版社 1972 年版。
〔註27〕 齊格蒙・鮑曼《立法者與闡釋者》，上海人民出版社 2000 年版，第 228 頁。

動對共產黨政治革命的贊同與支持，符合這一運動的主體的理念想像。這就
意味著左翼文學運動的基礎是建立在共產黨和文人知識分子雙向選擇的聯合
上。通過它，共產黨集結和生產了自己的知識分子隊伍，而文人知識分子則
希望走向想像中的理性王國。

　　事實上，謀求不同的方略和權力實現自己的使命，不僅導致左翼文人知
識分子與右翼文人知識分子的決裂，而且也導致了其內部的激烈鬥爭。關於
革命資格和話語權力問題的論爭，實際上發生在掌握革命政治話語權力的文
人知識分子和掌握社會文化話語權力的文人知識分子之間，發生在以革命話
語為主要價值資源的文人知識分子和以文學話語為主要價值資源的文人知識
分子之間，發生在代表先進革命性目標的文人知識分子和代表雄厚文學性目
標的文人知識分子之間。以創造社和太陽社為代表的左翼激進派，最終所仰
仗的是政黨政治的價值評判標準，是以政黨政治的現實鬥爭需要為晴雨表。
當時就有許多人看到了問題的要害，比如高長虹認為：「創造社諸君自從加入
政治的活動之後，做成了政治的理論，又把這理論套在文藝上。因為那種政
治的理論是革命理論，所以便叫這種文藝是革命文藝。又因為政治的緣故，
想叫一切文藝都做成革命文藝，而且都合於自己的革命理論。這便不能沒有
壟斷的嫌疑。」〔註28〕李作賓更是一針見血：「一班先從事於政治運動的朋友
們，在沒有準確的認識文藝之前，就想把『文藝』整個推翻，將他們的政治
理想代替了。……中國的革命文學家對於他們所攻擊的目標，——據我最近
的想見，不特是無意的冤屈對方，而且是有意的。無意的是：他們不瞭解對
方，同樣的不瞭解文藝；有意的是：他們想把目前文壇的偶像打倒了，將自
己來代替一班人的信仰。」〔註29〕左翼激進派提倡革命文學、發動決裂和批
判，是由於政治革命的需要。同樣是因為政黨政治鬥爭的現實要求，左翼激
進派很快放棄了原有的主張，由馮雪峰、夏衍、馮乃超為代表，向魯迅解釋
過去的不愉快，以「誠肯」的態度取得了魯迅的諒解。「左聯」的成立，實際
上標誌著共產黨政治力量和左翼文人知識分子，為反對國民黨專制統治達成
了妥協，共產黨政治力量將左翼文人知識分子納入到了實現政治理想的革命
鬥爭航道中。

〔註28〕高長虹《大眾文藝與革命文藝》，載 1928 年 12 月 1 日《長虹周刊》第 8 期。
〔註29〕李作賓《革命文學運動的觀察》，載 1928 年 9 月 2 日《文學周報》第 332 期。

　　但是，這種雙向選擇和相互認同並不意味著可以合二為一。文學和政治是兩種完全不同的精神意識形式，二者的運行規則、思維模式、價值目的存在極大的差異。文學行為，是一個在社會內部（作為母系統）運作的、發生在歷史和文化變遷的動態過程中的虛構文本的生產、接受、分配和評價的系統（作為子系統），是一種不斷自我創造、自我調節、自我評價著的社會意識形式，既具有自律性的內在特殊範疇，又具有開放性的外在社會目的。從發生學的角度來看，文學的生產和實踐，更需要個體化的想像與創造，更需要自由獨立的生成空間，只有當自律性的內在特殊範疇和開放性的外在社會目的達成一致的時候，它才能最大範圍最大程度地實現自身所具有的各種功能。而政治的價值原則在於現實的實際效用，在於調動各種社會力量為自己價值目標的實現服務。

　　有的專家認為：「『左聯』是黨所直接領導的第一個革命文學團體，它當時所處的政治環境雖然在李立三和王明兩次『左』傾路線的影響之下，但是正是黨內一些堅持正確路線的同志，批評了 1928 年革命文學論爭中所出現的極『左』的思想，作出停止爭論，團結魯迅，一致對敵，成立『左聯』的決定。……『左聯』本來應該是黨所領導的一個統一戰線的文學團體，團結革命的、進步的乃至中間的更廣大的作家，可以更擴大它的影響，形成更廣泛的統一戰線。但是，由於『左』傾關門主義的思想作祟，使『左聯』一度成為『半政黨』式的團體，處於自我孤立、封閉的地位。」〔註30〕表面看來，「左聯」存在的上述問題是由於黨的決策者的錯誤造成的，而深層的原因在於政黨政治的現實實踐要求，在於政黨為了實現自己的政治理想隨時調整鬥爭策略。「半政黨」式的組織形式，不僅是「左」傾關門主義作祟，而且更是政黨政治對所屬力量的必然要求。

　　「左聯」的最高領導層雖然是由包括魯迅在內的執委會和常委會，但是「左聯」實際上的領導核心是「黨團」，它直接決定了「左聯」的實際運行和命運，據曾被編入「黨團」過組織生活的劉芳松回憶：「『左聯』黨團每次集會，都是討論『左聯』的工作，……所有黨團會及擴大會所討論問題的主要內容，有對敵鬥爭，包括對民族主義文學、新月派的鬥爭，有關於文藝大眾化以及號召深入工人群眾，培養工人通訊員等工作。在黨團會上，也屢屢論

〔註30〕陳鳴樹《論「左聯」文學運動的歷史意義》，載《左聯論文集》，百家出版社 1991 年版。

及團結魯迅的問題，向魯迅直接聯繫的是馮雪峰。」〔註 31〕由此來看，「左聯「的所有文學社團行爲，都體現了政黨政治的意志和要求。像對「自由人」和「第三種人」的批判，就不僅緣於對文學和政治關係、對馬克思主義文藝觀的不同理解，更在於政黨政治對文壇領導權的要求。從開始氣勢洶洶的對敵式批判，到「要反對那種以爲現在沒有第三種人，『第三種人』就是反革命的見解。」〔註 32〕這種態度轉變，與其說是通過論爭觀點上達成某些一致，不如說是體現了黨的統一戰線要求。包括後來周揚以極強的政治敏感，在與中共中央失去聯繫的情況下，根據《八一宣言》和蕭三來信，授意周立波發表《關於國防文學》，正式提出「國防文學」口號、并解散「左聯」，與魯迅爲代表的左翼人士發生大爭論，也是政治意志在文學領域的必然要求和體現。政黨政治固然有理性目標，但政治的實際運行不一定符合理性的想像，人類的政治實踐史已經證明，政治的實際運行在很多情況下處於非理性的狀態，政治的理性主義想像不等同於政治理性的實際運行狀況。不過政黨政治的理性主義想像會依據自己的目標，不斷調整政治實際運行中的非理性狀態。左翼文學運動中的對外鬥爭和對內批判，在很大程度上以文學的話語方式展現了政治意志的運行規律。

葛蘭西強調：「任何在爭取統治地位的集團所具有的最重要的特徵之一，就是它爲同化和『在意識形態上』征服傳統知識分子在作鬥爭，該集團越是同時成功地構造其有機的知識分子，這種同化和征服便越快捷、越有效。」〔註 33〕的確，政黨政治通過介入左翼文學運動、通過對外鬥爭和對內批判，迅速而有效地塑造了爲自己的政治理想服務的文人知識分子隊伍，將文學納入到政治鬥爭的戰野，用當時一個革命的反動派的話說：「所謂無產階級文學，完全是列寧黨之政爭的工具。」〔註 34〕同時，在反對國民黨政治專制主義和文化專制主義、爭取自由民主公正合理的社會理想的鬥爭中，通過革命與文學的一系列批判和論爭，左翼文人知識分子確立了自身作爲革命主體和歷史主體的合法性價值，看到了實現理性夢想的前景，最大限度地實現了文學在當時的社會價值功能。

〔註 31〕劉芳松《「左聯」回憶片斷》，載《左聯紀念集 1930～1990》，百家出版社 1990 年版。

〔註 32〕洛陽《「第三種人」的問題》，載 1933 年 1 月 15 日《世界文化》第 2 期。

〔註 33〕葛蘭西《獄中札記》，中國社會科學出版社 2000 年出版，第 5～6 頁。

〔註 34〕毛一波《關於現代的中國文學》，載 1928 年 8 月 1 日《現代文化》創刊號。

　　然而這是以放棄文學自身的自律性和內在性價值要求爲代價的。對此當年的茅盾就憂心忡忡：「我們的新作品即使不是有意的走入了『標語口號文學』的絕路，至少也是無意的撞上了去了。有革命熱情而忽略於文藝的本質，或把文藝也視爲宣傳工具——狹義的，——或雖無此忽略與成見而缺乏了文藝素養的人們，是會不知不覺走上這條路的。然而我們的革命文藝批評家似乎始終不曾預防到這一著。因此也就發生了可痛心的現象：被許爲最有革命性的作品卻正是並不反對革命文藝的人們所歎息搖頭了。」〔註35〕事實上，一個文人知識分子得以存在的最充足理由，在於運用獨具的文學和文化資源創造出只有他們才能創造出的影響社會的作品，從而達到間接改造社會的目的。只有將文學的自律性內在價值要求和外在社會目的充分的結合起來，才能實現其社會存在價值。這才是其安身立命的根基。然而歷史實踐並沒有爲這種結合提供從容的發展空間。歷史的風風雨雨、悲歡離合已經昭示我們，人類理性的實際運行規律和它的實踐主體及其理性像開了一個莫大的玩笑。無論是政治的理性想像還是文學的理性想像，都遭遇到了非理性狀態的困擾。

　　左翼文學運動的是是非非、成敗得失，以鮮活的歷史形態展現了「理性的狡黠」。理性的眞實存在從來不是抽象的，不完全依賴於人對理性的預設、規劃和建構。還是革命導師說得好，「思辨終止的地方，即在現實生活面前，正是描述人們的實踐活動和實際發展過程的眞正實證的科學開始的地方。」〔註36〕對左翼文學運動革命資格和話語權力的舊話重提，對文人知識分子與政黨政治關係問題的分析，既是對塵封歷史的回顧與梳理，又是探討知識分子作爲一種社會存在類型的價值功能。

　　在這一歷史進程中，我們能夠看到文人知識分子如何賦予自身革命資格和話語權力，如何將文學納入政治軌道中從而抱有救世主和立法者的幻覺，如何以理性主義的社會重建夢想換來日後非理性的改造後果，如何讓信仰的狂熱壓倒理性的冷靜。當年周作人在批評左翼文學運動時說過：「現代的社會運動當然是有科學根基的，但許多運動家還是浪漫派，往往把民眾等字太理想化了，憑了民眾之名發揮他的氣焰，與憑了神的名沒有多大不同，或者這在有點宗教性質的事業上也是不可免的罷？」〔註37〕梁實秋也說過：「但是人

〔註35〕茅盾《從牯嶺到東京》，載1928年10月10日《小說月報》第19卷第10期。
〔註36〕《馬克思恩格斯選集》第1卷，人民出版社1972年版，第31頁。
〔註37〕豈明《隨感九七・爆竹》，載1928年2月27日《語絲》周刊第4卷第9期。

性不是盡善的，處於政治團體或社會組織之領袖地位的人，常常不盡是有領袖資格的人，更不盡是能有創造的天才，往往只有平庸甚至惡劣的分子，遂強據了統治者與領袖者的地位。」〔註 38〕這些左翼文學運動反面人物的言論固然是一面之辭，但是能夠從對立面提醒人們，政治意志的權威和文人知識分子中的那些權力迷戀者，往往自以爲是眞理的發現者而一意孤行。一旦具有權力欲望的文人知識分子和政治力量結合起來，他們就可能將其思想作爲終極眞理強加於人、製造輿論潮流和流行的正統思想。然而他們會認爲不是引導人們走上歧途，而是領導人們走上正路與坦途，並將持不同見解者視爲異教徒和另類。

連馮雪峰這樣的左翼溫和派都說：「現在所提出的主題——『無產階級文學之提倡』和『辯證法的唯物論之確立』與智識階級自己的任務上，這是十分正當的，對於革命也是很迫切的。但革命是只將革命的智識階級看作『追隨者』的。事實上，在智識階級這名字還存在的時間，它始終是追隨者。」〔註 39〕這等於說，在文人知識分子沒有完全融入政黨政治的軌道前，始終是作爲另類存在的，是被領導和被利用的。可是當文人知識分子完全融入政黨政治的軌道後，只能是自身意志的喪失。可見，文人知識分子的夢想和政黨政治的意志存在天然的的界限。二者的聯姻和蜜月往往出現在革命進行時態中。或許，只有當革命的第二天，人們才有機會看清這種天然的界限。或許，只有當非理性的災難降臨到頭上時，人們才能反思自己的理性想像和理性實際運行狀況的差異。

〔註 38〕梁實秋《文學與革命》，載 1928 年 6 月 10 日《新月》月刊第 1 卷第 4 期。
〔註 39〕畫室《革命與智識階級》，載 1928 年 9 月 25 日《無軌列車》創刊號。

第二部分
意識形態：左翼文學思潮價值航標

第五章　左翼意識形態文學觀的確立

　　1928 年的早春，正是「血沃中原肥勁草，寒凝大地發春華」的時節。以創造社、太陽社爲主的左翼激進派，運用當時最爲先進的馬克思主義理論話語，向「五四」以來以民主、科學、個性解放等概念爲核心精神象徵符號的知識——權力和思想話語體系，發動了措辭激烈、聲勢浩大的「文化批判」，決意促成中國文壇的「轉換方向」。《文化批判》及《思想》月刊及時開闢「新辭源」和「新術語」專欄，介紹宣傳唯物辯證法、奧伏赫變、布爾喬亞、普羅列搭利亞、意德沃羅基、階級意識、階級鬥爭、理論鬥爭、革命等等新術語、新名詞。左翼激進派以嶄新的馬克思主義知識譜系與價值取向，以新銳、前衛的鋒芒橫掃當時的思想、文化和文學界，從作家構成、創作潮流、價值取向到具體的文本建構等諸多方面，促使當時中國文壇發生了天翻地覆的變化。

　　新詞彙、新概念的出現與含義的嶄新界定，是人們新的精神與思想的表現和拓展，反映了人們通過新的話語形式告別過去生存方式、塑造未來的欲望。新詞語及其含義，展示了新的現實內容的集合和新的社會歷史發展趨向。整個歷史和精神系統的最細緻、最微妙的變化，都可以反饋到新的的詞語及其含義的變遷上。詞語既表達著人們的歷史和現實，同時又反映出走向未來的整體價值取向和追求。我們可以通過對詞語的考察、分析和理解，探測文化、歷史生成過程中新增加的成分（即詞語增殖），窺視人們經驗尺度上那些新增添的知識和價值因素。在左翼文人知識分子的精神世界和理論體系中，意識形態是最爲核心的關鍵詞之一。

　　或許出於時尚和前衛的眼光，當時人們大多採用音譯，稱之為「意德沃羅基」。左翼激進派對它做了如下解釋：「意德沃羅基為 Ideologie 的譯音，普通譯作意識形態或觀念體。大意是離了現實的事物而獨自存續的觀念的總體。我們生活於一定的社會之中，關於社會上的種種現象，當然有一定的共通的精神表象，譬如說政治生活，經濟生活，道德生活以及藝術生活等等都有一定的意識，有一定的支配人們的思維的力量。以前的人，對此意識形態，不曾有過明瞭的解釋，他們以為這是人的精神的內在底發展；到了現在，這意識形態的發生及變化，都有明白的說明，就是它是隨著生產關係——社會的經濟結構——的變革而變化，所以在革命的時代，對於以前的意識形態，都不得不把它奧伏赫變，而且事實上，各時代的革命，都是把它奧伏赫變過的。所以意識形態的批判，實為一種革命的助產生者。」〔註1〕客觀地分析這個定義的內涵和外延，拋開具體的歷史事實，從理論和思維框架以及作為觀念力量產生的現實功能來看，我們今天對意識形態概念的理解和界定，顯然並沒有比左翼文人知識分子前進多遠。伊格爾頓曾經說過：「馬克思主義批評是一個更大的理論分析體系中的一部分，這個體系旨在理解意識形態——即人們在各個時代藉以體驗他們的社會的觀念、價值和情感。而某些觀念、價值和情感，我們只能從文學中獲得。理解意識形態就是更深刻地理解過去和現在；這種理解有助於我們的解放。」〔註2〕由於（中國）馬克思主義意識形態在我們今天的觀念世界中依然發揮著不可低估的作用，因此考察、辨析和闡釋這一概念產生的歷史能量，就不僅是指向過去，而且也針對現在與未來。

　　事實上，在中國馬克思主義意識形態文學觀發軔的「五四」時期，李大釗、瞿秋白等人就提出了文學藝術是「觀念的形態」〔註3〕和「社會生活之映影」〔註4〕的觀點，這已經有了一點意識形態話語方式的味道。特別是 20 世紀 20 年代中期，一批早期的共產黨人，出於理論敏感和現實憂患，已經開始初步移用馬、恩《共產黨宣言》和《〈政治經濟學批判〉序言》等有關文獻的有關思想，將馬克思主義意識形態觀與文藝聯繫起來，說明和闡發文學的上層建築性質、文學是社會生活的反映、文學的階級性等意思形態文學觀問題，

〔註1〕　《意德沃羅基》，載 1928 年 1 月 15 日《文化批判》創刊號。
〔註2〕　伊格爾頓《馬克思主義與文學批評》，人民文學出版社 1980 年版，第 2～3 頁。
〔註3〕　李大釗《什麼是新文學》，載《李大釗文集》，人民文學出版社 1959 年版。
〔註4〕　《瞿秋白文集》文學編第 1 卷，人民文學出版社 1985 年版，第 255 頁。

比如秋士的《告研究文學的青年》、鄧中夏的《貢獻於新詩人之前》、惲代英的《文學與革命》、蕭楚女的《藝術與生活》、沈澤民的《文學與革命的文學》、蔣光慈的《無產階級革命與文化》和《現代中國社會與革命文學》、沈雁冰的《文學者的新使命》和《論無產階級藝術》、郭沫若的《革命與文學》等文章。

　　但是，中國馬克思主義意識形態文學觀領導權的初步確立，是從 20 年代末期革命文學論爭到 30 年代中期，也就是人們通常所說的「左翼十年」。套用左翼激進人士的話來說，此前的意識形態觀念是自然生長的產物，此後則是目的意識性的產物。在馬克思主義文藝理論和觀念大傳播的左翼十年，「由於意識形態論是馬克思主義文藝觀的核心，故而可以說這也正是馬克思主義的意識形態觀念和意識形態論文藝觀從引進、傳播到得到認同、獲得發展趨於完善的歷史」〔註 5〕。其中，中國左翼文人知識分子為中國馬克思主義意識形態文學觀念的形成，起了主要的理論推動作用。從顯在社會行為層面來看，左翼文人知識分子主要通過三個邏輯層面，建構和確立了中國馬克思主義意識型態文學觀。

一、創造主體的重新塑造

　　通過對當時文壇的思想和文化批判，劃分作家隊伍、建立統一陣線，完成了文學生產者革命資格的確認，為馬克思主義意識形態文學觀的確立，奠定了既是主體的也是客體的、既是物質的也是精神的基本生產基礎。

　　中國現代革命的思想精神資源，從顯在意識層面來看，主要受惠於以理性、科學、普遍的啟蒙原理和現代革命思想為精神平臺的西方思想文化體系。在理性的指導下，人們自覺認識到先進觀念與歷史進步之間的關係，相信理性能夠指導人類跨入通向解放的必由之路。由於文人知識分子是這些思想精神資源的布道者，因此在以「黨治」為主要政治形式的國家，文人知識分子與現代革命的互動關係，對現代中國文化體系的形成有著重要的意義。現代革命和政黨政治離不開文人知識分子的支持。文人知識分子與革命者作為現代社會的覺醒者，因為首先自覺而具有了將革命理念傳授給別人的權威，以及確保民眾在自己的指導下覺醒的責任。宣傳是現代革命和政黨政治的一種極為重要的實踐形式，文人知識分子和革命者的社會角色往往合二為一。在左翼文學運動中，這種身份和角色特徵十分顯著，作用之大也是罕見的，毛

〔註 5〕譚好哲《文藝與意識形態》，山東大學出版社 1997 年版，第 395 頁。

澤東將之與農村革命相提並論，稱之爲「文化革命的深入」，並說：「這個文化新軍的鋒芒所向，從思想到形式（文字等），無不起了極大的革命。其聲勢之浩大，威力之猛烈，簡直是所向無敵的。其動員之廣大，超過中國任何歷史時代。」〔註6〕

　　文人知識分子是一個沒有社會階級本質屬性的依附階層，非附屬性的主體特徵使他們不可能成爲統一的思想和利益整體。文人知識分子加入他們本來不屬於的階級之所以成爲可能，是因爲他們能在建構和宣傳該階級的意識形態追求上發揮重大作用。依附不同的、特別是相互對抗的階級，勢必使文人知識分子在努力成爲所從屬階級代言人的過程中發生分化和對抗，從而確證爲從屬階級服務的社會身份。以批判社會的壓迫機制及其產生的根源、喚起底層人民革命自覺性爲突破口，首先是激進派左翼文人知識分子將政治和文學匯合到一起。他們借馬克思主義話語體系，理解和解釋那些塑造社會和歷史的力量，爭取獲得人民利益代言人的資格和權利。

　　馬克思主義意識形態理論是左翼激進文人知識分子立論和自我確證的理論基礎，也因爲左翼激進文人知識分子的宣傳而羽翼豐滿。左翼激進派成仿吾在縱論從文學革命到革命文學的理由時，認爲當前文學運動的主體是智識階級，文學運動的內容是小資產階級的意識形態，激烈抨擊「五四」以來的文壇：「我們在以一個將被『奧伏赫變』的階級爲主體，以它的『意德沃羅基』爲內容，創制一種非驢非馬的『中間的』語體，發揮小資產階級的惡劣根性。」〔註7〕他同時塑造了應當佔據文壇中心位置的革命的「印貼利更追亞」形象：「以明瞭的意識努力你的工作，驅逐資產階級的『意德沃羅基』在大眾中的流毒與影響，獲得大眾，不斷地給他們以勇氣，維持他們的自信！莫忘記了，你是站在全戰線的一個分野！」〔註8〕而且賦予這一形象以相當重要的歷史職能：「農工大眾已經開始了自己的解放運動，已經就了各自的陣地的時候，我們不能不把一切的活動尖銳化起來，尤不能不把一切意德沃羅基的工作緊張起來──這是知識階級的革命分子應該擔負起來的歷史的任務。」〔註9〕左翼

〔註6〕毛澤東《新民主主義論》，載《毛澤東論文藝》，人民文學出版社1958年版。

〔註7〕成仿吾《從文學革命到革命文學》，載1928年2月1日《創造月刊》第1卷第9期。

〔註8〕成仿吾《從文學革命到革命文學》，載1928年2月1日《創造月刊》第1卷第9期。

〔註9〕厚生《知識階級的革命知識分子團結起來》，載1928年4月15日《文化批判》第4號。

激進派以黨同伐異、非我族類的架勢，把理論鬥爭和文化批判的矛頭指向所謂「市儈派」的文學研究會、「趣味文學」的語絲派、「醉眼」的「封建餘孽」魯迅、「小丑」徐志摩、「妥協的唯心論者」胡適、「喪家的資本家的乏走狗」梁實秋、「厭世家」葉聖陶、「悲哀」的郁達夫、專寫「小資產階級的無聊的歡息的和虛偽的兩性生活」的張資平……，將當時文壇上幾乎所有的重量級作家一網打盡，判定他們代表了資產階級的意識形態，「一般地，在意識形態上，把一切封建思想，布爾喬亞的根性與它們的代言者清查出來，給他們一個正確的評價，替他們打包，打發他們去。特殊地，在文藝的分野，把一切麻醉我們的社會意識的迷藥與讚揚我們的敵人的歌辭清查出來，給還它們的作家，打發他們一道去。」〔註10〕

　　當然，左翼激進派的意識形態批判和作家隊伍劃分，尚保留了一定的理論迴旋餘地。正如李初梨所一再申明的：「我以為一個作家，不管他是第一第二……第百第千階級的人，他都可以參加無產階級文學運動；不過我們先要審查他的動機。看他是『為文學而革命』，還是『為革命而文學』。……假若他真是『為革命而文學』的一個，他就應該乾乾淨淨地把從來他所有的一切布爾喬亞意德沃羅基完全地克服，牢牢地把握無產階級的世界觀──戰鬥的唯物論，唯物的辯證法。」〔註11〕也就是說，只要一個作家的世界觀、社會觀和人生觀，由資產階級意識形態轉化為無產階級意識形態，就可以成為革命作家，就有資格代表社會和歷史發展潮流。這一有意無意預留的理論闡釋空間，不但為左翼激進派確保自身革命資格、自詡為革命文學的領導者和頤指氣使的「唯我獨革」，大開了方便之門，而且為「左聯」的建立，奠定了思想認識基礎和作家甄別標準。

　　在籌備「左聯」成立的上海新文學運動者討論會上，沈端先、魯迅等12人一致認為目前文學運動重點在於「（一）舊社會及其一切思想的表現底嚴屬的破壞，（二）新社會底理想宣傳及促進新社會底產生，（三）新文藝理論底建立」〔註12〕。「左聯」成立大會上確立了五條工作方針，具有實質理論意義的是「（三）確立馬克思主義的藝術理論及批評理論」和「（五）從事產生新興階級文學作品」，其綱領強調：「詩人如果是預言者，藝術家如果是人類的

〔註10〕成仿吾《打發他們去！》，載 1928 年 2 月 15 日《文化批判》第 2 號。
〔註11〕李初梨《怎樣地建設革命文學》，載 1928 年 2 月 15 日《文化批判》第 2 號。
〔註12〕《上海新文學運動者底討論會》，載 1930 年 3 月 1 日《萌芽月刊》第 1 卷第 3 期。

導師，他們不能不站在歷史的前線，為人類社會的進化，清除愚昧頑固的保守勢力，負起解放鬥爭的使命。」〔註13〕不久之後「左聯」執委會通過的《無產階級文學運動新的情勢及我們的任務》又強調：「『左聯』這個文學的組織在領導中國無產階級文學運動上，不允許它是單純的作家同業組合，而應該是領導文學鬥爭的廣大群眾的組織。」〔註14〕作為左翼文人知識分子的共識，這些觀點不單明確了文人知識分子所肩負的社會歷史使命，賦予文人知識分子以「預言者」、「導師」的桂冠，使文人知識分子的社會角色具有了明顯的政黨政治色彩，更明確了馬克思主義意識形態文藝觀指導文學發展的中心理論位置。馮乃超在《中國無產階級文學運動及左聯產生之歷史的意義》中指出：「馬克思主義雖然是現代資本主義的產物，雖然是資產階級和無產階級的尖銳的對立中的產物，然而，不是工人的本能的鬥爭，自然生長的產物。它卻是整個人類社會變革的科學，也是人生觀世界觀，也是理論，也就是實踐的方略。它是無產階級解放鬥爭的目的意識性的產物。……我們誰都不能保證那一個人的過去與未來。誰能夠在左聯的旗幟下面，他就是左聯的同志。過去，即使他是做過富國強兵的國家主義的夢的人也好，過過浪漫生活也好，高唱藝術至上主義也好，只要他現在能夠理解革命，理解社會變革的必然，而且積極地能替革命做工作，他就是革命的文學團體左聯的同志。」〔註15〕很明顯，馬克思主義旗幟成為左翼文人知識分子甄別和認同同道的基礎和標準，無論出身還是血統、過去是否反動，只要承認並團結在馬克思主義世界觀、人生觀和實踐方略下，就是革命的、進步的作家、文人和知識分子。

在「左聯」和「自由人」「第三種人」的論辯中，意識形態的辯駁是一個核心命題。從學理和理論深度來看，胡秋原、蘇汶等人對意識形態與文藝關係的理解比左聯人士要全面深刻。但論辯的要害顯然不在於論題的科學性、真理性。「左聯」批判「自由人」和「第三種人」的目的，在於將馬克思主義意識形態觀念普泛化，成為全社會認同的中心價值理念，「左聯的任務，是執行無產階級文學的使命，隨著政治鬥爭經濟鬥爭的發展，堅決地作為階級的武器，去推動和幫助政治鬥爭的發展。同時，並是意識形態鬥爭的一部門，建樹工農大眾文學的領導權，……左聯主要的工作，應該是（一）嚴密自己

〔註13〕《中國左翼作家聯盟的成立》，載 1930 年 3 月 10 日《拓荒者》第 1 卷第 3 期。
〔註14〕載 1930 年 8 月 15 日《文化鬥爭》第 1 卷第 1 期。
〔註15〕載 1930 年 6 月 1 日《萌芽月刊》〔《新地》〕第 1 卷第 6 期。

隊伍去肅清敵人的進攻，（二）須循循善誘的領導周圍的群眾，建樹意識形態的領導權」〔註 16〕。儘管胡秋原、蘇汶在學理上得理不饒人，喋喋不休，但由於他們是「在馬克思主義的話語內部為文藝創作的自由辯護」〔註 17〕，也就不能不首先承認馬克思主義意識形態理論正當性的前提下，捍衛文學的獨立性和自律性。張聞天作為政黨領導人批評「左聯」存在「左」的關門主義，實質上看到了論爭雙方對馬克思主義意識形態理論的認同。這也是左聯後來向胡、蘇做出妥協姿態的重要原因。

統觀左翼十年的一系列論戰和批判，是否認同馬克思主義，成為左翼文人知識分子衡量一個作家是同志、還是敵人的最重要的價值坐標之一。對魯迅、茅盾等人的先批判後聯合，「左聯」的成立，對胡秋原、蘇汶等人的先批判後妥協，「兩個口號」中周揚派的失勢，等等，都說明了馬克思主義意識形態文藝觀在建構過程中的旗幟性和方向性作用。左翼激進派的意識形態批評達到了預期目的：為馬克思主義意識形態文藝觀尋找到了實踐主體和再生產的基礎，是否認同馬克思主義理論，成為「左聯」重構文壇和作家隊伍的最高價值尺度與理論核心。這當然不是空穴來風、無源之水。五卅事件、大革命失敗以及社會現狀的日益惡化，對中國現代文人知識分子的政治感情、價值關懷和社會理想影響和衝擊是非常巨大的，簡直可以說轟毀了「五四」時代以「人的發現」為基礎建構的價值理念世界。有的學者認為：「蔣介石領導的南京新政府，不是通過適應或勸說去爭取文藝界的知識分子，它只表示出不信任，隨後是 30 年代初期的檢查制度與迫害。同情國民黨的自由派人士蔣夢麟後來說，政府已經『同廣大的群眾失去了聯繫，它對於社會上的不滿情緒沒有一個深刻或者清楚的認識』。另一方面，共產黨利用了這種不斷增長的情緒，並以高超的組織才能，努力將這些浮躁的城市作家集合到它的旗幟之下；這就為 30 年代主宰文壇的左派統一戰線提供了舞臺。」〔註 18〕利用不滿情緒和高超的組織才能只是其一，這種看法顯然忽略了將左派作家集結起來的更為內在的精神動力——作為意識形態的馬克思主義學說，正是依靠它的啟迪，文人知識分子重新點燃了夢想之火。

〔註 16〕 首甲《關於胡秋原蘇汶與左聯的文藝論戰》，載 1933 年 1 月 1 日《現代文化》
　　　　 第 1 卷第 1 期。
〔註 17〕 余虹《革命與文學》，載 2000 年《文學評論叢刊》第 3 卷第 2 期。
〔註 18〕 《劍橋中華民國史》下卷，中國社會科學出版社 1994 年版，第 485、486 頁。

二、文學觀念的重新建制

對文學重新定義即文學觀念的重新建制，完成了文學資本的重新配置，為文學的發展劃定了新的思想和精神領域，堅實的理論導向為馬克思主義意識形態文學觀的確立，開闢了充足的生存空間。

什麼是文學？這是一個眾說紛紜的命題，中外古今概莫能外。對於文學的定義和文學觀念的建構，依賴於定義者所處時代的主流價值判斷標準、知識構成、思想意識狀況以及所接受的常識和慣例。卡勒認為：「文學就是一個特定的社會認為是文學的任何作品，也就是說由文化來裁定，認為可以算作文學作品的任何文本」，「文學是意識形態的手段，同時又是使其崩潰的工具」，「文學既是文化的聲音，又是文化的信息。它既是一種強大的促進力量，又是一種文化資本。它是一種既要求讀者理解，又可以把讀者引入關於意義的問題中去的作品。」〔註19〕伊格爾頓認為：「我們迄今所揭示的，不僅是在眾說紛紜的意義上說文學並不存在，也不僅是它賴以構成的價值判斷可以歷史地發生變化，而且是這種價值判斷本身與社會思想意識有一種密切的關係。他們最終所指的不僅是個人的趣味，而且是某些社會集團藉以對其它人運用和保持權力的假設。」〔註20〕顯然，文學的定義之所以重要，在某種意義上說並不在於以這個定義作為鑑別文學與非文學的根本標準，也不在於給定一個無論是在共時狀態還是歷時狀態始終確定如一的關於文學自身定義的內涵，而是將文學的定義作為一種理論導向和方法論導向的思考工具，去揭示和闡明文學的基本歷史風貌、基本歷史內涵及其展現形式，進而理解、闡釋、指導、規範和影響當前乃至未來的文學的生產與發展。

「五四」時代文學觀念建構的基礎，是西方啟蒙運動以來以資產階級為歷史主體創制的現代性精神和理念體系。這是一個以資產階級的創世紀為主要歷史實踐內容建構起來的現代知識——文化系統。儘管從晚明到「五四」這一歷史時段，中國文學系統在從古典向現代轉換過程中萌生了人文主義曙光，但不足以導致系統的整體變遷，正是在資產階級現代性理念世界的外源性強勢話語影響下，「五四」文學有了「人的發現」，人本主義、人道主義、平民主義、個性主義等理念構成了五四「人的文學」觀念的價值平臺，這正

〔註19〕卡勒《文學理論》，遼寧教育出版社、牛津大學出版社1998年版，第23、41、43頁。

〔註20〕伊格爾頓《當代西方文學理論》，中國社會科學出版社1988年版，第34頁。

如有的學者指出的：「五四文學現代化的關鍵在於文學革命先驅深受人學思潮的影響而確立了眞正現代型『人的文學』觀念。」〔註 21〕這種文學觀念否定了傳統的「文以載道」觀，破除了文學對道德、功利和政治等價值體系的依附性，把文學理解和塑造爲自主的審美和精神領域，塑造了文學獨立自足的現代形象。但是，這種觀念不過是資產階級意識形態和理想化「理性王國」在文學領域的折射，其根本弱點用馮乃超的話來說就是：「他們把問題拘束在藝術的分野內，不在文藝的根本的性質與川流不息地變化的社會生活的關係分析起來，求他們的解答。」〔註 22〕

　　恩格斯在談及現代社會主義思潮時，說它是資產階級啓蒙家所提出的各種原則的進一步的、似乎更徹底的發展。〔註 23〕同理，左翼文人知識分子的文學觀，也正是「五四」以來資產階級現代性文學觀念的進一步的、更徹底的發展。左翼文人知識分子不滿「五四」時代精神視野中文學與社會實踐的疏離，將「人的文學」的價值追求從自然的、純粹的人，轉換爲社會的、群體的人，將個人的、獨立的文學拓展爲社會的、集團的文學，其目的就在於建設無產階級文學觀，也就是我們所說的馬克思主義意識形態文學觀。李初梨在《怎樣地建設革命文學》中提出：「在我們，從新來定義『文學』，不惟是可能，而且是必要。」他將當時文壇對於「什麼是文學」的回答概括爲兩派：「文學是自我的表現」和「文學的任務在描寫社會生活」，並斥之爲「觀念論的幽靈，個人主義者的囈語」、「小有產者意識的把戲，機會主義者的念佛」〔註 24〕。且不論他的概括與批判是否準確，關鍵在於他代表了一種新型文學認識論思潮：將文學的本質屬性指向歷史實踐、階級性、意識形態和社會變革等馬克思主義範疇。

　　正是借助於對馬克思主義的中國化解讀，左翼文人知識分子首先是激進派，解釋和闡明了文學的意識形態和上層建築性質：「那麼藝術是一種什麼東西呢？『它不但是一種產業底特殊種類而且是一種意識形態』。意識形態又是一種什麼東西呢？『它是成了體系的實在反映到人類底意識底東西，它是由現實社會發達出來，而帶有一種現實社會底特徵的』。所以，『意識形態者不

〔註 21〕朱德發《跨進新世紀的歷程》，明天出版社 2000 年版，第 51 頁。
〔註 22〕馮乃超《藝術與社會生活》，載 1928 年 1 月 15 日《文化批判》創刊號。
〔註 23〕《馬克思恩格斯論藝術》第 2 卷，中國社會科學出版社 1983 年版，第 130 頁。
〔註 24〕李初梨《怎樣地建設革命文學》，載 1928 年 2 月 15 日《文化批判》第 2 號。

能離去一定底社會的興味，因之意識形態者，常是一種傾向的。即是他用一定底目的，來努力著，組織他底材料』。普羅列搭利亞藝術，自然是普羅列搭利亞特底意識之表現，我們只要獲得普羅列搭利亞特底意識，而成為一個普羅階級底意識形態者，即可製作普羅藝術了。」〔註25〕「普洛文學，第一就是意特渥洛奇的藝術。所以，在製作大眾化文學之前，我們先該把握明確的普洛列塔利亞觀念形態。這種觀念形態，就是一切宣傳鼓動和暴露文學的動力。……作品的鼓動和宣傳的力量，能夠有效地變成他們自身的血肉，——換句話說，這種意特渥洛奇的被攝取百分比，也就是這種大眾文學的價值的Scale。」〔註26〕顯然，將文學定義為意識形態之一種，成為左翼文人知識分子建構新型文學認識論的理論核心和根本出發點。通過馬克思主義文學理論的引進和傳播，左翼文人知識分子高度重視文學和社會生活、社會政治的關係，揭示了文學的意識形態與上層建築性質，以此為核心建構了認識文學的新的知識——思想空間。

在左翼文人知識分子以文學是一種意識形態為認識論起點，建構馬克思主義意識形態文學觀的過程中，有兩次大規模的論爭起了舉足輕重的作用，這就是革命文學論爭和批判「自由人」、「第三種人」。這當然不是說對新月派梁實秋等人的批判、對「三民主義」「民族主義」的批判、文藝大眾化的論爭、乃至「兩個口號」的論爭等，是細枝末節、無關痛癢、無礙大局。而是說這兩次論爭以論題的集中性和鮮明性，突出體現了左翼十年建構馬克思主義意識形態文藝觀過程中的兩個主要理論邏輯階段，能夠代表和體現當時人們對文學與意識形態問題的認識高度和理解深度。可以這樣認為，通過革命文學論爭，建構了馬克思主義意識形態文學觀的基本理論框架；通過文藝自由辯，以文學與意識形態之間的中介及關係為重心，豐富了馬克思主義意識形態文學觀的理論內涵。

在革命文學論爭階段，左翼文人知識分子尤其是激進派從文學是意識形態這一理論前提出發，提出和闡發了中國馬克思主義意識形態文學觀的框架性基本理論問題：首先，依據馬克思主義唯物史觀的基本原理，明確了文學的上層

〔註25〕 沈起予《藝術運動底根本概念》，載 1928 年 10 月 10 日《創造月刊》第 2 卷第 3 期。

〔註26〕 沈端先《文學運動的幾個重要問題》，載 1930 年 3 月《拓荒者》第 1 卷第 3 期。

建築地位和意識形態性質，論證了無產階級革命文學興起的歷史必然性和左翼文學運動開展的歷史合理性，爲中國馬克思主義意識形態文學觀奠定了社會歷史根基。如成仿吾所強調的：「文學在社會全部的組織上爲上部建築之一」；〔註27〕「我們要究明文藝發展的過程，闡明它的歷史的關聯，對於一定的時代的必然性，與它的必然沒落的所以然，也要知道革命的民眾現在趨向什麼地方，對於我們的要求是什麼——這是我們的批判要求的內容。」〔註28〕現階段的文學運動應當從文學革命轉換到革命文學，才符合歷史發展的必然性。這也就是李初梨所謂的：「文學爲意德沃羅基的一種，……革命文學，不是誰的主張，更不是誰的獨斷，有歷史的內在的發展——連絡，它應當而且必然地是無產階級文學。」〔註29〕其次，依據馬克思主義階級鬥爭學說，強調文學作爲意識形態所具有的階級性內涵，將階級意識視爲文學的本質屬性。克興強調：「在社會的階級制度沒有奧伏赫變以前，無論什麼文學都是反映支配階級底意識形態底文學。任憑作家是什麼階級底人，在他沒有用科學的方法，去具體地分析歷史的社會的一般的現象，解釋社會的現實的運動以前，必然地他不能把一切支配階級的意識形態克服，他的作品一定要反映支配階級底意識，爲支配階級作鞏固他的統治底工作。」〔註30〕陽翰笙認爲：「文藝是社會的一切意識形態中的一種，它不是憑空而生的，它有產生它的社會背景，它有它所反映的階級，同時也有它的階級的實踐任務。」〔註31〕他們對文學階級性的認識，可以說是當時左翼人士的一種共識，連對「革命」持謹愼態度的魯迅都認爲：「文學不藉人，也無以表示『性』，一用人，而且還在階級社會裏，即斷不能免掉所屬的階級性，無需加以『束縛』，實乃出於必然。」〔註32〕再次，依據馬克思主義經濟基礎與上層建築相互作用的辯證唯物主義基本原理，強調了文學作爲意識形態之一種，對於經濟基礎與社會現實能夠產生反作用，從而突出了文學作

〔註27〕成仿吾《從文學革命到革命文學》，載 1928 年 2 月 1 日《創造月刊》第 1 卷第 9 期。

〔註28〕成仿吾《全部批判之必要》，載 1928 年 3 月 1 日《創造月刊》第 1 卷第 10 期。

〔註29〕李初梨《怎樣地建設革命文學》，載 1928 年 2 月 15 日《文化批判》第 2 號。

〔註30〕克興《評駁甘人的〈拉雜一篇〉》，載 1928 年 9 月 10 日《創造月刊》第 2 卷第 2 期。

〔註31〕陽翰笙《文藝思潮的社會背景》，載《創造社叢書（1）》，學苑出版社 1992 年版。

〔註32〕魯迅《「硬譯」與「文學的階級性」》，載《魯迅全集》第 4 卷，人民文學出版社 1981 年版。

爲社會革命的政治宣傳工具的作用。彭康認爲：「生產力發達到與生產關係矛盾，社會底下部構造便起動搖，這種動搖反映到人底意識裏，意德沃羅基也起動搖，於是對於社會的全部的批判，必然地發生出來。這種批判一方面奧伏赫變舊的意德沃羅基，一方面同時確立新興階級的革命理論。這種工作做到了，即使舊社會起了部分的崩壞。意德沃羅基上的工作之實踐的意義就在這裡。」〔註33〕文學作爲意識形態的反作用，用成仿吾的話來說就是：「文藝決不能與社會的關係分離，也決不應止於是社會生活的反映，它應積極地成爲變革社會的手段。」〔註34〕最後，從文學自身（即內容與形式）角度，在馬克思主義意識形態文學觀的框架中，突出強調了無產階級意識形態對文學創作的內容和形式的決定性意義。馮乃超表示：「文學，它若是新興階級所需要的文學，必然地是革命階級的思想，感情，意歡的代言人。」又說「他們有反抗的感情，求解放的欲念，如火如荼的革命思想。把這些感情，欲念，思想以具體的形象表現出來就是藝術——文學——的任務，也是主張革命文學家的任務。」〔註35〕文學的內容和形式的重大變化，往往是社會整體意識形態發生變化的時候。深諳文學與革命關係的托洛茨基說過：「形式與內容之間的關係取決於這個事實：在一種內在需要，即集體心理要求的壓力下，才有新形式的發現，明確和發展，這種需要，像其它東西一樣，有其社會根源。」〔註36〕馬克思主義意識形態文學觀的崛起，使左翼文學創作的內容更多地瞄準下層社會、革命者，諸如詩歌大眾化的要求、報告文學的興起等等，都表達了用新形式新載體表達新的集體心理需要的渴望。

圍繞著文學與社會歷史、文學的階級屬性、文學的意識形態功能和文學創作的內容與形式這四個方面，馬克思主義意識形態文學觀的基本骨架建構起來。儘管革命文學論爭階段還探討了真實性、傾向性、典型化、世界觀與創作方法等諸多命題，但與上述四個框架性問題一樣，存在著簡單化、庸俗化認識傾向，而且大有步蘇聯「拉普」後塵的味道。

〔註33〕 彭康《「除掉」魯迅的「除掉」！》，載 1928 年 4 月 15 日《文化批判》第 4 號。
〔註34〕 成仿吾《全部的批判之必要》，載 1928 年 3 月 1 日《創造月刊》第 1 卷第 10 期。
〔註35〕 馮乃超《冷靜的頭腦》，載 1928 年 8 月 10 日《創造月刊》第 2 卷第 1 期。
〔註36〕 轉引自伊格爾頓《馬克思主義與文學批評》，人民文學出版社 1980 年版，第 28 頁。

　　到了 30 年代初期的文藝自由辯階段，人們開始重視文學與意識形態之間的中介關係及作用。這次論戰以文學與政治關係為論域，左聯方面強調的是文藝作為意識形態在社會革命中的積極作用和功利性，「自由人」、「第三種人」則強調了文藝的自律性、文藝作為意識形態工具的限度。分歧固然巨大，但雙方在承認文學的意識形態性質前提下，都認識到了文學與意識形態的複雜曲折關係。胡秋原強調：「藝術家不是超人，他是社會階級之子，他生長薰陶於其階級意識形態之中，是必然的事實——即令他有時反抗他的階級，他依然是階級之子，在文明社會，直接影響於藝術者，不是社會經濟，而是社會＝階級心理。……研究意識形態固不可忽略階級性，然而亦不可將階級性之反映看成簡單之公式，不可忽略階級性因種種複雜階級心理之錯綜的推動，由社會傳統及他國他階級文化傳統之影響，通過種種三棱鏡和媒體而發生曲折。」〔註37〕周揚作為「左聯」頭面人物也認為：「雖然藝術的創造是和作家的世界觀不能分開的，但假如忽視了藝術的特殊性，把藝術對於政治，對於意識形態的複雜而曲折的依存關係看成直線的，單純的，換句話說，就是把創作方法的問題直線地還原為全部世界觀的問題，卻是一個決定的錯誤。」〔註38〕這次論爭的是非暫且不論，對文藝與意識形態複雜關係的認識，對二者關係之中介的強調，提升了馬克思主義意識形態文學觀的理論水平。

　　左翼十年論戰頻繁，從認識論高度重新規劃、建構文學概念的內涵外延，使馬克思主義意識形態文學觀蔚然大觀，成為時代主潮，為現代中國文學開闢了新的生長空間。

三、接受傳播領域的開拓

　　在傳播和接受領域，強調文學是推動社會變革的強大精神力量，適應了社會整體的政治文化心理需求，廣泛的群眾接受基礎為馬克思主義意識形態觀的確立，建構了發揮作用、產生能量的舞臺。

　　易勞逸在論及南京政權的意識形態、結構和職能的行使時，這樣寫到：「所有強大的現代民族國家的一個特點是，人口相當大的部分被動員起來支持政府的政治目標。而國民黨人在重視政治控制和社會秩序的同時，不信任民眾

〔註37〕　胡秋原《關於文藝之階級性》，載 1932 年《讀書月刊》第 3 卷第 5 期。
〔註38〕　周起應《關於「社會主義的現實主義與革命的浪漫主義」》，載 1933 年 1 月《現代》第 4 卷第 1 期。

運動和個人的首創精神；所以他們不能創造出那類基礎廣泛的民眾擁護，在20世紀，民眾擁護才能導致真正的政治權力。」〔註39〕考究國民黨政權失去民眾廣泛支持的原因，在精神和思想文化領域缺乏意識形態統治權，是一個不亞於政治、軍事和經濟作用的因素。雖然暴力在社會危機和動亂時刻完全是必須的，但是沒有任何一個統治階級能夠永遠依靠暴力來維持其統治，統治階級意識形態的基本功能就是說服人們承認社會現狀，這必須依靠人們某種形式的贊同，起碼是某種形式的被動接受，承認現政權的合法性與合理性。這對主要以精神勞作為志業的文人知識分子來說，尤為重要。顯然，國民黨政權缺乏這樣一套行之有效的思想文化說服體系，或者說沒能在思想精神領域建立起意識形態霸權。非但如此，國民黨的專制獨裁加劇了社會整體尤其是文人知識分子的緊張心理，其存在合理性、合法性的意義說明受到這一階層廣泛質疑。

格爾茨認為：「只有當一個社會的最普遍的文化導向和最切實可行的『實用』導向都不足以為政治進程提供一個恰當的形象時，作為社會政治意義及態度來源的意識形態才開始變得分外重要。⋯⋯正是意識形態努力要賦予一個不能理解的社會形勢以意義，將其解釋為可能在其中進行有目的的活動，既說明了意識形態的高度象徵性，又說明為什麼它一旦被接受後，就抓住接受它的人不放。」〔註40〕作為相對抗的社會想像形象出現的馬克思主義意識形態，就是在國民黨政權意識形態不能為社會政治進程提供恰當的形象和意義指導時，以一套完整的、能夠激發人們想像力的說服體系，向它提出挑戰，解構和顛覆了其意識形態霸權的合法性與合理性，以作為社會狀態的科學認識論的先進形象，對社會發展前景做出了嶄新的說明和構想，重新喚起了人們對社會人生的希望之火，因此在社會各階層尤其是文人知識分子階層廣為傳播、得到認同，在思想文化領域取得初步統治權，是順理成章的事情。

毛澤東在論及十年內戰期間的左翼文化運動時曾經感歎：「其中最奇怪的，是共產黨在國民黨統治區域內的一切文化機關中處於毫無抵抗力的地位，為什麼文化『圍剿』也一敗塗地了？這還不可以深長思之麼？」〔註41〕國民黨政權在思想文化性質上是一個文化保守主義和政治民族主義相結合的

〔註39〕《劍橋中華民國史》下卷，中國社會科學出版社1994年版，第157～158頁。
〔註40〕格爾茨《文化的解釋》，譯林出版社1999年版，第262～263頁。
〔註41〕毛澤東《新民主主義論》，載《毛澤東論文藝》，人民文學出版社1958年版。

黨治體系，無論是三民主義理念、還是新生活運動的價值觀，重視的是以中國傳統價值觀念的現代復活來支持統治的合法性，與「五四」以來倡導現代民主、自由理念的文人知識分子產生了巨大思想隔閡。對此胡適就指出過：「國民黨對於新文化運動的態度，國民黨對於中國舊文化的態度，都有歷史的背景和理論的根據。根本上國民黨的運動是一種極端的民族主義的運動，自始便含有這保守的性質，故起來了一些保守的理論。這種理論便是後來當國時種種反動行為和反動思想的根據了。」〔註42〕正如施瓦支的研究所說，「蔣介石是一個對作為現代五四理想來源的外國思想表示懷疑的徹頭徹尾的民族主義領袖」，他關心的是「個人服從國家復興的目標」，而「復興意味著恢復傳統道德和要求服從權力的儒家價值觀」。〔註43〕這樣，國民黨政權的意識形態理念不但與受「五四」理想洗禮的大批現代文人知識分子的價值觀背道而馳，無法形成共同的精神資源和話語協商空間，而且其對國家社會發展走向的意義指導和形象說明具有濃厚的獨裁、封建和保守色彩，將大批現代文人知識分子推向了對立面。套用曾經流行的政治術語來說，就是意識形態領域資產階級不去佔領，無產階級就去佔領。馬克思主義的興起，恰恰填補了當時意識形態領域的真空狀態。

　　大革命失敗後，國民黨政權加強了對社會民眾尤其是文人知識分子的政治控制，許多人用白色恐怖來形容當時的社會狀況，無非表達了人們對政治環境的一種壓抑和恐懼心理（並非僅僅是中共的政治宣傳），正是惡化的現狀迫使人們鬱積起了不滿社會現狀的政治焦慮情緒。白色恐怖成為一種社會症候，「白色恐怖使得那包容所有人的革命的『我們』煙消雲散，知識分子們被迫以新的眼光觀察革命。革命不再是全民族的共同鬥爭，它只是階級戰爭的一個方面而已。經過白色恐怖和他們自己的信心危機之後，思想家們開始對自己有了新的認識。」〔註44〕人們對國家社會政治進程的懷疑、對政治前景的苦悶與焦慮，得不到國家政治意識形態的合理解釋時，勢必要尋求其它的渠道進行釋放和排解，馬克思主義的傳播恰恰適應了這種社會政治焦慮心理的需要。馬克思主義意識形態理論在文藝領域取得勝利，就表明在當時的思想文化領域，還沒有一種思想學說或者文化體系能夠比馬克思主義理論更具

〔註42〕　胡適《新文化運動與國民黨》，載 1929 年《新月》第 2 卷第 6 期。
〔註43〕　微拉・施瓦支《中國的啓蒙運動》，山西人民出版社 1989 年版，第 266 頁。
〔註44〕　微拉・施瓦支《中國的啓蒙運動》，山西人民出版社 1989 年版，第 222 頁。

有吸引力和說服力，能夠緩解人們的政治焦慮，並提供對社會恰當和正確的意義說明與發展指導。

30 年代初，國民黨深感意識形態領域的失控，開動宣傳機器，提出「三民主義文學」和「民族主義文學」口號，企圖建立文藝領域的意識形態霸權，但遭到了絕大多數文人知識分子的反對。不但左翼陣營斥之爲「屠夫文學」、「流屍文學」，自詡爲馬克思主義者的「自由人」胡秋原稱之爲「法西斯蒂文學」，連眞正的自由主義文人梁實秋也在《新月》發表文章，抨擊國民黨企圖建立「思想統一」的政治意識形態霸權。在當時的思想文化和文學界，具有影響力、同時又認同和支持國民黨政權的是新月派、現代評論派等文人知識分子群體。這一派別的文人知識分子大多信奉英美模式的社會政治架構，對蘇俄模式的社會政治架構嗤之以鼻。儘管他們的存在豐富了現代中國思想文化體系的整體構成，但是卻難以形成一套完整系統、具有說服力和行之有效的意識形態學說，難以滿足民眾尤其是青年學生排解政治焦慮和政治想像的需要。

馬克思主義學說由於關注社會下層民眾的疾苦，追求建立平等、合理的社會政治秩序，強調社會的有目的、進化式發展，自然更能激起有著幾千年大同夢想心理積澱的民眾的興趣和渴望。左聯的一個盟員曾經回憶說：「那年頭，青年爲解脫思想苦悶，到處找文藝書讀。對於無關痛癢的作品，厭棄不顧，專門找魯迅、郭沫若、蔣光慈作品來讀，從中尋求啓示和刺激。只要有進步的名教授、名作家講演，不管路程遠近總要去聆聽一通。我說這片閒話，在說明青年爲政治上苦悶而追求文學，又從文學中找尋政治出路。」〔註45〕一位左翼文學研究者也記載了這樣一個事例：「陽翰笙曾不止一次地講起一個例子。說張治中說過，他是讀了蔣光慈的《少年飄泊者》、《鴨綠江上》，才參加革命的。」〔註46〕儘管張治中參加的是「國民革命」，但是左翼文學文本對革命理想的塑造，卻起到了當時其它派別文學文本無法起到的現實實踐功能。

左翼文學文本之所以受到民眾尤其是青年學生的普遍關注，很大程度上在於貫注著馬克思主義學說所倡導的價值理念，在於通過文學想像建構了一個雖然粗糙、幼稚但是充滿誘惑力的藝術空間，從中生發對於社會人生的浪

〔註45〕楊纖如《壽南北兩「左聯」六秩》，載《左聯紀念集》，百家出版社 1990 年版。
〔註46〕張大明《不滅的火種——左翼文學論》，四川文藝出版社 1992 年版，第 194頁。

漫理想和行動指南。這樣政治焦慮情結在文學領域尋找到置換途徑，大眾政治關懷成爲制導文學內容與形式的重要價值力量，文學自身也在一定程度上轉換成爲一種政治行爲藝術。從某種意義上說，左翼文人知識分子宣揚馬克思主義意識形態文學觀，在文學與政治的結合中起了相當重要的引領作用。當時國民黨政權的一個御用文人發表文章說：「共產黨利用知識分子的具體計劃，我們還不能完全知道，只就現在的情形來觀察，大約有下面幾個方法：一、實行擾亂思想之集中，讓共產理論取而代之；二、極力宣揚無產文人的痛苦，引起他們對於共產主義的信仰；三、關於學校的任何制度之增減，均以爲不利於學生教員而極力反對。」〔註 47〕應當說他的眼光是相當敏銳的。共產黨政治革命在文化思想戰線的策略，就是以共產主義學說喚起民眾對於社會人生的嶄新憧憬，以對社會現狀的猛烈批判獲得文人知識分子、青年學生的廣泛支持。

　　政治革命成功的關鍵在於民心向背，一個政黨一個階級不可能依靠暴力獲得社會各階層的廣泛支持，必須有一套宣傳、說服機制向社會各階層言說政治革命的合理性、合法性，獲得社會各階層的理解與贊成。文人知識分子是實現宣傳、說服功能的一支極爲重要的力量，可以說誰獲得了文人知識分子的同情與支持，誰就獲得了獲取民心支持的重要手段。共產黨政治革命依據列寧社會主義意識只能依靠知識分子從外部灌輸進去的理論，高度重視文人知識分子宣傳馬克思主義的作用，用當時左派的話說就是，「這種意識形態雖不是可以隨便在無產階級裏面自然發生的，都是革命的智識分子反映無產階級意識化底客觀條件、對於有產者意識形態所下的總結算，而不可不是無產階級底意識形態。因爲在資本制度下無產階級缺乏意識的訓練，所以這種意識形態不可不從外部注入。」〔註 48〕人們常說「紅色的 30 年代」，在很大程度上可以說是文人知識分子的激進政治渴望，將社會整體價值理念追求描繪成「紅色」。

　　文人知識分子支持社會政治革命，也就意味著他們會在自己熟悉和擅長的領域實踐宣傳、教育和說服功能，將他們所接受的信仰學說和價值理念向

〔註47〕鳴秋《最近共產黨的文藝暴動計劃》，載 1928 年 9 月 2 日《再造》旬刊第 18
　　　　期。
〔註48〕克興《評駁甘人的〈拉雜一篇〉》，載 1928 年 9 月 10 日《創造月刊》第 2 卷
　　　　第 2 期。

社會各階層廣泛傳播和推廣。20 世紀的中國文藝向來是社會動蕩、變革之先聲，「五四」新文化運動往往首先被視為新文學運動，接踵而至的左翼文化運動更是以文學領軍。左翼文人知識分子以罕見的歷史主體姿態，推廣、傳播馬克思主義意識形態文學觀：「藝術是人類意識的發達，社會構成的變革的手段。」〔註49〕「社會變革期中的藝術，不是極端凝結為保守的要素，變成擁護頑固的統治之工具，便向進步的方向勇敢邁進，作為解放鬥爭的武器。也只有和歷史的進行取同樣的步伐的藝術，才能夠喚喊它的明耀的光芒。」〔註50〕「新興階級為著自己的解放而鬥爭，為著解放勞動者的廣大群眾而鬥爭；他們要改造這個世界，還要改造自己——改造廣大的群眾。他們要肅清統治階級的思想上的影響，肅清統治階級的意識上的影響。現在剝削制度之下的一定的階級關係，規定著群眾的宇宙觀和人生觀：然而群眾之中的一些守舊的落後的宇宙觀和人生觀，並不是群眾自己所『固有』的，而是統治階級用了種種方法和工具所錮定的，所灌輸進去的。這些工具之中的一個，而且是很有力量的一個——就是文藝。所以新興階級要革命，——同時也就要用文藝來幫助革命。這是要用文藝來做改造群眾的宇宙觀人生觀的武器。」〔註51〕

在整個左翼十年期間，用文藝來幫助革命之成功，用文藝來樹立馬克思主義宇宙觀、社會觀和人生觀，就成為響徹 30 年代雲霄的時代最強音。連魯迅這位主要在「文學與革命的理論問題以及在政治承擔的框架以內確定自己生命『存在』的意義的問題，而不是革命的策略問題。」〔註52〕的最有影響力的文人知識分子都說：「現在，在中國，無產階級的革命的文藝運動，其實就是惟一的文藝運動。……左翼文藝有革命的讀者大眾支持，『將來』正屬於這一面。」〔註53〕

左翼文人知識分子建構意識形態文學觀是相當成功的。當時國民黨在查禁普羅文藝密令中就頗為煩惱：「其最難審查者，即第二種之普羅文藝刊物，蓋此輩普羅作家，能本無產階級之情緒，運用新寫實派之技術，雖煽動無產

〔註49〕 馮乃超《藝術與社會生活》，載 1928 年 1 月 15 日《文化批判》創刊號。

〔註50〕 《中國左翼作家聯盟的成立》，載 1930 年 3 月 10 日《拓荒者》第 1 卷第 3 期。

〔註51〕 易嘉《文藝的自由和文學家的不自由》，載 1932 年 10 月《現代》第 1 卷第 6 期。

〔註52〕 李歐梵《鐵屋的吶喊》，嶽麓書社 1999 年版，第 156 頁。

〔註53〕 魯迅《黑暗中國的文藝界現狀》，載《魯迅全集》第 4 卷，人民文學出版社 1981 年版。

階級鬥爭，非難現在經濟制度，攻擊本黨主義，然含意深刻，筆致輕纖，絕
不以露骨之名詞，嵌入文句；且注重體裁的積極性，不僅描寫階級鬥爭，尤
為滲入無產階級勝利之暗示。故一方煽動力甚強，危險性甚大；而一方又是
閃避政府之注意。蘇俄十月革命之成功多得力於文字宣傳，迄今蘇俄共黨且
有決議，定文藝為革命手段之一種，其重要可知也。」〔註54〕顯然，馬克思
主義以其巨大的思想精神魅力，關注社會底層民眾的福祉，描述社會發展的
光明前景，適應了多數社會階層群眾的政治文化心理需求，滿足了人們對社
會政治意識形態說明的渴望。文學是社會心理、情緒、欲望和意志宣泄與展
現的精神中介渠道，左翼意識形態文學觀以有效的說服力、對未來的浪漫暢
想，自然成為主導文學自身發展的核心理念。

〔註54〕《文學運動史料》第 2 冊，上海教育出版社 1979 年版，第 361 頁。

第六章　意識形態的肯定性用法與政治坐標

　　左翼文學運動之所以被視爲 20 世紀中國文學史的關鍵性轉折點，在於它改變了中國文學從古典到現代轉換過程中追求現代性的航向；在於它在文學領域，將近代乃至「五四」以來對歐美資產階級現代性的摹仿與建構，變更爲對蘇俄無產階級現代性的仰慕與渴望；在於它以巨大的道德理想主義熱忱，將文學納入到實現共產主義烏托邦想像的歷史實踐洪流中；在於它有效地、自覺地、系統性地將文學，建構成爲實現社會政治目標和政治理想的重要工具和有力手段。左翼文人知識分子以自己的理解和闡釋方式，使馬克思主義意識型態文學觀，成爲塑造中國現代文學史發展風貌的最重要的精神力量之一。作爲一種統治性的文學精神構成要素，它至今仍然在人們的文學和社會觀念中，發揮著不可低估的巨大影響。

　　然而理想的觀念形態總是與現實形態存在巨大差異，米·里夫希茨在闡釋馬、恩對這一問題的看法時說過：「凡是在人以私有主、即 homo economicus〔經濟人〕的姿態出現的地方，在道德方面他就會被看成是天生的利己主義者、霍布斯的『人對人的戰爭』的可能參加者，而社會因素在他面前就會作爲一種人爲的、虛幻的、遙遠的、像影子一樣抽象的理想出現，——這種理想要求於個人的是公民的禁欲主義和自我克制。在這一意義來說，馬克思所講的『資產階級社會的現實的形態和觀念的形態』之間的差別，在歷史上是必然的。」〔註 1〕應該補充的是，在階級仍然存在的社會狀態中，或者說得玄

〔註 1〕里夫希茨《〈馬克思恩格斯論藝術〉序》，載《馬克思恩格斯論藝術》第 1 卷，中國社會科學出版社 1982 年版。

一點，在消滅了私有制、「人以一種全面的方式，也就是說，作為一個完整的人，佔有自己的全面的本質」〔註2〕的共產主義社會實現之前，觀念形態和現實形態之間的鴻溝難以填平。因此，檢測理想的觀念形態與現實形態存在的巨大差異，檢測理想的觀念形態對現實實踐造成的利弊得失，應該理所當然地成為我們一項自覺的學術使命。「勝者為王，敗者為寇」向來是勝利者的闡釋邏輯和歷史敘事，或者說是弱肉強食的政治判斷標準，陷入它的話語圈套勢必造成對歷史和社會的有意曲解，以它為認識論導向勢必造成觀察與研究歷史的盲區，學術研究應當破除它的箝制，遵循自身的運作和演繹規律，才有可能達到合乎歷史規律性、目的性的高度。具體到中國現代文學研究而言，我們應當從學理的高度，審視和分析自左翼文學運動以來所形成的中國化的馬克思主義意識型態文學觀，及其對文學精神系統造成的巨大影響和嚴重後果。

一、從否定性概念到肯定性概念

　　格爾茨從知識社會學的視角論述作為文化體系的意識形態時，曾經這樣說過：「『意識形態』這個詞本身徹底被意識形態化了，這是現代知識史上的一個小諷刺。一個原來只是指一套政治建議的概念，也許有點迂腐和不實際，但至少是理想主義的──某人，或許是拿破侖，稱之為『社會浪漫曲』──現在已經成了很嚇人的命題：《韋伯斯特辭典》把它定義成『一整套構成政治──社會綱領的判斷、理論及目標，經常伴隨著人為宣傳的含義；例如，法西斯主義在德國被改變以適應納粹的意識形態』。」〔註3〕其實，「意識形態」含義的意識形態化，是這一概念從理論走向實踐之後的必然邏輯結果。正如有的學者從知識社會學的譜系和視野所看到的，在意識形態發展史上曾經對這一概念有三種不同的理解和應用方式：一是「描述意義上的意識形態」，即在分析某一社會總體結構時，只限於指出意識形態是這一總體結構的一部分，不引入某種價值觀來批評或讚揚這種意識形態，只作客觀描述，不作帶有主觀意向的評論；二是「貶義的意識形態」或「否定性的意識形態」，即承認意識形態的存在，但對它的內容和價值取否定的態度，認定它不可能正確

〔註2〕《1844年經濟學哲學手稿》，載《馬克思恩格斯全集》第42卷，人民出版社1979年版。
〔註3〕格爾茨《文化的解釋》，譯林出版社1999年版，第231頁。

地反映社會存在，只能曲解社會存在，掩蔽社會存在的本質，因此對意識形態取批判的態度；三是「肯定意義的意識形態」，即不僅承認意識形態的存在，而且對它的內容和價值取肯定的態度，認定它能客觀、準確地反映社會存在的本質。〔註4〕

　　眾所周知，在「意識形態」這一概念的創始人特拉西眼中，意識形態是觀念學的意思，「它是一種負有使命的科學；它的目標在於為人類服務，甚至拯救人類，使人們擺脫偏見，而為理性的統治服務。」〔註5〕如果說在特拉西那裡，意識形態從整體上看還是一門觀念科學的話，到了黑格爾和馬克思那裡，意識形態則成了「虛假意識」的代名詞，成為否定意義上的概念。在《精神現象學》中，黑格爾深入討論了精神的異化問題，認為意識的「諸形態」本身就是異化，因而具有虛假和不真實的色彩。有學者將馬克思在否定意義上理解和運用的意識形態概念，概括為五個特徵：（1）意識形態的意向性（現實生活的折射）；（2）意識形態沒有絕對的歷史；（3）意識形態本質上是統治階級的思想；（4）意識形態總是掩蔽或扭曲現實關係；（5）意識形態主張「觀念統治著世界」。〔註6〕馬克思從否定意義上理解和運用意識形態這一概念主要體現在《德意志意識形態》，在序言中馬克思強調：「人們迄今總是為自己造出關於自己本身、關於自己是何物或應當成為何物的種種虛假的觀念。他們按照自己關於神、關於模範人等等觀念來建立自己的關係。他們頭腦的產物就統治他們。他們這些創造者就屈從於自己的創造物。我們要把他們從幻想、觀念、教條和想像的存在物中解放出來，使他們不再在這些東西的枷鎖下呻吟喘息。我們要起來反抗這種思想的統治。」〔註7〕這種思想統治就是指意識形態作為一種虛假意識對人的精神的異化和束縛。

　　列寧對於意識形態的論述，在現代意識形態學說發展史、尤其是意識形態實踐史上具有舉足輕重的作用。甚至可以說列寧對意識形態概念的運用方式，基本奠定了迄今為止人們運用這一概念的邏輯思路和理論模式。列寧的意識形態學說主要集中體現在《怎麼辦？》、《唯物主義和經驗批判主義》等

〔註4〕俞吾金《意識形態論》，上海人民出版社1993年版，第127頁。

〔註5〕《簡明不列顛百科全書》第9卷，中國大百科全書出版社1981年版，第101頁。

〔註6〕俞吾金《意識形態論》，上海人民出版社1993年版，第68～73頁。

〔註7〕《德意志意識形態》序言，載《馬克思恩格斯全集》第3卷，人民出版社1960年版。

著作中：像社會主義意識形態是從有產階級的有教養的人即知識分子創造的文化知識中成長起來的，必須從外部灌輸進無產階級的頭腦和鬥爭中；像馬克思主義作為無產階級爭取解放的學說，因為科學地闡明了社會發展的必然規律，因而是「科學的意識形態」或「共產主義科學」；像強調物質和社會存在決定思想意識的歷史唯物主義理論，認為物質和社會存在是一切意識形態的來源，合理解釋了意識形態在整個社會結構中的地位和作用；像強調意識形態的階級屬性，強調無產階級意識形態與資產階級意識形態的對立，從無產階級的根本利益來思考意識形態的諸種問題，等等。列寧在一般意義上論述意識形態時，認為意識形態是整個社會結構的一部分，不同的階級有不同的意識形態，資產階級有資產階級的意識形態，無產階級有無產階級的意識形態，一般地談論意識形態時只採取描述性的態度和用法。

　　但是「醉翁之意不在酒」，列寧的目的在於闡釋資產階級意識形態和無產階級意識形態之間的對立，在於強調資產階級及一切剝削階級的意識形態都是虛假的，而無產階級意識形態是「科學的意識形態」，是科學性與階級性的辯證統一，是無產階級根本利益的體現又是對社會發展規律的正確表達。只有運用「科學的意識形態」馬克思主義來指導革命鬥爭，才能推動社會的進步與發展，實現社會主義共產主義的宏偉理想。顯然，對於列寧來說，意識形態成了關係到不同階級的利益的政治意識，正是在資產階級意識形態和無產階級意識形態的對立這一關節點上，意識形態涵義的變化過程達到了頂點：意識形態在指涉資產階級時是「虛假意識」的代名詞，是落後的、腐朽的、垂死的，是在否定的意義上運用這一概念；在指涉無產階級時，意識形態則是一個科學的概念，是真理的展現形式，是進步的、科學的、光明的，是指導無產階級革命的萬能法寶。列寧對意識形態概念的運用和重新框定，特別是從肯定意義上將馬克思主義視為科學的意識形態，對以後人們有關意識形態問題的運用和探討，起了決定性的作用，並成了最有影響的學說，「20世紀的馬克思主義者幾乎都完全拋棄了意識形態一詞所有的貶義含義，而把馬克思主義本身也說成是一種意識形態」〔註8〕，像以盧卡奇、葛蘭西等人為先導的「西馬學說」，就大大受益於列寧的意識形態學說，特別是葛蘭西的意識形態霸權理論，更是對列寧學說的發揚光大；如果說在西方對意識形態概

〔註 8〕《簡明不列顛百科全書》第 9 卷，中國大百科全書出版社 1981 年版，第 102
頁。

念的肯定性運用，整體上還局限於觀念、學術和政治思想等領域，那麼在蘇聯和中國等東方世界，這種肯定性運用則產生了巨大的現實實踐效果。

　　之所以不厭其煩地解釋、說明意識形態概念肯定性用法（特別是列寧有關理論）的形成，在於說明它為包括中國左翼文學運動在內20世紀共產主義運動諸種形式，提供了一個問題框架和用法指南。從我們的研究對象中國左翼文學的運動形態、理論形態、創作形態以及創作主體、社會效能來看，中國的左翼文人知識分子在列寧的理論基礎上，將意識形態肯定性意義的運用發揮到了極致。當然，對中國左翼文人知識分子來說，馬列原典的示範和啓示作用遠不如那些當時風靡蘇俄、日本的馬克思主義「二道販子」更具有吸引力。正如一位研究者所說：「創造社、太陽社主要人物那些新穎而又幼稚的思想、鮮明而又簡單的口號、革命卻粗暴的批評，比如什麼『意德沃羅基』，什麼『奧伏赫變』，什麼『辯證唯物論』和『否定之否定』，什麼『印貼利更追亞』和『普羅列塔利亞』，什麼『藝術的武器』和『武器的藝術』，什麼阿Q時代已經死去，魯迅是『封建餘孽』、『二重反革命』、『法西斯蒂』，等等，統統都來自『拉普』，來自日本，來自辛克萊。不用說，也來自中國共產黨內部的錯誤路線。……『左聯』是中國的，是中國文壇的產物。但其名稱、指導思想、綱領、機構等等，又無一不是從『拉普』、日本那裡借來的。」〔註9〕諸如「拉普」的「唯物辯證法創做法」，福本和夫的「分離鬥爭」理論，青野季吉、藏原惟人的「目的意識」理論等等，都對中國左翼文學運動意識形態理論的建構與膨脹，產生了功莫大焉或曰難逃其咎的作用。

二、肯定性運用的問題框架

　　中國左翼文人知識分子特別是激進派，在肯定意義上運用意識形態概念並將之發揮到極致，可謂是20世紀共產主義運動中意識形態肯定性用法的典型。我以為，它站在所謂無產階級的立場上，在強調維護無產階級利益的價值坐標指引下，突出體現了左翼文學思潮意識形態問題的兩個最為基本的特點：一是強調文藝作為意識形態的能動性作用；二是強調無產階級的意識形態領導權問題。我們知道，每一種意識形態都有它的問題框架（或者說是思想基礎），接受了某種意識形態的人總是把這種意識形態所蘊含的問題框架

〔註9〕張大明《左翼文學與國際左翼文學思潮》，載《紀念中國左翼作家聯盟成立70週年文集》，上海文藝出版社2000年版。

（或者說是思想基礎）作爲觀察、分析和解決一切問題的出發點，所以只有正確理解了某一意識形態的問題框架，才能在最大的程度上理解這一意識形態的理論構成和現實效應。可以說，強調文藝作爲意識形態的能動性、強調意識形態領導權，構成了左翼文學思潮意識形態的問題框架的兩根支柱，而這兩根支柱的奠基石則是所謂的無產階級利益。或者換句話說，左翼陣營判斷事物的最終標準是是否有利於所謂的無產階級利益（其代表自然是共產黨），而強調文藝作爲意識形態的能動性和意識形態領導權，則是在最大程度上體現了左翼文人知識分子在無產階級鬥爭中發揮自身優勢、維護無產階級利益的價值取向，這個標準對左翼文人知識分子來說，即是實踐的和政治的標準，又是學術的和理論的標準，更是規劃未來發展前景的歷史整體價值坐標。

眾所周知，左翼文學運動者們所信奉的馬克思主義意識形態文藝觀，是在與一系列「對手」的論戰中逐步完善發展起來的，這些「對手」包括新月派文人集團、倡導「三民主義」和「民族主義」的國民黨御用文人集團、語絲派、「自由人」和「第三種人」，等等有著不同政治傾向和文學價值觀的文人知識分子派別，包括魯迅、茅盾等左翼陣營內部人士，還包括像蔣光慈這樣的左翼陣營中的自由派，甚至是激進派內部也是山頭林立、派系紛爭。所有與激進派政治意識形態價值取向不同的文人知識分子，都有可能成爲無產階級文學運動的假想敵，都會被激進派不分青紅皂白地誣以資產階級反動文人的頭銜，代表著沒落的、腐朽的、垂死的、掙扎的資產階級反動的歷史潮流。正如左翼激進派猛烈批判當時文壇所說：「那些小資產階級的文學家，沒有眞正的革命的認識時，他們只是自己所屬的階級的代言人。那麼，他們歷史的任務，不外一個憂愁的小丑」〔註10〕，他們的文學創作「是濫廢的無意義的類似消遣的依附於資產階級的濫廢的文學！」〔註11〕因爲「小資產階級的根性太濃重了，所以一般的文學家大多數是反革命派」〔註12〕，「而且在有產者意識事物化的現在，一切有產者的觀念形態，事實上已經成了社會發展的障礙物，如果我們要企圖全社會構成的變革，這些障礙物，是須得粉碎的」〔註13〕。

〔註10〕馮乃超《藝術與社會生活》，載1928年1月15日《文化批判》創刊號。
〔註11〕錢杏邨《死去了的阿Q時代》，載1928年3月1日《太陽月刊》3月號。
〔註12〕麥克昂《桌子的跳舞》，載1928年5月1日《創造月刊》第1卷第11期。
〔註13〕李初梨《請看我們中國Don Quixote的亂舞》，載1928年4月《文化批判》第4號。

　　左翼文人知識分子尤其是激進派認為文藝是一種意識形態，所主要強調的，是文藝作為意識形態對社會基礎與現實環境的能動性，而非文藝自身的獨立性；是文學藝術對社會革命的促進作用，而非文學藝術作為一種獨立的精神形式的自身建構與發展。因此在當時的歷史情境中，幾乎所有的對文學藝術的不同認識，在左翼激進派眼中都上昇到政治意識形態批判的高度，曼海姆所謂「從拿破侖到馬克思主義，意識形態概念的歷史儘管在內容上有所改變，但卻一直保存了同樣的判斷現實的政治標準」〔註 14〕的論斷，在中國左翼文學運動中得到了淋漓盡致的繼承與發展。對胡適、徐志摩、梁實秋等新月派文人，對「民族主義」、「三民主義」等國民黨御用文人的批判，是因為他們與資產階級的反動政權沆瀣一氣、穿一條褲子、一個鼻孔出氣，即使他們對國民黨有所批判，也是小罵大幫忙。這些文人知識分子，是當時國民黨政權體制的受益者，判定他們代表了資產階級意識形態，對左翼激進派來說是有的放矢、師出有名，因為他們是「支配階級的走狗」，「自告奮勇，賣力氣，替支配階級圖挽既倒的狂瀾」〔註 15〕。對魯迅、茅盾、周作人、郁達夫等在「五四」文壇叱吒風雲的人物的批判，是因為他們代表著封建階級和資產階級的個人主義、趣味主義、人道主義的意識形態。在激進派攻勢凌厲的意識形態批判面前，魯迅無奈地嘲諷說「似乎要將我擠進『資產階級』去」〔註 16〕，茅盾也認為自己的小說悲觀頹廢，「說他們是革命小說，那我就覺得很慚愧，因為我不能積極的指引一些什麼──姑且說是出路吧」〔註 17〕。「左聯」之所以通過《開除蔣光慈黨籍的通知》，除了認為他登報聲明將原名光赤改為光慈是向國民黨反動派妥協投降、未經黨中央同意擅自去日本之外，一個最重大的原因就是「蔣光慈寫的中篇小說《麗莎的哀怨》，同情上海白俄少女淪為妓女的悲慘生涯，喪失革命立場」〔註 18〕，喪失了無產階級文學意識形態的階級傾向性。對於激進派創造社來說，自身的「方向轉換」，也是因為克服了小資產階級的浪漫主義、感傷主義、個人主義，從而成為無產階級文學的代表，用郭沫若的話來說，就是「我們同樣的從小有產者意識的繭殼中

〔註 14〕卡爾・曼海姆《意識形態與烏托邦》，商務印書館 2000 年版，第 74 頁。
〔註 15〕彭康《什麼是「健康」和「尊嚴」》，載 1928 年 7 月 10 日《創造月刊》第 1 卷第 12 期。
〔註 16〕魯迅《「醉眼」中的朦朧》，載 1928 年 3 月 12 日《語絲》第 4 卷第 11 期。
〔註 17〕茅盾《從牯嶺到東京》，載 1928 年 10 月 10 日《小說月報》第 19 卷第 10 期。
〔註 18〕馬寧《左聯雜憶》，載《左聯回憶錄》（上），中國社會科學出版社 1982 年版。

蛻化了出來，在反動派的無恥的中傷者或許會說我們是投機，但這是我們光榮的奮鬥過程，我們光榮的發展」〔註19〕。這種「光榮的奮鬥過程」自然造就了創造社在文學意識形態領域的一貫政治正確：「站在小有產者的立場，承繼中國文學革命的正統，除了向封建遺制進攻之外，復執拗地反抗著官僚化了的新型資本，毅然崛起的，是當時的『創造社』。」〔註20〕這自然引起了同樣自詡爲無產階級文學運動首倡者和正統者的太陽社成員的強烈不滿，錢杏邨就冷嘲熱諷道：「只許創造社有轉換方向的特權，那不是只許州官放火，不許民家點燈了麼？」〔註21〕（這同樣是一種政治意識形態領導權之爭。）

三、政治判斷標準引導意識形態實踐

在左翼文人知識分子的政治意識形態批判視野中，強調文藝作爲意識形態的能動性、反作用與強調意識形態領導權，是相輔相成、相互支撐的兩翼。對社會身份是文學家、藝術家的左翼文人知識分子來說，強調文藝的能動性和反作用，爲自身的社會價值和社會作用尋找到了一條恰如其分、合乎社會認同標準的自我確證之路。強調意識形態領導權，一方面自然是爲黨的文化政策和鬥爭策略服務，另一方面也包含著左翼文人知識分子確保在社會鬥爭中穩居權力話語中心位置的政治欲望。文學藝術既是文人知識分子得心應手、運用自如的獨家文化資本，又是文人知識分子確證社會角色的有效手段，更是確保文人知識分子穩居社會進步激流潮頭、引領思想文化時尚的強大工具。

左翼文人知識分子爲確保在社會角色認同中的不可替代性、爲在被視爲進步潮流的無產階級文學運動中的優位性，強調文藝的能動性與意識形態領導權，實在是出於一種生物生存本能和社會生存本能。當年的周揚說得很明白：「在剝削制度之下，受著帝國主義和封建勢力的重重壓迫的中國勞苦群眾是完全浸在沒有『藝術的價值』的反動的，封建的大眾文藝的毒液裏。因此，他們對於生活的認識，對於社會現象的觀察，總之，他們的世界觀，差不多大部分是從這種反動的大眾文藝裏得來的。這些反動的封建的毒害可以阻礙勞苦群眾的革命意識的生長。所以，我們要用文學這個武器在群眾中向反動

〔註19〕 麥克昂《留聲機的回答》，載 1928 年 3 月 15 日《文化批判》第 3 號。
〔註20〕 李初梨《怎樣地建設革命文學》，載 1928 年 2 月 15 日《文化批判》第 2 號。
〔註21〕 錢杏邨《關於〈現代中國文學〉》，載 1928 年 3 月 1 日《太陽月刊》3 月號。

意識開火，揭穿一切假面具，肅清對於現實的錯誤的觀念，以獲得對於現實的正確認識，而在這個認識的基礎上去革命地改變現實。無產階級文學是無產階級鬥爭中的有力的武器。無產階級作家就是用這個武器來服務於革命的目的的戰士。」〔註 22〕左翼文人特別是激進派的這種「理性」主義態度，是一種典型的實用主義和功利主義態度，正如在李澤厚剖析中國古代理性精神時所說的：「這種理性具有極端重視現實實用的特點。即它不在理論上去探求討論、爭辯難以解決的哲學課題，並認為不必要去進行這種純思辨的抽象。重要的是在現實生活中如何妥善地處理它。」〔註 23〕很顯然，中國左翼文學運動以當時最為現代的文化形式，復活了最為傳統的實用理性主義精神，並將之發揚光大到極限。這種態度就其自身利益追求來說，當然無可厚非。但由己推諸人則產生了麻煩。孔老夫子說「己所不欲，勿施於人」，反過來看，己所欲，亦勿施於人，否則就像古代那個沒見過世面的鄉下人，第一次吃到芹菜時，以為天下第一美食，遂獻於當地豪紳，惹得豪紳既惱怒又鄙夷。左翼文學運動中的歷次論爭，就是這一麻煩的典型例證。

當年創造社和太陽社對魯迅的圍剿，是因為在「進步的」的眼光看來，「無論魯迅著作的量增加到任何地步，無論一部分讀者對魯迅是怎樣的崇拜，無論《阿 Q 正傳》中的造句是如何的俏皮刻毒，在事實上看來，魯迅終竟不是這個時代的表現者，他的著作內含的思想，也不足以代表十年來的中國文藝思潮！」〔註 24〕不但如此，魯迅在左翼激進派眼中更是一個老態龍鍾的亂舞的堂吉訶德，是一個專寫黑暗面的文藝戰線上的封建餘孽、二重的反革命人物，「魯迅對於革命文學的冷譏熱嘲，是舉不勝舉」〔註 25〕。這對急於推廣無產階級意識形態和價值觀念的左翼激進派來說，擁有文壇顯赫位置的魯迅就注定成為他們首先需要克服和粉碎的障礙，用鄭伯奇的話來說，就是他們認為「老的作家都不行了，只有把老的統統打倒，才能建立新的普羅文學」〔註

〔註 22〕周起應《到底誰不要真理，不要文藝？》，載 1932 年 10 月《現代》第 1 卷第 6 期。
〔註 23〕李澤厚《中國古代思想史論》，安徽文藝出版社 1994 年版，第 34 頁。
〔註 24〕錢杏邨《死去了的阿 Q 時代》，載 1928 年 3 月 1 日《太陽月刊》3 月號。
〔註 25〕錢杏邨《「朦朧」以後——三論魯迅》，載 1928 年 5 月 20 日《我們月刊》創刊號。
〔註 26〕鄭伯奇《創造社後期的革命文學活動》，載《鄭伯奇文集》，陝西人民出版社 1988 年版。

26〕。但是正如魯迅所看到的那樣:「中國現在的社會情狀,只有實地的革命戰爭,一首詩嚇不走孫傳芳,一炮就把孫傳芳轟走了。」〔註 27〕同理,還沒有掌握國家暴力機器的激進派口頭上的「打打殺殺」並不能真的「除掉」魯迅,其效果最多也不過就是如魯迅所譏諷的那樣,編一本《圍剿集》。況且在激進派眼中,「魯迅只是任性,一切的行動是沒有集體化的,雖然他並不反對勞動階級的革命。……我們是誠懇的最後希望他拋棄了他的死去了的阿Q時代,來參加革命文藝的戰線,我們對他依舊表示熱烈的歡迎」〔註 28〕。更為重要的是,儘管魯迅和共產黨在根本價值追求上不能「同心同德」,但至少還可以算作革命的「同路人」,對他的猛烈批判不符合共產黨的政治利益和鬥爭目的。正是在共產黨高層領導(一說是李富春,一說是周恩來,一說是李立三)的干預下,左翼激進派才停止論戰,準備聯合魯迅成立「左聯」。當然投之以桃、報之以李,據夏衍回憶:「我當時對潘漢年提出:『假如我們的建議魯迅不同意怎麼辦?』他說:『你放心,這件事已醞釀了很久,中央負責人已經和魯迅談過,得到了他的同意。』」〔註 29〕對於魯迅「棄暗投明」的歷史,50 年後的周揚總結說:「魯迅開始的時候曾經對他們(指創造社、太陽社成員——筆者注)的這種革命作用估計不足,後來卻做出了全面的正確的評價。」〔註 30〕這當然並不意味著魯迅平息了「退進野草裏,自己舐盡了傷口的血痕,決不煩別人傅藥」〔註 31〕時的憤怒,而是執著於對「簇新的,真正空前的社會制度」〔註 32〕的希冀,在價值表層上認同了共產黨政治革命和意識形態鬥爭的合理性,承認無產階級文學運動是「無產階級解放鬥爭底一翼」〔註 33〕,

〔註27〕 魯迅《革命時代的文學》,載《魯迅全集》第 3 卷,人民文學出版社 1981 年版。

〔註28〕 錢杏邨《「朦朧」以後——三論魯迅》,載 1928 年 5 月 20 日《我們月刊》創刊號。

〔註29〕 夏衍《「左聯」成立前後》,載《左聯回憶錄》(上),中國社會科學出版社 1982 年版。

〔註30〕 周揚《繼承和發揚左翼文化運動的革命傳統》,載 1980 年 4 月 2 日《人民日報》。

〔註31〕 《答楊邨人先生公開信的公開信》,載《魯迅全集》第 4 卷,人民文學出版社 1981 年版。

〔註32〕 《林克多〈蘇聯聞見錄〉序》,載《魯迅全集》第 4 卷,人民文學出版社 1981 年版。

〔註33〕 魯迅《對於左翼作家聯盟的意見》,載 1930 年 4 月 1 日《萌芽月刊》第 1 卷第 4 期。

並以自己在思想文化界的巨大威望和號召力，加入到這一運動的行列中，儘管冒著「奴隸總管」發號施令與鞭撻的危險。

30 年代的「文藝自由論辯」，是整個左翼文學運動中最有理論深度的一場論戰。需要指出的是，此前左派的對手所依據的，多是建構在資產階級意識形態基礎上的自由主義、形式主義文藝觀（或曰資產階級意識形態文學觀），而胡秋原、蘇汶則首次運用馬克思主義話語為文藝自由辯護，並且胡秋原自居為中國最瞭解馬克思主義的第一人，蘇汶也曾是「左聯」成員。胡秋原在 1931 年底發表了《阿狗文藝論》，激烈批判國民黨御用文人的民族主義文藝理論，捎帶著刺了一下左翼陣營：「在資產階級頹廢，階級鬥爭尖銳的時代，急進的社會主義者與極端反動主義者都要求功利的藝術。這只要看蘇俄的無產者文學與意大利棒喝主義文學就可以明白了。」〔註 34〕不想沒等民族主義論者有所反應，先惹惱了左翼人士，遂群起而攻之。胡秋原自恃真理在手「死不認罪」，堅持認為文學藝術至死也是自由的、民主的。

當雙方論戰進入白熱化的時候，蘇汶又以「第三種人」的身份出來「趟渾水」，但明顯偏袒胡秋原。雙方都赤膊上陣，唾液橫飛，一場混戰，直到 1936 年還餘波未平。今天對於這場論戰的是是非非，方家自是心知肚明。問題的關鍵在於，左派從來就沒有站在純粹的學術立場看待文藝自由問題，而是從階級鬥爭立場出發，十分準確地看到，否認文藝對革命的巨大推動作用、強調文藝自由，勢必危害自己在文壇的意識形態領導權。面對胡秋原咄咄逼人的攻勢，兼具才華橫溢的文人和共產黨高級幹部雙重角色的瞿秋白，一針見血地點明了問題的要害：「現在要答覆的正是，究竟是誰擔負著反封建的文化革命——『是智識階級的自由人』，還是工農大眾，究竟是誰領導著這新的文化革命，是資產階級，還是無產階級？……到現在，已經過了三四年，已經在許多地方創造著新式的生活，新式的文化。難道這是『自由人』負起的使命嗎！？難道這是資產階級的智識分子——文化運動專家領導的嗎！？這種真正偉大的群眾的文化革命，肅清中國式的中世紀茅坑，而開闢革命轉變前途的反封建反帝國主義的革命，正是胡先生所認為『不自由的，有黨派的』階級所領導的。」〔註 35〕蘇汶在雙方吵得不亦樂乎的時候，卻旁觀者清：「左翼文壇的一切主張都無非是行動，並且一切行動都是活的。而胡秋原先生不

〔註 34〕胡秋原《阿狗文藝論》，載 1931 年 12 月 25 日《文化評論》創刊號。
〔註 35〕瞿秋白《「自由人」的文化運動》，載 1932 年 5 月 23 日《文藝新聞》第 56 號。

明白。左翼文壇已經屢次向胡先生暗示了，甚至說明了，叫他不要空談理論，離開行動是沒有什麼真理的。而胡先生還是不明白。胡先生固然會說，行動沒有真理是不正確的行動；但左翼文壇也會說，真理沒有行動便不是正確的真理。那麼，這場論戰會有什麼結果呢？……從這裡，我們看出兩個絕對不同的立場了。一方面重實踐，另一方面只要書本；一方面負著政治的使命，另一方面卻背著真理的招牌。於是這兩種馬克斯主義是愈趨愈遠，幾乎背道而馳了。」〔註36〕

　　清則清矣，但文人畢竟是文人，看問題畢竟不如政治家來的深刻與赤裸，黨的領導人張聞天從政治鬥爭的全局出發，明確指出：「試翻閱最近文藝雜誌上關於文藝性質與文學的大眾化等問題的討論，我們立刻可以看到在我們同志中所存在著的非常嚴重的『左』的關門主義。這種關門主義不克服，我們決沒有法子使左翼文藝運動變為廣大的群眾運動。」〔註37〕這意味著在政治鬥爭策略上，「左聯」的「關門主義」，危害了共產黨在文藝領域掌握意識形態領導權所需要的廣泛群眾基礎。原因很簡單，革命需要眾多信徒的支持才能成功，你不能只作一個光杆革命家吧？出於在更大範圍樹立革命意識形態領導權的需要，「左聯」向胡秋原、蘇汶等人搖起了橄欖枝，歡迎他們加入到「革命」隊伍中，但是胡、蘇毫不領情。可能是道不同不相謀吧。

　　關於解散「左聯」以及「兩個口號」之爭，實際上也蘊含著魯迅派與周揚派對意識形態領導權問題的重大分歧。在這場論爭中，周揚及其追隨者顯然受到了重創，沙汀回憶說：「在文委其他同志同中央的代表接上關係不久，周揚同志便沒有管工作了。而他給我的印象是：有些苦惱、消沉。當時身體也不大好，我記得他雙腳有些浮腫。他顯然被撤了職，因為當我先他離開上海回轉四川，動身前要他為我轉黨的關係的時候，他卻要我找夏衍同志。」〔註38〕但是失意的周揚到達延安後，不但沒有受到嚴厲批評，反而受到毛澤東和黨的器重，出任邊區政府教育廳長、魯藝院長和延大校長等職。周揚由上海到延安再到建國，儼然樹立了中共文藝界領導人的形象，被視為毛澤東文藝思想的權威闡釋者。失意者再度春風得意，可是當年挾魯迅餘威風光顯赫的

〔註36〕蘇汶《關於〈文新〉與胡秋原的文藝論辯》，載 1932 年 7 月《現代》第 1 卷第 3 期。

〔註37〕科德《文藝戰線上的關門主義》，載 1933 年 1 月 15 日《世界文化》第 2 期。

〔註38〕沙汀《一個左聯盟員的回憶瑣記》，載《左聯回憶錄》，中國社會科學出版社 1982 年版。

胡風，卻在不久的日後淪為階下囚，個中原因自是耐人尋味。宗派主義、關門主義固然是極為深刻的人事原因，但是雙方對意識形態領導權、尤其是對黨「靈活」處理意識形態問題的理解，似乎是更為深刻的原因。周揚在答趙浩生問時強調：「所謂『左』，就是宗派的教條主義。這個我應負責任。魯迅答徐懋庸的信，你很可以再看一看，全篇都不是批評我右，而是批評我『左』，批評我『左』的可怕。我現在覺得解散『左聯』的事應該跟魯迅先生商量商量。」〔註39〕事情起因真的是周揚所說的「左」嗎？

不應忘記魯迅在《對於左翼作家聯盟的意見》的演講中早就說過：「『左翼』作家是很容易成為『右翼』作家的。」〔註40〕不幸的是魯迅的告誡屢應不爽，杜衡、楊邨人之類的事情就不必說了，當『國防文學』的口號鋪天蓋地、迎面而來時，魯迅擔心和強調的是：「民族危機到了現在這樣的地步，聯合戰線這口號的提出，當然也是必要的，但我始終認為，在民族解放鬥爭這條聯合戰線上，對於那些狹義的不正確的國民主義者，尤其是翻來覆去的投機主義者，卻望他們能夠改正他們的心思。」〔註41〕這時的魯迅更上昇到政治意識形態的高度看待「兩個口號」論爭：「『左翼作家聯盟』五、六年來領導和戰鬥過來的，是無產階級革命文學的運動。……民族革命戰爭的大眾文學，是無產階級革命文學的一發展，是無產階級革命文學在現在時候的真實的更廣大的內容。……新的口號的提出，不能看作革命文學活動的停止，或者說『此路不通』了。……決非革命文學要放棄它的階級的領導的責任，而是將它的責任更加重，更放大，重到和大到要使全民族，不分階級和黨派，一致去對外。這個民族的立場，才真是階級的立場。」〔註42〕魯迅的眼光是深刻的，「國防文學」口號一經大肆渲染，「關門主義」者將大門打開了，卻是泥沙俱下、魚龍混雜，遮蔽了無產階級革命文學的意識形態領導權問題。但周揚是堅定地執行來自黨中央的指示，遵循的是黨的政治鬥爭策略，此時不但不「左」，反而有點「右」的色彩，正如周揚自己所說：「主要的錯誤在什麼地方呢？一個是在解釋『國防文學』的文章裏面確實有右的東西。」〔註

〔註39〕趙浩生《周揚笑談歷史功過》，載1979年2月《新文學史料》第2輯。
〔註40〕魯迅《對於左翼作家聯盟的意見》，載1930年4月1日《萌芽月刊》第1卷第4期。
〔註41〕魯迅《幾個重要問題》，載1939年6月15日《夜鶯》第1卷第4期。
〔註42〕魯迅《論我們現在的文學行動》，載1936年7月1日《現實文學》第1號。
〔註43〕趙浩生《周揚笑談歷史功過》，載1979年2月《新文學史料》第2輯。

43〕反倒是魯迅因爲是「黨外的布爾什維克」，不能「正確」領會黨在意識形態問題上的鬥爭策略，一味以理想主義的眼光看待「將來」的「大時代」，顯得有點「左」傾色彩。

藍棣之在《毛澤東心中的魯迅》一文中，對這一事件的分析頗有見地：「據蕭三後來回憶，蕭三回國後在延安棗園同毛澤東聊天時無意中談起 1935 年他在莫斯科給『左聯』寫了封長信，談解散『左聯』的問題，並說主張解散『左聯』的信是中共駐共產國際代表團團長王明逼他、另一個代表康生和他長談，給了他理論基礎後寫回上海的。毛澤東聽了之後說：這封信還是你寫的呀，那是要和解散共產黨差不多，……就是中聯、右聯一起搞了！又說反帝而沒有無產階級領導，那就反帝也不會有了。這樣說來，毛澤東的考慮是比較清楚了，他的政治家的清醒的智慧表現在：他把別人看似二而合一的問題嚴格加以區別，他贊成提出『國防文學』的口號，以『廣泛聯繫群眾』，但不贊成解散『左聯』的做法，魯迅不同意解散『左聯』是正確的，『民族革命戰爭的大眾文學』也在這個意義上應該受到尊重。或許可以說，在毛澤東看來，王明只要統一戰線，而且要一切通過統一戰線，甚至不惜解散『左聯』，那是右傾機會主義。而魯迅看到了『左聯』領導權不可放棄，但看不到統一戰線的重要性，脫離現實，大概可謂多少有些列寧講的左派幼稚病吧。」〔註 44〕今天看來，當年高舉「左」翼大旗的周揚等人，在堅決遵循黨的路線、執行黨的指示時變「右」了，放鬆了黨在意識形態領域控制和掌握領導權的標準；而被左派一貫視爲「落後」的魯迅，反倒變得「左」了，不過卻「擾亂」了黨在更大範圍內建構更爲廣泛的群眾基礎的現實需要和鬥爭策略。更重要的是雙方都沒有顧及黨內的所謂路線鬥爭。這實在不能不說是雙方在理解黨「靈活」處理意識形態問題上的分歧，使黨不得不「攘外須先安內」，浪費時間和精力，以不同的形式和需要安撫雙方，降低「內訌」造成的影響，先達到使之和黨「同心同德」的目的，問題的最終解決留待日後根據形勢處理。

當然，無人敢公開打倒魯迅這位領袖樹立的文化偶像，但其「大弟子」胡風卻長期遭受牢獄之災，三次平反才摘掉「帽子」。周揚建國後也沒過多少好日子，被稱爲「文藝黑線祖師爺」的他被「文革」中的實權派江青等誣以「自由化」的頭銜時，在「兩個口號」論爭中的「右」傾錯誤，就是重要罪狀之一，甚至包括粉碎「四人幫」後倡言異化問題受到冷落，原因大概也在

〔註44〕藍棣之《毛澤東心中的魯迅》，載《南方文壇》2001 年第 2 期。

於「右」。文學家畢竟沒有政治家看問題時所具有的清醒、實用和理智，古人云：「天下熙熙，皆爲利來；天下攘攘，皆爲利往」，黨以自身利益爲最終標準處理意識形態問題，是「講政治」的最高表現，是「求仁得仁」無所憾。反而是文人知識分子的理想主義，顯出幾許浪漫和天眞。文革時海外流傳「倘若魯迅依然在，天安門前等殺頭」的詩句，彼時周揚們正掛著大牌子受批判。歷史的滄桑恩怨和翻雲覆雨，眞是令人感到可笑、可悲、可歎。

四、政治與文藝：兩種職能的失衡

文學、藝術、以及相關的知識和思想等精神形式，是文人知識分子表明社會角色和社會身份的天賦職責，是文人知識分子得以確立自身社會位置的獨享資源和價值標尺。簡單說來，社會價值系統裁定一個人是否是文人知識分子，關鍵在於他（她）是否創造出符合文藝及相關知識思想自身形式和本質要求的、又得到社會慣例認可的文本，同時具有關懷社會公眾權利的價值取向。換句話說，文人知識分子有兩項天職：一是創造出符合職業規律的文本，一是憑藉這些文本獲得社會認可、進而影響和改變社會。

人們常說文人知識分子是「社會的良心」，認爲文人知識分子是社會基本價值諸如自由、平等、公正、進步等觀念的捍衛者，並根據這些價值觀念批判社會不合理現象，推動社會向至善至美的境界邁進。人們之所以形成這樣的評判文人知識分子的常識性標準和認知慣例，正是在認同文人知識分子首先是掌握知識、思想和特殊技能的職業者外，獻身專業的同時還需超越職業範圍和私利，關注社會、人生、國家、民族等公共事業，關懷人類和世界的命運，具有宗教般的承擔精神。正如鮑曼所強調的：「『成爲一個知識分子』的意向性意義在於，超越對自身所屬專業或所屬藝術門類的局部性關懷，參與到對眞理、判斷和時代之趣味等這樣一些全球性問題的探討中來。是否決定參與到這種特定的實踐模式中，永遠是判斷『知識分子』與『非知識分子』的尺度。」〔註45〕

顯然，左翼文人知識分子在介紹、宣傳和推廣馬克思主義意識形態文藝觀的過程中，特別是在對意識形態的肯定性運用中，並沒有違背社會裁定機制對文人知識分子的職業要求。他們提倡革命文學、發起無產階級文學運動，

〔註45〕齊格蒙・鮑曼《立法者與闡釋者》，上海人民出版社2000年版，第2頁。

推廣新寫實主義、革命現實主義，熱衷於報告文學、通訊等新體裁的試驗，以小說、詩歌、散文、戲劇、評論等文本形式爲社會人生理想的實現搖旗吶喊，首先所依據的就是自己的社會角色定位，以作家、知識者和文化人的身份獲得社會評價系統的承認，並在此基礎上鼓吹社會革命、宣傳馬克思主義，從而獲得了社會發言權。在左翼文人知識分子的形象定位過程中，他們基本遵循了以文學文本贏得社會認可、又以文本的創造性社會功能影響社會的社會認同機制和邏輯理路。但是，左翼文人知識分子特別是激進派，由於全力以赴強調文藝的社會能動性和意識形態領導權，強調文藝爲具體的政治目的服務，因此在協調和整合自身的兩項社會職能時，無限誇大了文藝的意識形態功能，使文人知識分子的整體社會功能明顯處於失衡狀態。政治職能的發揚光大使之得到廣泛社會認同，但是更爲基礎性的藝術職能的創造性實踐，卻成爲薄弱環節。

究其原因是多方面的。其中，強調文藝爲政治鬥爭服務、以政治意識形態的價值評判標準來規範和引導自律性獨立性極強的文藝創作，不能不說是造成左翼文人知識分子政治職能膨脹、藝術職能衰減的一個極爲重要的原因。這主要表現在左聯及其大部分盟員不斷強化自身的政治職能等文學實踐行爲方面。當時擔任左聯重要領導職務的夏衍回憶說：「儘管『左聯』是黨與非黨作家聯合組織的群眾性團體，但實質上還是一個『沒有掩護的』『第二黨式的所謂赤色群眾團體』。……『左聯』成立後不到一年的時間，由於『左』傾路線的錯誤，經常舉行無準備的飛行集會，以至組織罷工、罷市等不適當的工作，盟員受到很大損失，被捕的人不少，其它各盟也是一樣，如『劇聯』第一個犧牲的是宗暉同志，這是戲劇工作者永遠不能忘記的。」〔註46〕曾經擔任「左聯」組織部長的老盟員王堯山也回憶說：「『左聯』那時一項重要任務是發動盟員到工人中間去，培養工人作家，支持罷工鬥爭。另外就是組織盟員貼『反蔣擁共』的標語，組織『飛行集會』（遊行示威）等。」〔註47〕且不論文人知識分子參加這些政治行爲是否合理與恰當，也不論這些政治行爲對文藝創作的影響是積極還是消極，僅僅是這些政治行爲帶來的危險，就不僅使左翼文人知識分子喪失自由，而且要以生命爲代價。從社會整體來看，

〔註46〕夏衍《「左聯」成立前後》，載《左聯回憶錄》，中國社會科學出版社 1982 年版。

〔註47〕王堯山《魯迅·周揚·胡風》，載《左聯紀念集》，百家出版社 1990 年版。

為崇高的社會政治理想獻身，是死得其所、重於泰山；但從個體創作角度而言，生命權的失去也就意味著文藝創造的終止；對一個革命團體來說，死了一個還有後來人，但對個體生命則是百分之百的損失，就不僅是重於泰山的問題。

「左聯」五烈士就是最為慘烈的例子，今天許多人慨歎說，假如殷夫與柔石不死，世上又會多出兩個偉大的作家，但隨著他們生命的喪失，只能遺存下歷史的歎息。固然人世多了為革命理想拋頭顱撒熱血的楷模，為革命史增添了壯麗華章，值得後世敬仰與仿傚，但如果看到他們是因為秘密集會反對黨內的錯誤路線而遭到殺戮，你會作何感想？如果有一天人們考證出他們確實是因為王明一派的故意出賣而慘遭極刑，你是否會因歷史與人性的黑暗而流淚？難道革命創造行為就能代替文藝創造行為、文藝必然就是革命的附屬品麼？至善至美的政治理想固然崇高無比，但誰能保證參與實現這種政治理想行列的每一個人都是崇高無比的？誰能保證每一項具體的政治行為都是崇高無比的？以至善至美境界為目的政治理想，並不必然導致具體政治行為的合乎理性、合乎社會最基本最底線的價值原則。老盟員楊纖如反思當年的政治行為時就說：「當年『左』傾機會主義路線搞的示威運動，普通群眾固然參加，基層黨團員、外圍革命團體成員當然也必須參加。連作領導工作的和左翼作家也得參加。在巡捕包打聽警棒馬刀手槍面前，赤手空拳的危險性是可想而知的。但必須得去！蔣光慈就是因為多次不去而構成他後來被開除黨籍的因素之一。……我們青年學生對示威這件事，當時認識得簡單：認為這是新的革命高潮到來之前的信號，因懷念北伐大革命時期的盛景，堅決勇敢地參加了。認為是黨的號召，必須執行而毫無顧慮地參加了。」〔註48〕左聯掌權者和大部分盟員熱衷於政治行為，在一定程度上是一種非理性因素和情感色彩濃重的政治盲目主義與集體狂熱。

從另一個角度看，對以文藝創作為第一本職工作、依賴文本完成後的創造性成果影響社會為後續職能的文人知識分子來說，直接的政治行為只能判定他（她）是否是一個合格的革命者，不能證明是否是一個合格的文藝創造者。相反，只有創造出優秀的文學文本、并藉此達到影響和改造社會之目的，既出色地完成了本職工作、又弘揚了知識分子的人文關懷，才能證明他是一

〔註48〕楊纖如《左翼作家在上海藝大》，載《左聯回憶錄》，中國社會科學出版社1982年版。

個合格的文人知識分子。魯迅就是這樣一個出色的文人知識分子。他的文學創作上的業績，成爲現代中國文學的巔峰，這無論在於朋友還是敵人、贊同者還是詆毀者，都是首先必須承認的事實。否認這點，不是無知就是別有所圖。但魯迅又不僅僅是一個職業文人知識分子，他不僅以豐碩的文學創作改變和引領了現代中國文學的發展路向、構成了現代中國文學的半壁江山，而且他產生的社會影響不僅震撼當時、而且澤被後世。他對權勢者、劣根性者的激烈而徹底的批判，使一代又一代的現代中國人不斷矯正著人性的形象塑造。別的不說，從當時國民黨政權對他的幾次通緝，共產黨領袖尊稱他爲現代社會的聖人、黨外的布爾什維克、冠之以偉大的文學家、思想家和革命家頭銜、并奉爲新文化運動的方向，就可看出魯迅是怎樣以自己卓越的文學創作獲得了社會權威裁定系統的重視。無論這些政治權威系統出於何種目的對魯迅進行貶抑或褒揚，都是建立在對魯迅作品的巨大社會影響力基礎上的。同樣在具體政治行爲和策略的選擇上，魯迅深深懂得怎樣以適當的方式達到有效的目的，這就是他以最清醒的現實主義孕育出來的「韌」的戰鬥精神——「對於舊社會和舊勢力的鬥爭，必須堅決，持久不斷，而且注重實力。……我們急於要造出大群的新的戰士；但同時，在文學戰線上的人還要『韌』。」（《二心集》五六頁）「野牛成爲家牛，野豬成爲家豬，狼成爲狗，野性是消失了，但只足使牧人喜歡，與本身並無好處。……我以爲還不如帶些獸性，如果合於下列的算式倒是不很有趣的：人＋家畜性＝某一種人。」（《而已集》：《略論中國人的臉》）而獸性就在於有「咬筋」，一口咬住就不放，拼命的刻苦的幹去，這才是韌的戰鬥。牧人們看見小豬忽然發一陣野性，等忽兒可馴服了，他們是不憂愁的。所以這種獸性和韌的戰鬥絕不是歇死替利地可以幹得來的。一忽兒「絕望的狂跳」，一忽兒又「委靡而頹傷」，一忽兒是囂張的狂熱，一忽兒又捶著胸脯懺悔，那有什麼用處。打仗就要像個打仗。這不是小孩子賭氣，要結實的立定自己的腳跟，躲在壕溝裏，沉著的作戰，一步步的前進，——這是魯迅所謂「壕塹戰」的戰術。這是非合法主義的戰術。如果敵人用「激將」的辦法說：「你敢走出來」，而你居然走了出去，那麼，這就像許褚的赤膊上前陣，中了箭是活該。而笨到會中敵人的這一類的奸計的人，總是不肯，也不會韌戰的。〔註49〕這可謂是瞿秋白的知人論世之見，無怪乎魯迅書贈條幅「人生得一知己足矣，斯世當以同懷視之」，引爲同道。魯

〔註49〕何凝《魯迅雜感選集序言》，載 1933 年青光書局版《魯迅雜感選集》。

迅對革命行為的認同、對政治策略的選擇，充分展示了他是怎樣去實現一個文人知識分子的全部職能。如果說一個文人知識分子不是立足於本職工作進而達到影響和改造社會的目的，而是像一個農民不去種地非要從事文藝創作，結果不但會顧此失彼，而且會喪失社會角色的定位，造成自我形象塑造的混亂與尷尬。最終不但不能種豆得豆、種瓜得瓜，還很可能不倫不類、適得其反。

第七章　意識形態的歷史內涵與實踐功能

　　1964 年春天的莫斯科依然寒氣逼人。被蘇聯當局指控為「社會寄生蟲」的文學家布羅茨基，正站在法庭上為自己的罪名辯護。他鄭重宣佈自己是一個詩人、而非無業游民。法官輕蔑地問道：是誰把你列入詩人的行列？布羅茨基昂首反駁：沒有誰，那麼是誰把我列入人類的行列？23 年後，坦誠、正義和偏執的布羅茨基登上了諾貝爾文學獎獎臺。詩歌的光芒，將他列入詩人的行列，並接受人類文學世界最高的榮譽。布羅茨基以詩人的尊嚴和政治、道德的勇氣捍衛了文人知識分子的形象，他的姿態表明：文人知識分子首先是自我建構的，然後才是社會認可的；文人知識分子的社會形象一旦奠定，社會評價系統除了贊同或反對之外，根本無法取消文人知識分子角色與形象的社會功能和影響。

　　我們今天回首過去、直面現實、展望未來，面對左翼文人知識分子留下的精神遺產，無論是贊同或反對，誰都無法否認它對現代中國文學史、知識史、思想史和精神史的巨大影響，它的存在和影響決不以評判者的意志為轉移，可以接受或抵制，但決不能無視它的存在和影響。不然，我們就無法理解作為現實基礎的歷史，無法理解那麼多張揚個性解放的現代中國文人知識分子，不惜以生命為代價義無反顧的捲入波瀾壯闊的歷史變革洪流。不能正當的理解歷史，也就無法校正文人知識分子在今天的正當價值定位和形象塑造，正如有的研究者在分析「左聯」時所說：「忽視這種影響的深遠性同忽視『五四』新文化運動在中國文化史上的革新作用仍是中國當代知識分子陷入

文化盲區的主要原因。」〔註1〕對文人知識分子歷史和形象的描述與分析，歷來充斥著混亂和歧義，但大約可歸納出兩種傾向：一種是將文人知識分子視為正義、公平、道德和良心的化身，是人類崇高價值的傳播者和捍衛者；一種是視之為狂熱的堂吉訶德，身後隱藏著無數實用主義的桑丘，高尚背後是偏見和私利，是社會動蕩和精神混亂的意識根源。事實上，對文人知識分子的褒貶，取決於評判者的價值立場。然而今天，我們的任務不是譴責或頌揚，既無需將這一群體視為人類基本價值的守護神，也沒必要將之描繪成具有危險性和不負責任的害群之馬（如：知識越多越反動）。文人知識分子除了在專業上具有高深的造詣外，在社會的其它諸多事務上，並不顯得比其它人群高明和高尚，相反，還具有其它群體所沒有的致命弱點和缺陷。不要將這一群體神聖化、純粹化或者醜化、妖魔化。文人知識分子是在蹣跚中，邁出自己有限的和稚拙的步伐的。

西里奈利在研究 20 世紀法國文人知識分子尤其是左派時說過，文人知識分子的歷史實質上是一部有著豐富的意識形態內涵的歷史，研究者應當避免成為有意或無意的道德主義說教者，「研究者因為受到恫嚇而不再對這些知識分子進行考察的時代已經結束了，那時，因為屬於近代史並包含著意識形態的內容，這種研究幾乎是一個忌諱的話題。」〔註2〕今天我們研究中國左翼文人知識分子及其意識形態內涵，已經具備了與之相似的歷史文化語境和言說空間。我們不能迴避左翼文人知識分子在政治史、革命史、文學史、思想史等諸精神領域中的地位和作用，不能漠視它在這些領域造就的歷史業績或者說是歷史危害。應當重新釐定左翼文人知識分子的意識形態取向與社會政治、思想文化和價值體系的關係，從政治、知識、思想、文化、精神和心理等等多種角度，探尋這一意識形態取向對現代中國文學史和精神史建構所造成的重大的和持續性的影響。

一、意識形態分析的學理邏輯

意識形態是什麼？這種古典哲學式的提問，自然不是為了建構一個所謂科學的、萬能法寶式的意識形態定義，而是從這一基點上出發，探尋意識形

〔註1〕 王富仁《「左聯」的誕生和「左聯」的歷史功績》，載《紀念中國左翼作家聯盟成立 70 週年文集》，上海文藝出版社 2000 版。
〔註2〕 西里奈利《知識分子與法蘭西激情》前言，江蘇人民出版社 2001 年版。

態這一人類精神現象存在的基礎、特點、功用和效能，並藉此描述和分析它在中國左翼文學運動、乃至以後的文學和精神發展史中，形成的具體歷史複雜樣態和巨大歷史實踐能量。

「意識形態」是 20 世紀人類文明史上風光顯赫、毀譽交加的精神現象。對於它的內涵和特點，《簡明不列顛百科全書》以現代知識和話語方式作了簡明界定：「從廣義上說，意識形態可以表示任何一種注重實踐的理論，或者根據一種觀念系統從事政治的企圖。從狹義上說，意識形態有五個特點：1、它包含一種關於人類經驗和外部世界的解釋性的綜合理論；2、它以概括、抽象的措辭提出一種社會政治組織的綱領；3、它認定實現這個綱領需要鬥爭；4、它不僅要說服，而且要吸收忠實的信徒，還要求人們承擔義務；5、它面向廣大群眾，但往往對知識分子授予某種特殊的領導地位。」〔註3〕如何理解這種界定和闡釋呢？阿爾都塞有一個著名的定義：人本質上是一個意識形態動物，意識形態代表了人與其真正的生存條件之間的假想的聯繫。這有助於我們理解作為精神現象的意識形態的真實性質。我們是否可以進一步引申：這意味著作為社會存在物的人，其主體性實質上是意識形態主體性，並在此基礎上憑藉自身的理性能力，建構起主體的欲望、意志、情感、理念與社會實存之間的想像性精神關聯體系，這種關聯體系融合、交織著實存性和虛擬性的雙重特徵，是人在運用理性能力認識、改造和建構世界過程中所產生的必然的邏輯實踐結晶。簡單來說，意識形態是人依賴理性指導，對世界進行描述與塑造的一種精神表述和觀念體系，旨在解釋、說明、維持或改變世界。或者說再簡單一些，是否可以這樣認為：意識形態就是主體的人憑藉理性能力，在自己的思想精神產物與社會實存尤其是政治狀況之間，建構的一種總體性想像關係呢？

問題的關鍵在於，意識形態所建構的這種想像性關係，是否完全符合人與世界的真實狀態？是否就是人與世界真實關係的可靠表述呢？且不說黑格爾、馬克思這些大哲先賢是如何在否定意義上理解意識形態，認為意識形態作為現實生活過程的昇華物，作為統治階級的思想，總是自覺或不自覺地掩蔽人們的現實生活和交往關係的真相。有的學者在總結對 20 世紀人類思想精神影響深遠的馬克思主義意識形態觀時，有這樣的界定：「馬克思的意識形態

〔註3〕　《簡明不列顛百科全書》第 9 卷，中國大百科全書出版社 1981 年版，第 102頁。

概念可以定義為：在階級社會中，適合一定的經濟基礎以及豎立在這一基礎之上的法律的和政治的上層建築而形成起來的，代表統治階級根本利益的情感、表象和觀念的總和，其根本的特徵是自覺或不自覺地用幻想的聯繫來取代並掩蔽現實的聯繫。」〔註4〕我們已經知道，馬克思、恩格斯、列寧等馬克思主義經典作家，都在否定意義上認識和理解社會主義、共產主義意識形態之前的一切統治階級的意識形態，認為它們都是以虛假的觀念系統來維護統治階級的利益，為維持統治階級的長治久安服務。這已經成為延續至今的常識性認識。我們同樣也已經知道，馬克思主義經典作家及其追隨者，特別是列寧及其之後的許多馬克思主義者，在論述和闡發無產階級的意識形態時，又總是強調它是「科學的」意識形態，認為它揭示了人類社會發展的根本規律，能夠促進人類社會面向未來的至善至美的自我建構與塑造，體現了人與世界和社會之間的一種真實、可靠的想像關係，因而是科學的、正確的和萬能的，正如列寧所強調的：「一句話，任何意識形態都是受歷史條件制約的，可是，任何科學的意識形態（例如不同於宗教的意識形態）和客觀真理，絕對自然相符合，這是無條件的。」〔註5〕

但是，我們更應該知道馬克思對意識形態問題的那段經典性論述：「人們在自己生活的社會生產中發生一定的、必然的、不以他們的意志為轉移的關係，即同他們的物質生產力的一定發展階段相適合的生產關係。這些生產關係的總和構成社會的經濟結構，即有法律的和政治的上層建築豎立其上並有一定的社會意識形式與之相適應的現實基礎。物質生活的生產方式制約著整個社會生活、政治生活和精神生活的過程。不是人們的意識決定人們的存在，相反，是人們的社會存在決定人們的意識。社會的物質生產發展到一定階段，便同它們一直在其中活動的現存生產關係或財產關係（這只是生產關係的法律用語）發生矛盾。於是這些生產關係便由生產力的發展形式變成生產力的桎梏。那時社會革命的時代就要到來了。隨著經濟基礎的變更，全部龐大的上層建築也或快或慢地發生變革。在考察這些變革時，必須時刻把下面兩者區別開來：一種是生產的經濟條件方面所發生的物質的、可以用自然科學的精確性指明的變革，一種是人們藉以意識到這個衝突並力求把它克服的那些法律的、政治的、宗教的、藝術的或者哲學的，簡言之，意識形態的形式。

〔註4〕俞吾金《意識形態論》，上海人民出版社1993年版，第129頁。
〔註5〕列寧《唯物主義和經驗批判主義》，載《列寧選集》第2卷，1972年版。

我們判斷一個人不能以他對自己的看法爲根據，同樣，我們判斷這樣一個變革時代也不能以它的意識爲根據；相反，這個意識必須從物質生活的矛盾中，從社會生產力和生產關係之間的現存衝突中去解釋。」〔註6〕馬克思說得非常清楚，判定一種意識形態是否科學、是否合理、是否正確，並不能在它所建構的人與社會實存的想像性關係中進行判定，不能以它所具有的自我意識和價值尺度以及對人與世界想像性關係的闡說爲標準，而是應當根據社會生產力和生產關係的眞實衝突、人與世界的眞實矛盾狀態進行評判。那麼，對 20世紀人類實踐史上產生過舉足輕重影響的馬克思主義意識形態進行評判，是否也應當依據馬克思本人對意識形態的評判標準呢？

　　假如馬克思依然在世，相信他本人會同意「從物質生活的矛盾中，從社會生產力和生產關係之間的現存衝突中去解釋」他身後的馬克思主義意識形態。也就是說，馬克思主義意識形態所建構的人與社會實存的想像性關係眞實和正確與否，也必須看它是否符合人與實存世界的實際狀態。對於在 20 世紀人類實踐史上發揮巨大作用的馬克思主義意識形態的評價，當今世界依然是眾說紛紜、褒貶不一。我們置身其中的現實語境也尚未具備充足和成熟的自由言說條件。從蘇聯和東歐巨變來看，他們所推行的社會主義意識形態實踐無疑是失敗的。當然這並不能完全證明馬克思主義本身是錯誤和荒謬的，人們很容易從理論和實踐的諸多方面指出，正是那些推行社會主義制度和意識形態的人，違背了馬克思主義的精神實質，加之打著馬克思主義的旗號胡作非爲，混淆了人民群眾的視線，使馬克思主義在人民的信仰系統中的可信程度大爲降低，物質生產、精神生產的劣績更從根本上使人心渙散，從而葬送了馬克思主義在這些國家和地區的實踐。

　　就中國共產主義運動和意識形態實踐而言，它帶來的風風雨雨、是是非非，想必給每一個生存於 20 世紀中後葉的中國人，都帶來了深刻體驗。對此，今天的中共承認：「我們黨在歷史上的一些時期曾經犯過錯誤，甚至遇到嚴重挫折，根本原因就在於當時的指導思想脫離了中國的實際。我們黨能夠依靠自己和人民的力量糾正錯誤，戰勝挫折，繼續勝利前進，根本原因就在於重新恢復和堅持貫徹了解放思想、實事求是的思想路線。」〔註7〕如果我的理解

〔註6〕　《〈政治經濟學批判〉序言》，載《馬克思恩格斯選集》第 2 卷，人民出版社
　　　　1972 年版。
〔註7〕　《江澤民在慶祝中國共產黨成立八十週年大會上的講話》，人民日報出版社
　　　　2001 年版，第 17 頁。

沒有錯誤的話，這裡所說的「指導思想」、「思想路線」等語彙，應該是指中國共產黨的意識形態。如果我的理解還是沒有錯誤的話，中共對「解放思想、實事求是的思想路線」最權威的注釋應是「實踐是檢驗真理的唯一標準」。這是否可以說，黨的意識形態系統已經承認：黨的意識形態實踐出現重大失誤，關鍵在於「思想」脫離了「實踐」；檢驗某一時期的意識形態觀念是否正確、合理，並不能以它當時的言說為依據，而是應當從實踐出發判斷它的真與偽、是與非。對於馬克思主義意識形態的重大政治實踐史，自有黨的權威加以總結和評說（未來的歷史更會做出公正合理的評價），我輩凡夫俗子自然沒有「亂說亂講」的權利和資格。但是，黨都標舉「解放思想、實事求是的思想路線」和「實踐是檢驗真理的唯一標準」，我們又如何不可以「實事求是」地研究、分析中國馬克思主義意識形態文學觀實踐的作用和影響呢？

從學理和邏輯的角度來看，如果著眼於過去、現在和未來之間的關係，我們大概應當清楚和明白，馬克思主義意識形態是一種著眼於人類社會未來發展趨勢的學說，旨在建構一個從未在人類歷史上出現過的，公平、正義、平等、自由、民主、合理的社會制度：「代替那存在著階級和階級對立的資產階級舊社會的，將是這樣一個聯合體，在那裡，每個人的自由發展是一切人的自由發展的條件。」〔註8〕這種社會理想因其理論合理性和現實實踐的可行性，遠遠超過人類歷史上的任何社會制度設計，因而在 20 世紀人類史上掀起了波瀾壯闊的制度革命和社會試驗。但是從學理上看，任何一種學說是否具有科學性、合理性和正確性，是否符合社會實存的真實要求，是否具有現實操作性，只有實踐的後果才能回答。因此，只有未來共產主義社會的真正、全面實現，才能最終證明它的正確性、合理性。

所以，馬克思主義被稱為科學的意識形態，其真理性和科學性不能僅僅由其所言說的理論的正確性加以證明，還需由其現實實踐和未來實踐的成就加以事實印證，因為「當你閱讀一段宣稱是真理的論述，並突然相信其中確有真理時，只是證明有一種語言效果」〔註9〕，並不能說明它就是真理和事實本身，只能由它產生的實踐效果進行判斷。從邏輯推論的角度看，尚未完成的社會主義、共產主義實踐，無論是成功或者失敗，也不具備以充分必要條件的資格，來證明馬克思主義學說的最終正確性。目前我們所看到的現實實

〔註8〕《共產黨宣言》，載《馬克思恩格斯選集》第 1 卷，人民出版社 1972 年版。
〔註9〕傑姆遜《後現代主義文化理論》，陝西師範大學出版社 1987 年版，第 33 頁。

踐後果，只能說明它在過去和現在的成敗得失，只能說明它的發展趨勢是否
具有生命力，只能證明它的發展趨勢所具有的最大可能性，而發展趨勢和可
能性屬於預測的範疇，不具有實踐效力的證明能力。或者說目前我們所看到
的實踐後果，只是提供了以後如何發展的可行性與否和引以為鑒的範例。因
此從最終的學理和邏輯角度看，在共產主義社會真正全面的實現之前，馬克
思主義學說的最終真理性只受未來的檢驗，不受自我言說和現實實踐的束
縛。當然，這也為馬恩之後的馬克思主義學說的變異，提供了充足的理論和
實踐空間，那些自詡為馬克思主義正統傳人的實踐者，可以根據政治實踐需
要，隨意解釋和闡發馬克思主義。

　　從政治角度看，當然不好妄加評論馬克思主義意識形態的真理性。無論
是否出於實用主義目的，當前中共政治意識形態強調「馬克思主義具有與時
俱進的理論品質。……善於把握客觀情況的變化，善於總結人民群眾在實踐
中創造的新鮮經驗，不斷豐富和發展馬克思主義理論」〔註10〕，與馬克思主
義學說的未來性、開放性、超驗性和不斷適應現實實踐需要的理論品質有千
絲萬縷的關聯，這也在理論上保證了自身一貫「政治正確」。我們不應忘記的
是，馬、恩在《共產黨宣言》的《1872年德文版序言》、《1888年英文版序言》
中，針對馬克思主義原理在以往實踐中產生的實際效果，反覆強調了這樣一
個思想：「這些基本原理的實際運用，正如《宣言》中所說的，隨時隨地都要
以當時的歷史條件為轉移。」〔註11〕這說明，馬、恩從來沒有把馬克思主義
奉為絕對真理、具有絕對正確性與合理性，而是視為一種不斷戰勝挫折、揚
棄謬誤、趨向真理的學說。我們可以進一步引申，任何將馬克思主義奉為絕
對真理和教條、視為私家專利不容置疑、霸佔馬克思主義話語權利的行為，
都是違背馬克思主義精神實質的，是置馬克思主義的自我發展性、開放性、
超驗性和未來性於不顧的背叛行為，是打著馬克思主義的旗號反對馬克思主
義，最終會導致馬克思主義在人類信仰系統中失去存在的價值。因此，無論
它是「三墳五典、百宋千元、天球河圖」，還是「金人玉佛、祖傳丸散、秘製
膏丹」，只要阻礙了馬克思主義的創造性發展，就應該打而倒之、統統摒棄（事
實上，馬克思主義學說的開放性、超驗性和未來性是一面雙刃劍，既可作為
自我發展的動力，又可作為一貫正確的理論保護傘）。

〔註10〕　《江澤民在慶祝中國共產黨成立八十週年大會上的講話》，人民日報出版社
　　　　　2001年版，第17頁。
〔註11〕　《共產黨宣言》，載《馬克思恩格斯選集》第1卷，人民出版社1972年版。

二、意識形態：信仰的系統化與理性化

通俗一些來說，意識形態就是指人的意識和思想的形式與樣態，只是隨著理論和實踐的膨脹，逐漸演繹成和政治密切相關的社會言說系統。眾所周知，中國社會從古典向現代轉換過程中，存在這樣一個清晰的主流思維邏輯脈絡，即物質變革——制度變革——精神變革——物質變革。從洋務運動迷信堅船利炮、維新變法迷戀議會憲政、五四運動倡導精神變革爲一切變革之先聲，到左翼文化運動宣揚馬克思主義之偉力，再到文化大革命靈魂深處爆發革命的言說，直到今天的以經濟建設爲中心，歷史彷彿走了一個邏輯怪圈，從起點出發又回到了起點。當然人們可以辯解稱之爲螺旋式上昇。

社會的變革是一個系統工程，存在著難以爲人們所全部洞悉和掌握的發展規律與張力，很難與人們的理論思想預設相一致，更何況人們在歷史選擇中還要抓主要矛盾、抓矛盾的主要方面。人們往往非議五四新文化運動以來「借思想文化作爲解決問題途徑」的唯意志論色彩，其實以物質爲中心，彷彿物質文明一旦大功告成，一切皆雞犬昇天，又何嘗不是出於人們的思維想像和理論預設？有的學者曾將中國當代史歸結爲「烏托邦」與「實用主義」兩個階段，認爲兩者儘管在表象上截然相反，但在本質上卻異曲同工：「二者的共同學理基礎就是經驗論立場。前 30 年主要是以假象的方式折射著經驗的理解方式，而後 20 年則主要是以直觀的方式體現著這種理解方式而已。」〔註12〕且不說經驗論的判斷是否準確，問題的關鍵在於凸現了理解當代史乃至現代史的一個重要視角：人以何種理解方式作爲歷史實踐的哲學思維基礎。

我們知道，人與世界不能直接發生對話與實踐關係，「使人們行動起來的一切，都必然要經過他們的頭腦」〔註 13〕，必然有賴於人的意識作爲中介環節，之所以說人的主體性是意識形態主體性，在於意識形態作爲意識的系統化和理性化，是人的意識的高級發展階段，蘊含著人與社會實存之間的諸種可能與不可能關係。因此，即使不考慮一種意識形態所持有的價值尺度與倫理趨向如何，僅僅是它所具有的理論與思維特性就有可能影響它判斷世界的真僞程度。或者換句話說，一種意識形態的實踐後果，即取決於它的倫理、道德和價值追求，又受制於它的純粹形式主義的理論和邏輯局限，也就是說

〔註12〕何中華《「烏托邦」與實用主義》，載《青年思想家》1999 年第 2 期。

〔註13〕《路德維希·費爾巴哈和德國古典哲學的終結》，載《馬克思恩格斯選集》第 4 卷，人民出版社 1972 年版。

還受制於意識作爲中介物所具有的先天的、自身形式的不足。因此研究中國左翼文學運動的意識形態問題，不但要重視它的內容的取向，還要注重它的形式的功過得失。

海外學者林毓生曾這樣引介意識形態問題：「意識形態是對人、社會及與人和社會有關的宇宙的認知與道德信念的通盤形態。它與『看法』、『教義』與『思想系統』不同。不過，這些不同往往是程度的不同。意識形態的特色是：它對與它有關的各種事務都有高度而明顯的『系統性』意見（此處『系統性』並不蘊含『正確性』）；它往往要把系統中的其它成分整合於一個或幾個顯著的價值（如平等、解放、種族純粹性等）之下。就這樣，它往往是一個封閉系統，對外界不同意見採取排斥態度。從內部來看，它一方面拒絕自我革新，另一方面要求追隨者絕對服從，並使追隨者覺得絕對服從是具有道德情操的表現。」〔註 14〕並以此爲學理出發點，判定「中國自五四以來最大的難局之一是：種種危機迫使人們急切地找尋解決之道，這種急切的心情導使人們輕易接受強勢意識形態的指引，在它涵蓋性極大極寬的指引與支配下，一切思想與行動都變成了它的工具。然而，人們還以爲這是爲理想奮鬥。這樣的強勢意識形態就如此地浪費了人們的精力並帶來了災難。重大的災難又產生了重大的危機，重大的危機又迫使人們急切地找尋解決之道。這種急切的心情又導使人們很容易接受另一強勢意識形態的指引。」〔註 15〕這種看法很有見地，較爲深刻地道出了意識形態作爲一種系統的、封閉的人與社會實存的假想關係對實踐的制約和危害。今天，人們回顧和研究左翼文學運動，批判的矛頭往往指向左傾路線、教條主義、關門主義、宗派主義等等，這固然不無道理，但是卻將問題的實質局限於表面現象，遮蔽了這些弊端所賴以生存的精神根源。除了信仰目標、道德修養、人性善惡、政治策略、人事糾紛等因素外，意識形態作爲獨立於個體的精神系統的形式特徵的局限，也是一個重要精神源頭。

恩格斯早就指出過意識形態作爲一種精神形式的先天性缺陷：「意識形態是由所謂的思想家有意識地、但是以虛假的意識完成的過程。推動他的真正動力是他所不知道的，否則這就不是意識形態的過程了。因此，他想像出虛假的或表面的動力。因爲這是思維過程，所以它的內容和形式都是從純粹的

〔註 14〕林毓生《熱烈與冷靜》，上海文藝出版社 1998 年版，第 108 頁。
〔註 15〕林毓生《熱烈與冷靜》，上海文藝出版社 1998 年版，第 121～122 頁。

思維中——不是從他自己的思維中，就是從他的先輩的思維中得出的。他只和思維材料打交道，他直率地認為這些材料是由思維產生的，而不去研究任何其它的、比較疏遠的、不從屬於思維的根源。而且這在他看來是不言而喻的，因為在他看來，任何人的行動既然都是通過思維進行的，最終似乎都是以思維為基礎了。」〔註16〕這就意味著，一種意識形態一經產生並進入實踐領域，就同現有的觀念材料和實踐材料相結合，並對這些材料作進一步的加工和想像，往往把意識形態所建構的人與社會實存的想像關係，當作獨立地發展的、僅僅服從自身規律的獨立本質來處理，並誤以為這種想像關係就是人與社會實存的真實關係，或至少認為是一種真實的反映。更為嚴重的是，當意識形態作為一種獨立的精神形式運作時，特別是當它把信仰作為最終價值目標時，它的整合性、系統性和封閉性等形式特徵就開始發揮更大的作用，往往以理性化的力量根除理論和邏輯上的不一致性，消除與之相詆牾的信仰和觀念，批判和否定不由自己統御的其它觀念力量，增強自身的理論廣度、深度和邏輯概括性，將所有參差不齊的個體案例減化到一般種類的水平，根除不能歸屬於自身價值理念指導下的更一般性的判斷。不用說，中國左翼文學思潮的意識形態想像，提供和演繹了生動的悲劇式案例。

當年的左翼文人知識分子相當自負，自詡為文藝領域的意識形態導師和舵手：「在現在這樣——社會的條件已經尖銳化而表現的方法才漸入固定的過程的時分，我們應該由批判的努力，將布爾喬亞意德沃羅基與舊的表現樣式奧伏赫變。這是作者與讀者同樣不可少的努力。作者沒有這種努力，便不能向上發展；讀者沒有這種努力，便不能完全接受。替作者與讀者充當嚮導的，就是從事文藝理論的研究的人。」〔註17〕這種自負不僅是人性和信仰的自負，也體現出意識形態作為一種思想基礎和思維方式的自負。以左翼哲學家身份涉足文藝領域的彭康，曾經這樣規劃意識形態與文藝的「明瞭的預圖」：「所謂意識形態，自然，是受制約於社會底經濟的基礎，而它自身也有它自身底法則發展而將在這經濟基礎上面的社會生活組織化。……因對於生產的同樣的關係更能成為一個有意識的階級，這樣的統一的及組織的效能是意識形態

〔註16〕《恩格斯致弗·梅林》，載《馬克思恩格斯選集》第 4 卷，人民出版社 1972 年版。

〔註17〕成仿吾《全部的批判之必要》，載 1928 年 3 月 1 日《創造月刊》第 1 卷第 10 期。

所能有的，因爲意識形態雖然是社會底多樣複雜的現象的反映，但不但是反映，這反映自身即成爲社會的勢力旗幟及口號。……這是意識形態底實踐性。文藝是它底一種，當然也是這樣。……文藝爲意識形態的一部門，當然也是思想的組織化，但它爲特殊的一部門，同時也是感情的組織化。……文藝與別的意識形態一樣，雖然也是現實社會底反映，但以與內容相適合的音調，色彩，形態，言語表現出來格外使得文藝是感情的，強有力的。文藝是思想的組織化，同時又是感情的組織化。文藝不僅是現實社會底熱烈的直接的認識機關，還是文藝家對於現實社會的一定的見解及最期望的態度之宣傳機關。……在階級立場及階級意識之下，思想的組織化使讀者得到舊社會的認識及新社會的預圖，感情的組織化使讀者引起對於敵人的厭惡，對於同志的團結，激發鬥爭的意志，提起努力的精神，這是革命文藝的根本精神，也是它的根本任務。」〔註18〕

　　這種「預圖」固然明瞭清晰、極富邏輯性，但是如果套用左派的術語來看，這種從意識形態角度審視文藝的問題框架，是建構在「目的意識」的基礎上的，是爲了無產階級解放而建構的思想與感情的「組織化」，並沒有顧慮到文藝作爲「自然生長性」的產物的獨立性品格。這種「組織化」背負崇高的社會道德和倫理使命，要求與之同心同德還來不及呢，哪裏容許異己力量的存在？「哪裏有這樣一種革命，允許人們對於他所要推翻的東西做有力的辯護，或者允許發表任何不是大體上同當時佔優勢的意見相協調的文章或議論的呢？」〔註19〕出於信仰的力量、道德的熱忱和意識形態的整合性要求，左翼文人知識分子就自覺不自覺地把意識形態想像，等同於社會複雜關係的眞實狀況，進而將這種想像視爲一種改造社會的力量。馬克思主義意識形態學說以簡單、明瞭、有力和極富邏輯感染力的方式，說明了社會的現狀與未來走勢，說明了文學在社會價值系統中的地位和作用，儘管這些說明是建立在經驗歸納和邏輯篩選的基礎上，是一個刪繁就簡、將多樣性歸於一致性的理性化思維過程，還有待於實踐的最終證明，但左翼文人知識分子已經迫不及待地將它視爲眞理的現實顯現了。這樣，在意識形態包孕的倫理、道德和價值取向的鼓動下，在意識形態形式獨立性的束縛下，左派不知不覺就陷入

〔註18〕彭康《革命文藝與大眾文藝》，載1928年11月10日《創造月刊》第2卷第4
　　　　期。
〔註19〕葛德文《政治正義論》，商務印書館1982年版，第181頁。

了意識形態自身的歷史敘事圈套，真的是「以思維爲基礎」，視之爲獨立的本質來進行現實運作了。

這種因意識形態信仰要求和形式特點限製造成的理解和運用的謬誤，在文藝領域的極端體現就是文藝的「黨派性」要求、以及這種要求的普泛化與體制化。且不論列寧等馬克思主義經典作家如何闡述文學與黨派的關係，當年的周揚就已將這個問題理解和解釋得非常清楚：「『黨派性』云者，實際就是『階級性』的更發展了的，更深化了的思想和實踐。列寧對於文學的黨派性的規定，可以說是對於文學的階級性的更完全的認識，也可以說是關於階級社會中意識形態的階級的性質的馬克思、恩格斯的命題之更進一步的發展和具體化。……文學的眞理和政治的眞理是一個，其差別，只是前者是通過形象去反映眞理的。所以，政治的正確就是文學的正確。不能代表政治的正確的作品，也就不會有完全的文學的眞實。在廣泛的意義上講，文學自身就是政治的一定的形式，關於政治和文學的二元論的看法是不能夠存在的。……恩格斯在《德國農民戰爭》中指示了無產階級的階級鬥爭的三個形態──經濟的，政治的，理論的形態。而成爲這三個形態之中心，之樞紐的，是政治鬥爭。所以，作爲理論鬥爭之一部的文學鬥爭，就非從屬於政治鬥爭的目的，服務於政治鬥爭的任務之解決不可。同時，要眞實地反映客觀的現實，及階級鬥爭的客觀的進行，也有徹底地把握無產階級的政治的觀點的必要。對於文學之政治的指導地位，就在於此。」〔註 20〕這種文學「黨派性」的規定和要求，視文學內在的「自然生長性」爲次要性和從屬性問題，並且「目的意識性」非常鮮明：爲無產階級解放鬥爭服務，因爲黨是無產階級的先鋒隊和代表，就必須爲黨的利益服務（儘管利益分配和獲益實體並非和理論預設相一致）。其現實效果用左派敵人的話來說：「就因爲馬克思主義要以文藝當作武器去做政爭地工具，去達到他們獲得政權的目的，所以無產階級文藝論便高唱入雲了。……在這樣的情景之下，所謂文化鬥爭，和所謂無產階級文藝運動，完全是馬克思主義者的一種革命政策，一種企圖獲得政權的運動了。」〔註 21〕

文藝的「黨派性」要求出於政黨的利益需要，自然是無可厚非。但是它的普泛化和體制化要求在推廣過程中，卻遭遇到兩種截然相反的接受態度：

〔註 20〕周起應《文學的眞實性》，載 1933 年 5 月《現代》第 3 卷第 1 期。
〔註 21〕尹若《無產階級文藝運動的謬誤》，載 1928 年 8 月 1 日《現代文化》創刊號。

「自願的」還是「強制的」。「自願的」如左翼文人知識分子尤其是激進派，自恃道義和真理在手，當然對它的現實實踐和未來前景信心百倍，言說鏗鏘有力、不容置疑，否則打翻在地、踏上一萬隻腳。如果是「強制的」，自然會對它的武斷和霸道產生強烈反彈，正如胡秋原所譏諷的：「我承認普羅文學存在的權力；獨佔也行的，如果有莎士比亞、哥德、托爾斯泰等那樣的作品。」〔註22〕還是蘇汶的辯駁最有理論深度：「官方批評家們好用意識正確不正確這論點來評衡一般的作品，他們是很少從真實不真實這方面去探討的。實際上，不折不扣的正確意識在中國現在是並不存在；不用說一般作家沒有，就連無產階級的陣線裏也未必有。這絕對的正確意識，並不是真正作為社會組織的上層建築而出現，而是一般理論家所塑造出來的。他們預言著將來的無產階級的意識是如此，於是便向作家買預約券：這就是要求作家寫理想，不要寫現實。……我當然不反對文學作品有政治目的，但我反對因這政治目的而犧牲真實。更重要的是，這政治目的要出於作者自身的對生活的認識和體驗，而不是出於指導大綱。簡單說，這些作品不是由政治的干涉主義來塑定的；即使政治毫不干涉文學，它們也照樣地會產生。……他們左一個意識形態，右一個意識形態，以要求作家創造一些事實出來遷就他們理想中的正確。」〔註23〕蘇汶的反駁可謂一針見血，抓住了左派理論的致命弱點和命門，即使今天仍具有現實針對性。問題的關鍵在於，意識形態與文藝之間並不是決定與被決定的關係，特別是當意識形態縮小為政治意識形態時，它與文藝的本質聯繫更為疏遠，甚至可以說是風馬牛不相及的精神存在形式。有了「正確」的意識形態導向並不一定能創造出優秀的文藝作品，沒有「正確」的意識形態指引也可能創造出文藝的非凡之作。這已被古今中外大量的文學史事實所證明。以在我國學界倍受推崇的巴爾扎克為例，這個政治上的保皇派顯然受「錯誤」的意識形態指導，但馬、恩並不以此為忌，反而盛讚他在藝術上的創造。在現代中國文學史上，像周作人、梁實秋、沈從文、張愛玲等作家，曾因為「錯誤」的政治意識形態觀念倍受指責與批判，但今天人們無法否認他們在文學上的創造性貢獻，而且貢獻要遠遠超出那些所謂「政治正確」的批判者。

曼海姆在探討意識形態問題時曾說，政黨及其意識形態的出現，把理性論證和科學論證結合進了其思想體系，不僅把自己的集體行動建立在對信仰

〔註22〕胡秋原《浪費的爭論》，載 1932 年 12 月《現代》第 2 卷第 2 期。
〔註23〕蘇汶《論文學上的干涉主義》，載 1932 年 11 月《現代》第 2 卷第 1 期。

的坦率表白上，更建立在可以進行理性論證的觀念系統之上，「各個政黨由於是被組織起來的，它們既不能維持它們思想方法的彈性，也不準備接受任何可能產生於它們所要求的解答。從結構上說，它們是公開的組合和戰鬥的組織。這一事實本身已經迫使他們具有了教條主義的偏向。知識分子愈是成為黨派的工作人員，他們便愈是失去了他們從他們原先的不穩定狀況所帶來的理解力和彈性的優點。」〔註 24〕此話用在中國左翼文人知識分子身上可謂恰如其分，他們對馬克思主義意識形態文藝觀的自覺認同和積極推廣，是以文藝創作自由的喪失和文人知識分子獨立品格的喪失為代價的，黨的政治意識形態必然要求文藝創作為自身的政治利益、社會信仰和價值理念服務，所有越雷池一步者都可能被視為「敵人」，即使政黨意識形態允許自由，也是一種有政治限度的自由。胡秋原曾經想像：「我所謂『自由人』者，是指一種態度而言，即是在文藝或哲學的領域。根據馬克斯主義的理論來研究，但不一定在政黨的領導之下，根據黨的當前實際政綱和迫切的需要來判斷一切。」〔註 25〕不要說在當時政治鬥爭極為殘酷的情境中顯得浪漫幼稚，即使在今天也存在很大的障礙。

　　從左翼十年間人們對文藝與意識形態關係的建構與辯駁中，可以看出意識形態與社會實存關係的真實狀態（不是左派言說的關係狀態），與曼海姆的判斷是相符合的，即「『意識形態』概念反映了來自政治衝突的一個發現，即統治集團（不光是統治集團這樣，一切政治集團皆如此。——筆者注）可以在思維中變得如此強烈地把利益與形勢密切聯繫在一起，以致它們不再能看清某些事實，這些事實可能削弱它們的支配感。在『意識形態』一詞中內含著一種洞悉，即在一定條件下，某些群體的集體無意識即對其本身，也對其它方面遮掩了真實的社會狀況，從而使集體無意識得到穩定。」〔註 26〕這種意識形態想像的遮蔽性，即使它的宣傳者和推廣者也可能意識不到，甚至像林毓生所說的「還以為是為理想而奮鬥」，就是它的敵對者也可能因為落入它的話語圈套，而產生對立但是邏輯思維同質的意識形態要求（早就有人指出過國共兩黨在文藝政策的意識形態訴說方面的相似性）。理性固然在意識形態的建構過程中舉足輕重，但無意識等非理性因素也不能等閒視之。如果不能

〔註 24〕曼海姆《意識形態與烏托邦》，商務印書館 2000 年版，第 38～39 頁。
〔註 25〕胡秋原《浪費的爭論》，載 1932 年 12 月《現代》第 2 卷第 2 期。
〔註 26〕曼海姆《意識形態與烏托邦》，商務印書館 2000 年版，第 41 頁。

理解意識形態作為一種信仰的系統化和理性化所帶來的先天性精神缺陷（即可以由內容的超驗性、也可以由形式的封閉性、更可以由實用主義態度引發），即使在今天也照樣產生當年蘇汶式的疑惑：「我這樣說，並不是怪左翼文壇不該這樣霸佔文學。他們這樣辦是對的，為革命，為階級。不過他們有一點不爽快，不肯乾脆說一聲文學現在是不需要，至少暫時不需要。他們有時候也會捐出藝術的價值來給所謂作者們嘗一點甜頭，可以讓他安心地來陪嫁。其實，這樣一來，卻反把作者弄得手足無措了。為文學呢，為革命？還是兩者都為？還是有時候為文學，有時候為革命？」〔註27〕

三、普遍性、合理性形象的現實追求

意識形態對人的控制，既是公開的也是隱蔽的，既需要外部灌輸也需要個體的內化，既是有意識的也是無意識的。意識形態作為一種思想和理論架構，是人們憑藉理性能力，建構和塑造的一種關於自我和社會歷史與現實關係的理念系統，並指引人們的實踐動向。個人作為主體，可能覺得自己是獨立自足的，覺得自己在直接、自由地把握現實，但實際上，其言行受一系列思想及再現體系的限定。意識形態從內外多個層面構築了人的本質和自我，而這種本質和自我不過是意識形態的想像和虛構，它的實存對應物是一個擁有社會生產身份的社會存在。且不論一種意識形態是否科學正確、是虛假意識還是真實再現，問題關鍵在於：為什麼人們會接受意識形態，視之為解釋世界和改造世界的思想綱領和行動指南，並把它作為自己的信念在實踐中堅定不移的貫徹執行和推廣呢？

這涉及意識形態與合理化的關係問題，與人的理性能力和意識形態宣稱的真理形象有關。理性的至尊地位和形象構造，是啟蒙運動「人為自然萬物立法」信念的產物，正如康德所謂「一個被創造物的全部自然秉賦都注定了終究是要充分地並且合目的地發展出來的」，對於「作為大地之上唯一有理性的被創造物」人來說，「這些自然秉賦的宗旨就在於使用人的理性」。〔註28〕理性精神是 20 世紀所接受的啟蒙運動的最重要的思想遺產之一，人們普遍將合乎理性與否，視為知識增長、社會進步與道德改善的首要條件，普遍將自

〔註27〕蘇汶《關於〈文新〉與胡秋原的文藝辯論》，載 1932 年 7 月《現代》第 1 卷第 3 期。
〔註28〕康德《歷史理性批判文集》，商務印書館 1990 年版，第 3 頁。

由、民主、科學和進步的渴望，建構在理行能力的拓展上，「現時代的自由主義者和激進主義者一般都相信：自由的個人以理性構建歷史，以理性規劃自己的生活歷程」〔註 29〕。合理化的歷史樂觀主義假設，使人們普遍認爲人的行爲似乎都是受理性、道德和眞理的動力所驅使，這就掩蓋了一個基本事實，即產生行爲的眞實動機與一個人的合理化思維並不一定是相符合。合理化既可能是眞實的也可能是虛假的。現代的科學研究業已證明，人們很難發現其眞實的情感、欲望、意志和合理化虛構之間的矛盾，特別是當它是虛假的時候，意識不到自己正在以不合理、不道德的方式行動。「理性通過自己對萬物的理解，製造出技術工具和精神武器，從而製造了自己，並改造了自己；它在建立科學認識的不同範疇的同時，也建構了它自己」〔註 30〕，意識形態作爲人類理性能力的最重要的精神產物之一，正是通過合理化的理性運作途徑，被人們理解或想像爲是合理的觀念，在個體接受和內化的同時積極向更廣泛的人群灌輸和推廣。這裡應當注意的是，正如理性建構世界圖象的同時也建構了自己，人們關於一種意識形態觀念是否合理的依據，往往又是從意識形態範疇中衍生出來的。

在左翼文人知識分子的鼓吹下，「馬克思主義」在中國 2、30 年代成爲強勢意識形態，蘇俄社會主義革命固然樹立了現實榜樣，但是它的科學的、合理的、正確的眞理形象塑造是更爲內在的因素：首先斷言歷史唯物論和辯證唯物論是科學的社會和歷史學說，能夠將歷史事實的眞實內容及其實質描繪出來；其次從這種科學的認識論出發，設定描述歷史規律的理論，讓歷史事實和發展符合這種理論；再次，合理的就應該是現實的，應使這種理論具體化爲政治行動的力量。儘管馬克思主義意識形態以馬克思個人的言說爲起點，但是它的演繹和變遷並不以馬克思本人的意志爲轉移，馬克思自己曾經就說過：「事情是這樣，每一個企圖代替舊統治階級的地位的新階級，爲了達到自己的目的就不得不把自己的利益說成是社會全體成員的共同利益，抽象地講，就是賦予自己的思想以普遍性的形式，把它們描繪成唯一合理的、有普遍意義的思想。進行革命的階級，僅就它對抗另一個階級這一點來說，從一開始就不是作爲一個階級，而是作爲全社會的代表出現的；它儼然以社會全體群眾的姿態反對唯一的統治階級。它之所以能這樣做，是因爲它的利益

〔註 29〕米爾斯《社會學的想像力》，三聯書店 2001 年版，第 181 頁。
〔註 30〕韋爾南《神話與政治之間》，三聯書店 2001 年版，第 217 頁。

在開始時的確同其餘一切非統治階級的共同利益還有更多的聯繫，在當時存在的那些關係的壓力下還來不及發展爲特殊階級的特殊利益。」〔註 31〕在當時緊張的歷史語境中，馬克思主義意識形態正是以普遍性、合理性和追求人類共同利益的形象塑造，獲得了中國思想文化界的話語霸權。

馬克思主義意識形態在文藝領域的節節勝利，就是生動鮮明的例證。馬克思主義意識形態文藝觀以「科學文藝論」的形象，獲得了左翼文人知識分子的頂禮膜拜。人們普遍將馬克思主義理論視爲最合理的社會科學，渴望運用它闡釋和發展中國現代文學的生存路向，並將文學的創造性發展寄託於這種「科學的文藝論」，以寫作社會剖析小說見長的茅盾當年就期望：「一個作家不但對於社會科學應有全部的透徹的知識，並且眞能夠懂得，並且運用那社會科學的生命素——唯物辯證法；並且以這辯證法爲工具，去從繁複的社會現象中分析出它的動律和動向；並且最後，要用形象的言語、藝術的手腕來表現社會現象的各方面，從這些現象中指示出未來的途徑。」〔註 32〕正是依據這種由普遍性、合理性帶來的歷史發展的絕對信念，左翼文化運動以豪邁的道義和理論的自負，使國民黨的文化「圍剿」一敗塗地，批駁得自由主義文人知識分子陷入「秀才遇見兵，有理說不清」的境地。

中國左翼文人知識分子所承擔的，就是馬克思主義意識形態普遍性、合理性形象現實追求的功能和效用。他們的整體功能和價值就在於，運用自身所掌握的智力和道義資源，論證自己所屬黨派和集團代表著歷史發展趨向的合理化、合法化，是追求眞善美的化身。其實踐目的，在於運用科學的、合理的方法，證明他們所屬黨派和集團的選擇是正確的，而自己的敵人則是錯誤的；在於證明他們理想中的社會新秩序，具有舊秩序無法比擬的絕對優越性。他們的論證方式也非常簡潔明瞭，即二元對立的分類，黑與白，對與錯，眞理與謬誤等等，正確的就是眞理和進步的，是他們的黨派和集團所代表的，錯誤的東西就是就是謬論和反動的，是其敵人所維護的。正如傑姆遜（又譯爲詹明信）所說「只要出現一個二項對立的形式的東西，就出現了意識形態，可以說二項對立是意識形態的主要形式」〔註 33〕，左翼文人知識分子的主要

〔註31〕 馬克思《德意志意識形態》，載《馬克思恩格斯全集》第 3 卷，人民出版社 1960 年版。
〔註32〕 茅盾《〈地泉〉讀後感》，載《茅盾全集》第 19 卷，人民文學出版社 1991 年版。
〔註33〕 傑姆遜《後現代主義文化理論》，陝西師範大學出版社 1987 年版，第 21 頁。

思維形態正是體現為二元對立模式。在「正確」和「錯誤」兩個基本思維假設的引導下，他們選擇和引證大量符合普遍性、合理化要求的事實，並按照大前提的邏輯要求進行說明，從而在理論和實踐兩個層面來證明言說的有效性。批駁敵人比證明自己理論的正確性和真理性更為容易，因為一個反例即可。

當然雄心勃勃的左翼文人知識分子並不滿足於此，因為他們的目的不僅是摧毀舊世界，而且要建立一個新世界。所以，左翼文人知識分子在馬克思主義意識形態的規引下，更力圖創造出比現存資產階級的思想文化秩序更普遍、更合理也更高級、更全面、更包羅萬象的評價標準和行為規範。正是這些評價標準和行為規範，構成了馬克思主義意識形態的現實理想、追求目標和公理系統，政治鬥爭和文學實踐就應該被「組織」到這些標準和規範中，同時現實政治鬥爭和文學實踐還應當參照這些標準和規範進行標準化和組織化，一切與之不協調的東西，都屬於清除之列。正因為馬克思主義是真理和科學的化身，左翼文人知識分子是它的現實承載者，因此他們就具有了超越現實束縛的先天資質，他們不但希望在理論和邏輯上取得勝利，而且力爭他們所屬黨派和集團所代表的政治行動取得全面勝利。所以意識形態普遍性、合理性現實要求的具體行為就是，栽培廣泛的接受者和追隨者，將敵對者及其意識形態像成仿吾斷言的那樣，「打發他們去」。

這些雖然是理論總結，但是大凡讀過左派文章的人，我相信會有所共鳴。這裡我無需再做翔實的引證和考釋，來說明和分析他們的具體言行是多麼切合這種理論總結。僅舉一例。當年蘇汶，就對左派的那一套有切身的體會與感觸。他在《「第三種人」的出路——論作家的不自由並答覆易嘉先生》一文中，就將左派的具體言行概括為三種手段，「第一種手段是借革命來壓服人，處處擺出一副『朕即革命』的架子來。……他們在每一篇文章裏都要背出那『十八套』，這就是在暗示說，能夠背這『十八套』的人方才是『正確』的泉源，因此別人無論說得怎樣振振有詞都是『狗屁』了。你批評了他的一句話，他們不以為你是在只有在這一句話上和他們不同意，他們要說你是侮辱了革命，因為他們是代表革命的。於是，一切和他們不同意的話都可以還原到『反動』這個大罪名上去，使你無開口的餘地。……實際上，整個的革命都可能有錯誤。難道文藝的指導理論家們的話就一定百分之百地『正確』，而旁人的話就一定百分之百地『不正確』嗎？」；「第二種手段是有意曲解別人的話。……

譬如說，你講起一句藝術價值，他們便說你是藝術至上主義者。藝術至上主義者是『萬般皆下品，唯有藝術高』的觀念；而文學作者之講藝術價值，實在是和醫生之講醫學，律師之講法律一樣的，是他們的本行，這裡面決不是定要包含什麼『看不起藝術之外的其它一切東西』這種意味的。」；「第三種手段是因曲解別人而起的詭辯和武斷。……然而這種曲解，這種詭辯和武斷，都是可以容許的，因為他們是為革命，而且他們即是革命。」

蘇汶在羅列了左派的這三種手段之後，還是意猶未盡、憤憤不平：「我說作家不自由，易嘉先生又說：你們『儘管放膽去做作家好了。』好像這種不自由都是你們去自討出來的，他們左翼文壇並沒有來干涉。當然，在作家要動筆的時候，他們決不會來奪走你的筆；在作家要開口的時候，他們也決不會來掩住你的口。然而他們雖然這麼說，實際上他們是要來『肅清』的；即使不『肅清』，至少也要用正如易嘉先生所謂『毒死』，『悶死』或『餓死』你們這種種方法。譬如他們規定了一種創作的方式，他們便『不但自己這樣寫，並且還要號召一切人應當這樣寫，還要攻擊不這樣寫的人』。（這固然是我借用了史鐵兒先生的論普羅大眾文學的話來說，可是左翼文壇的態度，我敢相信向來就是這樣的。）在這種做清一色的形勢下，摸著筒子不要，摸著索子不要，甚至摸著發白都不要，你能說他真能夠讓你去自由地寫作嗎？」〔註34〕

蘇汶的話固然有些尖酸刻薄，但是從左派理論和實踐的邏輯思路來看，即使今天許多人也未必比蘇汶概括的準確。當然也切莫忘記，中共意識形態實踐的目的，就在於創造主體並使他們行動，將各種社會力量團結在新的世界觀之下，完成奪取政治領導權的最重要的準備工作。

〔註34〕蘇汶《「第三種人」的出路》，載 1932 年 10 月《現代》第 1 卷第 6 期。

第八章　理性的僭妄:意識形態與烏托邦

　　「生命誠可貴，愛情價更高；若爲自由故，二者皆可拋。」這是「左聯」乃至中國現代史上最優秀的革命詩人殷夫，用中國古典詩歌形式翻譯的匈牙利革命黨人裴多菲的一首名詩。儘管馮至等人曾經用更符合原詩的體裁形式翻譯此詩，但都不如殷夫的譯詩朗朗上口、傳唱久遠（從翻譯角度來看孰優孰劣，我自然無權置喙）。殷譯用最能引起中國人心靈和情感共鳴的音律、節奏和意境，傳達出了幾千年飽受專制、獨裁蹂躪的中國人靈魂深處壓抑已久的吶喊，這或許是它歷久彌香的原因。更爲重要的是，它以詩歌藝術的魅力，吟唱出了對自由這一人類最隱秘天性的渴盼。

　　自由引導人民。自由是人類追求眞善美境界的最崇高的旗幟，人需要信仰與存在的自由，更需要自由的信仰和存在。但人類又無法消除通往自由入口之前的黑暗。盧梭在《社會契約論》第一卷就強調:「人是生而自由的，但卻無往不在枷鎖之中。自以爲是其他一切的主人的人，反而比其他一切更是奴隸。」〔註1〕人類的文明史才短短幾千年，然而就在這「宇宙之須臾，滄海之一粟」的歷史中，人類用創造文明的雙手，製造了多少骯髒苦難、血雨腥風。爲了麵包、私欲、理想等等，人們將自由的需求讓渡給權威、讓渡給領袖，以祈求上蒼的恩賜。然而，「自由，多少罪惡假汝之名」，當大地上的精靈們率領人群造反，以革命的名義砸碎舊世界，在人間仿造天國的聖殿時，往往又將沉重的鎖鏈套在自由的高貴頭顱上，「本來，人寄期望於革命，渴慕革命把人從國家、強權、貴族、布爾喬亞的統治下解放出來，從虛幻的聖物

─────────────────

〔註1〕盧梭《社會契約論》，商務印書館 2003 年版，第 4 頁。

和偶像下解放出來，從一切奴役下解放出來，但是不幸得很，新的偶像、聖物和暴君不斷地被造出來，他們不斷地奴役著人。」〔註2〕

文學，本是人類自由歌哭與吟唱的精神領地。在這方聖土上，人們寄託著太多的情與思、愛與恨、生與死，人們憑藉自由的力量，發洩著欲望和情感，塑造著意志和理念，鞭撻著假醜惡，謳歌著真善美。人們在文學的祭壇上追尋著靈魂和存在的自由。然而，文學又是懦弱的，它往往因為依附於肉體、物質和其它名目，受到依附物的誘惑而迷失自我，更可能因為沉醉於美麗的幻想而喪失本性。在滾滾紅塵的追逐中，它往往以至善至美的幻象邁開自己的步伐，又往往以冷酷的鐵血事實終結自己自由的選擇。對於罪惡、醜陋、虛偽和殘忍，它自然嗤之以鼻。但是，它卻無法擺脫神聖、真理和美感的誘惑。當它將自由的權力讓渡給那些美好的許諾時，往往在歷史的宏大敘事中遭受奴役，在渺小和驚恐中垂下自己自由的頭顱。

當人構造了有關社會人生的種種神話時，也就如影隨形的產生了對這些神話的依附和迷戀。意識形態想像是人類迄今為止，創造出的最為重要的神話形式之一。作為人類理性精神最重要的思維結晶之一，它就像一面模糊的鏡子，往往將鏡象當作實象，將自己的性質與實象的性質混淆起來，統統賦予世界的實存。為了聽從神話的召喚，它不惜一切力量將涉足其中的一切精神形式統御起來，它不但自己依附於自己的創造物，也要求所有的統御物必須接受這個創造物的宰制。當文學能夠意識到這種宰制時，或許能夠與之保持距離。但是，當文學為它創造的神話熱血沸騰時，卻會不知不覺將自己的生命當作祭品奉上聖壇。更可怕的是，當你拼死反對它時，卻往往又陷入它的另一種形式的陷阱。它所有的具體形式，都貌離神合地貫穿著它生命的本質追求。在意識形態的想像面前，文學在劫難逃嗎？

一、文藝的自律性與意識形態的總體性

一般認為，意識形態是由各種各樣的具體的（如政治思想、法律思想、經濟思想、社會思想、教育思想、倫理道德、文學藝術、宗教、哲學等等）意識形式和樣態構成的有機的、系統的思想整體體系。從歷史唯物主義和辯證唯物主義視角考察，政治思想、法律思想、經濟思想等領域與社會生產方

〔註2〕別爾嘉耶夫《人的奴役與自由》，貴州人民出版社1994年版，第167頁。

式、經濟基礎關係最爲密切和直接；宗教和哲學等意識形式，是離社會生產方式和經濟基礎最遠的層次，儘管抽象、晦澀，然而卻是意識形態的靈魂和精神基礎。至於社會思想、教育思想、倫理道德、文學藝術等意識形式，與社會生產方式、經濟基礎關係雖遠且較爲曲折，但對人們的日常生活影響卻很大，是意識形態總體的中間層次。值得注意的是，在這種知識分類和邏輯劃分上文學藝術儘管隸屬於意識形態，但是它是以自己獨特的運作方式和功能與其它意識形態形式區別開來，以自己獨特的存在形式從意識形態總體中脫穎而出獲得了獨立的自我言說權力。它作爲社會意識的一個獨立的子系統，作爲「虛構文本」的創造與生產、傳播與接受、分配與評價的過程，其自主性在於以其它意識形態形式所不具有的特殊審美內涵，達到自己存在的目的和意義。因此，文學藝術一經從人類總體意識中獨立出來，與意識形態總體形式及其它具體意識形式，就不再是支配被支配、決定被決定的關係。

　　文學藝術內容和形式的演化，首先是服從自身的規律和本質要求。這體現在它的審美價值的展現上。文學藝術的獨立性，首先在於以審美的方式滿足人類諸如愉悅等方面的精神需求，在於對人類意識和精神能力的擴展和提高。簡而言之，就是人類通過文學藝術這種精神形式，獲得意識與心靈的延伸、淨化和昇華。而它的實現方式，是意識形態總體形式以及其它意識形式所不能承載和代替的。文學藝術也正是通過自己獨特的實現方式與其它精神形式區別開來，達到自己獨立存在的本質確證。否則，它就失去了自我，成爲意識形態總體形式以及其它意識形式的奴隸，也就喪失了存在的合理性和合法性，就會像黑格爾所說的意味著自身生命的終結。之所以強調文學藝術獨立存在的理由，並不意味著文學藝術是完全獨立自足和封閉的系統，恰恰相反，文學藝術產生的母體是社會生活，它的生命之源促使它以積極的態勢與生存境遇發生互動聯繫。它的存在和演化形式，與意識形態總體形式以及其它意識形式，在生存規律和邏輯上有某種相似性，並且相互影響和滲透。但是這種相似性、影響和滲透，既非支配、被支配關係，又非從屬、被從屬關係。相對於意識形態總體形式而言，文學藝術是一個亞系統，儘管它存在於意識諸種形態的互聯關係網中，但是它必須首先遵循自身的演化規律和邏輯，遵循自身發展的原動力要求成爲獨立的意識形式，才能與其它意識形式發生互動關係。它必須用自身的話語系統進行言說。唯有在此基礎上，它才能以獨立的身份與社會意識形態總體形式以及其它意識形態具體形式，發生

對話關係。從與意識形態總體形式以及其它意識形態具體形式的互動關係來看，它是半自律性的，但是從它存在的合理性、合法性理由來看，它擁有任何人都必須尊重的自律性。正是在這個意義上，必須首先承認和尊重文學藝術的自律性，才能保證它作爲一種人類意識和精神形式的獨立性，才能使它不泯滅自我、成爲附屬物。也只有在這個認識基礎上，談論它的半自律性或者它的社會作用和功能，才有可能和必要，也才有價值和意義。必須堅持這樣一個觀點，文學藝術作爲人類精神的獨立存在物和獨特的具體展現形式，自律性是它存在的標誌，是第一性的命題，半自律性或者說作用和功能是第二性的命題。不堅持文學藝術自律性這個第一命題，文學藝術的其它特點、作用和功能就無從談起。道理很簡單：皮之不存、毛將焉附？

中國左翼文學運動在意識形態方面所犯的最大的和最致命的錯誤，就在於嚴重顛倒了第一性命題和第二性命題的關係：極力強調文學藝術在實現意識形態總體目標過程中的社會作用和功能，有意無意的忽略文學藝術更爲本質性的存在要求，以意識形態的總體性要求壓抑了文學的自律性要求，使其獨立性、主體性和創造性的存在形式，簡單地、赤裸裸地退化爲意識形態的附屬物和奴隸。20世紀30年代中期，埃德加·斯諾和海倫·福斯特夫婦編選《活的中國》，向國外介紹現代中國文學。海倫·福斯特以研究現代中國文學藝術權威身份，寫了《現代中國文學運動》，論述當時文藝發展概況。其中這樣評價左翼文學：「從1927年到1932年這個期間，左翼文學有意地輕視『藝術性』，它關心的幾乎完全是宣傳、理論分析和報刊文章，其影響很大，儘管作品的藝術生命短暫。」〔註3〕的確，輕視文學作品的藝術性，將藝術性置於文學創造活動的次要位置，或者說將文藝的第一性要求附屬於第二性的社會作用和功能，是整個左翼文學運動最爲明顯的追求之一。這一傾向在左翼文學運動前期，表現尤爲突出。當時，左翼文人知識分子首先是以革命者和黨派戰士的身份要求，賦予文學藝術以崇高的社會使命，高度強調文學第二性的作用和功能：「無產階級藝術，是有爲無產階級的宣傳煽動的效果。宣傳煽動的效果愈大，那麼這無產階級藝術價值亦愈高。無產階級底藝術決不像有產階級底藝術般底看起來是有趣味的東西，它是給人們底意欲以衝動，叫人們從生活的認識到實踐行動革命去。」〔註4〕「我們的藝術是階級解放的一種

〔註 3〕尼姆·威爾士《現代中國文學運動》，載《新文學史料》1978 年第 1 輯。
〔註 4〕忻啓介《無產階級藝術論》，載 1928 年 5 月 1 日《流沙》半月刊第 4 期。

武器，又是新人生觀新宇宙觀的具體的立法者及司法官。革命的整個的成功，要求組織新社會的感情的我們的藝術的完成。」〔註5〕「無產階級的文學是：為完成他主體階級的歷史的使命，不是以觀照的——表現的態度，而以無產階級的階級意識，產生出來的一種鬥爭的文學。」〔註6〕類似這樣規定文學藝術的屬性和功能，在那時似乎是左翼文人知識分子的「共識」，而且其話語基礎是完全建立在意識形態支配欲衝動之上的。

　　例如郭沫若在1930年對「五四」新文學運動的重新解釋。他認為文學革命「第一義是意識的革命」，「第二義才是形式的革命」，並進一步強調：「古人說『文以載道』，在文學革命的當時雖曾盡力加以抨擊，其實這個公式倒是一點也不錯的。『道』就是時代的社會意識。在封建時代的社會意識是綱常倫理，所以那時的文所載的道便是忠孝節義的謳歌。近世資本制度時代的社會意識是尊重天賦人權，鼓勵自由競爭，所以這時候的文便不能不來載這個自由平等的新道。這個道和封建社會的道是根本對立的，所以在這兒便不能不來一個劃時期的文學革命。」〔註7〕照此邏輯推論，無產階級革命時代的『道』就是無產階級的意識，此時文學藝術自然要謳歌最先進的無產階級意識形態，因為它是和資本制度時代的社會意識是根本對立的，文學藝術自然要從文學革命的時代轉換到革命文學的時代，自然要載無產階級的「道」：「在革命進展的過程中，意德沃羅基的戰野是很重要的。我們要一方面打破舊意識形態在群眾中的勢力，他方面，我們要鼓勵群眾維持他們對於新的時代的信仰。」〔註8〕正是這種堅信文學藝術促進社會革命進程之偉力作用的浪漫想像，將中國自古以來文學乃「經國之大業、不朽之盛事」的思想傳統推向了現代巔峰。在古代文人知識分子眼中，詩詞歌賦既可作為兼濟天下的敲門磚，又可作為獨善其身的把玩品，既可感歎蒼生，又可吟詠性情，是文人知識分子在進退廟堂——江湖之間所保有的一塊精神領地。如果說文學藝術在古典觀念世界中尚具有一分獨立的資格，那麼在現代革命的觀念世界中，這種獨

〔註5〕乃超《怎樣地克服藝術的危機》，載1928年9月10日《創造月刊》第2卷第2期。

〔註6〕李初梨《怎樣地建設革命文學》，載1928年2月15日《文化批判》第2號。

〔註7〕郭沫若《文學革命之回顧》，載《沫若文集》第10卷，人民文學出版社1957年版。

〔註8〕《讀者的回聲‧普羅列搭利亞特意識的問題》，載1928年3月《文化批判》第3號。

立的品性在革命倫理道德的莊嚴審視之下，只能泯然缺席。一個文人知識分子要麼選擇資產階級的「道」、要麼選擇無產階級的「道」，選擇資產階級的「道」，自然要被歷史的進步浪潮所打翻，選擇無產階級的「道」，意味著在道義上要必須服從歷史進步潮流的要求。從左翼文學運動（可以追溯到五四時代、乃至晚清時代）以來的 20 世紀，文學藝術的身價達到了它夢寐以求但是從來沒有達到過的歷史巔峰，真正變成了經世治國的方略、政治鬥爭的晴雨表，文學藝術也從來沒有像在 20 世紀那樣成為社會政治鬥爭的弄潮兒。人們為它在世間的輝煌而激動萬分，但是沒有想到，當文人知識分子們自覺不自覺地將文學藝術推向顯赫的革命舞臺時，卻再也沒有力量控制它的命運，只能隨歷史風雲的翻卷而顛沛流離。因為文學藝術將自身奉獻給歷史和革命祭壇的那一刻起，就已經確定了自己的社會身份：犧牲！

如果說左翼激進派沒有看到或完全否認文學藝術的自律性，這或許是不客觀的。當年成仿吾在《全部的批判之必要——如何才能轉換方向的考察》一文中就談到：「文學變革的過程應由意識形態與表現方法兩方面聯合說明。……但是除了這種文藝＝意識形態的批判之外，我們也要顧到文藝的特殊性——表現手段與表現樣式等；這些當然也是社會的關係，所以也是物質的生產力所決定的，不過在一定的範圍內它們是由自己的發展的法則的。」然而「項莊舞劍，意在沛公」，像絕大部分左翼激進文人知識分子一樣，成仿吾的話語邏輯在於最終說明：「批判指出一種文藝的必然的發展與必然的沒落，並且闡明它的內在特質。由這種批判的努力的結果，我們可以把握它的歷史的必然的發展，認識它的必然性；我們可以自由地走向我們的目的（『必然』向『自由』的辯證法的轉換）。由這種努力，文藝可以脫離『自然生長』的發展樣式而有意識地——革命。」〔註9〕可是，以革命的「目的意識」為坐標，讓文學藝術脫離「自然生長」的狀態，只能導致急功近利的拔苗助長。甘人對激進派的這種作派早就冷嘲熱諷說：「他們竟可以從自悲自歎的浪漫詩人一躍而成了革命家，昨天還在表現自己，今天就寫第四階級的文學，他們的態度也未嘗不誠懇，但是他們的識見太高，理論太多，往往在事前已經定下了文藝應走的方向，與應負的使命。」〔註10〕這種不顧文學藝術生產的實

〔註9〕 成仿吾《全部的批判之必要》，載 1928 年 3 月 1 日《創造月刊》第 1 卷第 10 期。

〔註10〕甘人《中國新文藝的將來與其自己的認識》，載 1927 年 11 月《北新》第 2 卷第 1 期。

際狀態和生長規律，以「目的意識」規範和強制文學藝術的生成走向，其最終結果只能使文學藝術喪失主體性和自律性，成為「目的意識」的奴隸，就像胡秋原所說的是藝術之否定：「一將這目的意識應用到藝術作品上，遂成為『政治暴露』及『進軍喇叭』之理論，遂至抹殺藝術之條件及機能，事實上達到藝術之否定。……而這『目的意識論』一反映到具體的作品活動之上，即為單純的概念的政論要素所充滿，表現為觀念的作品了。換言之，『目的意識』者，就是作品上露骨的政治口號乃至政論底結論之意，極模糊的政治理論之機械底適用之意。」〔註11〕

　　胡秋原所沒有注意到的是，這種將文學藝術的社會作用和功能置於最高位置的價值系統，不但不是「極模糊的政治理論」之適用，反而是一整套綱領清晰、目的明確、論證嚴密且極富道義力量的意識形態理論，是它在內容和形式等所有方面實現統攝力的必然邏輯實踐後果。別爾嘉耶夫在反思和解析俄國社會主義革命時，就已經看到：「革命拋棄了壓抑人的個性的社會，但它又以自己的新的『普遍性』、以要求人完全服從自己的社會性來壓抑個性，這是一種革命的社會主義和無神論思想發展中致命的辯證法。」〔註12〕意識形態作為社會進步途中最為理性化的革命想像，以推翻壓抑人性的舊世界為己任，但是它同樣要求以自己預設的理想藍圖的普遍性和總體性，來召喚和規範所有加入到革命行列中的人與物。以新的幻想取代舊的幻想，要麼反對革命、成為的革命的敵人，要麼成為革命人、服從革命的需要。革命的意識形態在實現理想的途中，同樣存在致命和自我解構的辯證法。

　　意識形態作為各種意識的總和，往往不是以獨立的姿態和身份進入實踐領域，而是將自己的理論架構和總體目標貫穿、滲透到各種具體的意識形式中，通過各種具體意識形式的言說影響和作用於人們的生活世界。在各種具體意識形式中，政治是意識形態最能體現自己意志的領域，「在政治演變中，最重大的事件之一是接連創造了許多新的道德實體，如正義、自由和權利等理想」〔註13〕，意識形態為政治提供堅實的意義架構和思想基礎，政治為意識形態想像的實現提供強有力的實踐保證。意識形態與政治具有最強的親和

〔註11〕　胡秋原《錢杏邨理論之清算與民族文學理論之批評》，載1932年1月《讀書雜志》第2卷第1期。
〔註12〕　別爾嘉耶夫《俄羅斯思想的宗教闡釋》，東方出版社1998年版，第40頁。
〔註13〕　格雷厄姆‧沃拉斯《政治中的人性》，商務印書館1995年版，第46頁。

力，以至於二者在現實實踐中極難分清彼此，所以人們通常稱之爲政治意識形態。政治意識形態一旦成形，不僅繼承了意識形態固有的理論強制力，而且又將具體政治目標的實現與否，作爲一個重要的衡量標準。這樣，政治意識形態就開始以理論和實踐的雙重保證力量，在人們的所有精神領域進行擴張，文學藝術領域自然是它的重點試驗區。

當然，不能否認文學藝術可能具有的意識形態色彩。但是必須清楚，意識形態在文學藝術領域的滲透和擴張，或者說文學藝術對意識形態的展現，並非是一個直接的過程，而是一個曲折的轉化過程。這一轉化過程需要通過諸如人的性格結構、心理結構、情感結構、經驗結構、意識和無意識結構等等一定形式的中介物進行。左翼激進派一味強調用文學藝術來幫助革命之成功、強調文學藝術的能動性，卻恰恰忽略和迴避了這種能動性實現的中介環節。然而正是這些中介環節的運作和實現過程，爲文學藝術的創造性實踐提供了廣闊的生長空間。

對於這一問題，左派內部曾經發生過重大的爭論，像「標語口號」問題、「文藝宣傳」問題、「留聲機」問題等等。也正是在諸如此類的這些問題上，魯迅、茅盾等人和激進派發生了重大分歧。正如魯迅當年所說的「但我以爲一切文藝固是宣傳，而一切宣傳卻並非全是文藝，這正如一切花皆有顏色（我將白也算作色），而凡顏色未必都是花一樣。革命之所以於口號，標語，布告，電報，教科書……之外，要用文藝者，就因爲它是文藝」〔註14〕，魯迅、茅盾等人深諳文藝創作之個中三昧，不過是在承認文藝的意識形態功能前提下，爲文藝創作爭取獨立的、更富活力的言說空間。然而這一涉及文藝創作生命力的問題，卻被激進派視爲無產階級文學運動一個必然經歷的階段，「在無產階級運動的初期，作家由於技巧修養的缺乏，只把核心的意義寫了出來，只把要求的籠統具體的寫了出來，多少免不了帶著濃重的口號標語彩色的技巧幼稚的作品，遂被他們目爲『口號標語文學』」，但「這種標語口號集合體的創作正是普羅『新文學的奠基石』」，這種現象「是向上的過程，是歷史的必然的過程」〔註15〕。在激進派眼中，這些問題不過是技術問題、附屬問題、甚至是可以忽略不計的問題，根本無法與文藝的意識形態本質相提並論。

但是，激進派不屑一顧的意識形態與文學藝術發生關係的中間地帶，正

〔註14〕魯迅《文藝與革命》，載 1928 年 4 月 16 日《語絲》第 4 卷第 16 期。
〔註15〕錢杏邨《幻滅動搖的時代推動論》，1929 年 4 月 21 日《海風周報》。

是文學藝術作爲自律性的精神形式，與外部世界發生聯繫、迸發出生命火花的創造領域。也正是在這個領域，文學藝術才能以獨立的、自足的話語言說方式實現自己的社會功能和作用，才能在確保第一性命題實現的基礎上致力於第二性命題的實現。正如當年胡秋原在反駁左派意識形態霸權時所看到的那樣，「藝術底武器，本來是通過心理及借助於形象來表現的，只是一種間接的補助的觀念的武器」，「爲精神文化形態之一的藝術，固然可以影響下層建築，然而這影響是有條件有限度的。藝術之社會機能只在他作爲階級心理意識形態之傳達手段，組織手段，與教育手段中」，「唯物辯證法武裝了階級的知識，而光杆的階級論卻足以阻礙文學之完全認識」，「研究意識形態固不可忽略階級性，然而亦不可將階級性之反映看成簡單之公式，不可忽略階級性因種種複雜階級心理之錯綜的推動，由社會傳統及他國他階級文化傳統之影響，通過種種三棱鏡和媒體而發生曲折」〔註 16〕。忽視意識形態與文學藝術之間這個最爲重要的中間地帶，或者認爲隨著意識形態的勝利文學藝術也隨之大放異彩，不啻於無知和愚昧。正如文學藝術體現意識形態的能力有限，意識形態滲透和干涉文學藝術的程度也應該是有限的，「從政治立場來指導文學，是未必能幫助文學對眞實的把握的；反之，如果這指導而帶干涉的意味，那麼往往會消滅文學的眞實性，或甚至會使它陷入『奉天承運，皇帝詔曰』式的文學的覆轍」〔註 17〕。如果文學藝術陷入「奉天承運，皇帝詔曰」的模式，那就只能是意識形態的複製品、政治的傳聲筒。而這正是馬克思主義創始人所極力批判和反對的。

　　左派意識形態話語的失當之處在於，把相對性的意識形態論述的無產階級價值理念，視爲歷史絕對的普遍性訴求，並以此爲前提貫穿、滲透到所有領域和人群之中，把這些領域內部的所有問題都置於它的總體要求和制約之下。以文學藝術爲例，就是用意識形態的話語要求，取代文學藝術自然生長的要求，將文學藝術的價值追求置於意識形態的監控之下。所有文學藝術自身維度的命題都化約爲意識形態分析，所有的分歧都變成你死我活的意識形態之爭，所有強調文學藝術自律性的觀點，都可能被視爲「以一面在藝術的根本認識上，抹殺藝術的階級性，黨派性，抹殺藝術的積極作用和對於藝術的政治的優位性，來破壞普洛文學的能動性，革命性，一面以普洛文化否定

〔註 16〕　胡秋原《關於文藝之階級性》，載 1932 年《讀書月刊》第 3 卷第 5 期。
〔註 17〕　蘇汶《論文藝上的干涉主義》，載 1933 年《現代》第 2 卷第 1 期。

論作理論基礎，來根本否認普洛文學的存在，在意識形態領域的文學上解除普洛列塔利亞特的武裝」〔註18〕。這種曲解不但扼殺了文學藝術的自律性要求，實際上也窒息了文學藝術在社會作用和功能上所應當發揮的能動性。當年梁實秋就反覆申明：「純粹以文學為革命的工具，革命終結的時候，工具的效用也就截止。假如『革命的文學』解釋做以文學為革命的工具，那便是小看了文學的價值。革命運動本是暫時的變態的，以文學的性質而限於『革命的』，是不啻以文學的固定的永久的價值縮減至暫時的變態的程度。」〔註19〕且不論文學藝術是否具有固定的永久的價值，將文學藝術縮小為意識形態之一種、簡化為革命的工具，這本身就是馬、恩所痛心疾首的把馬克思主義意識形態當作公式來剪裁各種歷史事實的又一例證，結果只能是轉變為自己的對立物。

當時國民黨的御用文人毛一波就輕而易舉的抓住了「無產階級文學論的一個根本弱點」：「這無產階級文學論，完全是從馬克思主義的觀點出發，是一般列寧黨徒繆用馬克思主義的原理於各種學問的一個結果。正因為是這樣，所以他們的無產階級的文學論，是只抓住了一個文學之社會學的或革命意義上的解釋，而蔑視了文學本身，那文學之所以成長和存在的心理的因素。然而我們知道限於文學之社會的解釋是不夠的呵。」〔註20〕左派以政治意識形態的的絕對意志和機械想像，將文學藝術拽上革命的戰車，卻忘記了革命的戰車總是踏著橫飛的血肉滾滾前行。左派自以為賦予了文學藝術以前所未有的榮耀，殊不知「是在用盡平生氣力只舉起了一個空心的紙燈籠」〔註21〕，這不但會引導文學藝術走向終結，而且也是為意識形態想像自掘墳墓。其結果不是陷入實用主義的泥沼難以自拔，就是在虛無主義荒誕和極端的邊緣徘徊。

二、實用主義姿態與烏托邦想像

別爾嘉耶夫在 1933 年分析虛無主義與蘇俄革命關係時，就指出過：「共產主義的空頭理論家們沒有注意到建立在他們全部追求基礎上的一個根本矛

〔註18〕綺影《自由人文學理論檢討》，載 1932 年 12 月 15 日《文學月報》第 5、6 號合刊。
〔註19〕梁實秋《文學與革命》，載 1928 年 8 月 1 日《新月》第 1 卷第 4 期。
〔註20〕毛一波《關於現代的中國文學》，載 1928 年 8 月 1 日《現代文化》創刊號。
〔註21〕蘇汶《「第三種人」的出路》，載 1932 年 10 月《現代》第 1 卷第 6 期。

盾。他們希望解放個性。他們宣佈，爲了這一解放起來反對所有宗教信仰、全部規範、全部抽象的思想。以解放個性的名義推翻了宗教、哲學、藝術、道德，否定精神和精神生活。但正是這樣卻壓抑了個性，剝奪了其實質內容，抽空了其內心生活，否定了創造和精神豐富性的個性權力。」〔註22〕當別爾嘉耶夫正在思索和抨擊這一革命現象的惡果的時候，蘇俄革命的中國兄弟們，卻在自己的土地上如火如荼的進行著同一現象的演練。絕大部分左翼文人知識分子都陷入了「革命與文學」（或者說是意識形態與文學）關係框架的想像性重新建構中。其中激進派最爲執著和癡迷。

　　革命與文學（政治與文學，或者意識形態與文學），之所以成爲困擾 20 世紀文人知識分子特別是左派的命題，或者說是二律背反式的世界性命題，與共產主義運動的興衰有著極爲密切的直接關聯。人類歷史上還沒有一種學說和主義，像馬克思主義學說那樣，讓信仰之舟載著人類未來大同世界的夢想，在浩渺無涯的實踐海洋中掀起狂風巨瀾，駛往永無盡頭的的歷史彼岸。人類歷史上也還沒有哪一個階級、政黨和集團，像無產階級及其政黨集團那樣，以神聖的未來召喚文學藝術踏入革命的洪流，以鐵血律令召喚文學藝術成爲革命的吹鼓手。任何一種主義、一種學說、一種信仰，如果企圖從想像領域跨入實踐領域，如果企圖將對歷史和未來的設計變爲可見的社會實存，必然在預設宏偉遠景藍圖的同時制定具體的行動綱領、手段和目標，以未來和現實的雙重誘惑招募信徒和追隨者，使之獻身於創世神話般的革命浪潮中。或者說它必須以終極價值意義和現實利益要求的雙重支撐，來展示自己的永恒性和眞實性，來滿足人類的未來暢想和現世欲望。

　　一位研究者曾這樣引述弗萊對神話原型和意識形態關係的看法：「任何一種意識形態一開始總是提供在自己看來是恰當的傳統神話形式，然後才將其應用於形成和加強社會契約。由此，意識形態是一種經過應用的神話，而且它對神話的改編，就是我們在處於一個意識形態結構內部是必須相信或聲稱我們相信的神話。」並且這位學者進一步引申說：「馬克思主義首先是眞正的神話或想像性敘述的表達——一種人類自由的現代神話——然後才成爲一門科學理論或一個與政治集團或社會相聯繫的占統治地位的信仰體系。」〔註23〕

〔註22〕別爾嘉耶夫《俄羅斯思想的宗教闡釋》，東方出版社 1998 年版，第 53～54 頁。
〔註23〕袞·阿丹姆森《弗萊與意識形態》，載《弗萊研究：中國與西方》，中國社會
　　　　科學出版社 1996 年版。

的確，惟有高懸終極理想，才能使人保持追逐烏托邦想像的熱忱和永久動力；惟有立足現世關懷，才能使人以實用主義姿態將信仰轉化為現實實踐。馬克思主義既是人類創世神話的集大成者，又是滿足人類現世欲望的言說法理，並且在二者之間建構了一座繽紛眩目的彩虹橋。

共產主義之所以在 20 世紀從空想變為科學，從學說變為革命實踐綱領，單單是它對人類自由王國的浪漫想像和對塵世社會人生的深切關懷，就足以激發起人們「為有犧牲多壯志，敢叫日月換新天」的豪邁情懷，激勵人們將矗立於世界彼岸的自由王國搬演到人間大地之上。但是，意識形態的狂熱想像，終究敵不過歷史規律的冷酷無情，後革命時代絕非「到處鶯歌燕舞」。歷經革命的壯懷激烈和革命終結之後的歲月，顧準這位沒有在意識形態狂熱想像面前屈服的思想家回答說：「革命的目的，是要在地上建立天國——建立一個沒有異化、沒有矛盾的社會。我對這個問題琢磨了很久，我的結論是，地上不可能建立天國，天國是徹底的幻想；矛盾永遠存在。所以沒有什麼終極目的，有的，只是進步。」〔註24〕

理解和接受顧準的答案並不困難，困難的是怎樣理解和接受那些永遠存在的矛盾，特別是曾經存在過的、已成為歷史精神資源的、並且依然影響和制約我們現世選擇和未來想像的那些矛盾。這與革命的烏托邦想像密切相關。烏托邦一詞的涵義來源於希臘文「無」和「場所」兩個詞彙，即無場所的事物。它因為托馬斯·莫爾的《烏托邦》一書而廣為流傳，兼有褒、貶雙重涵義。但是現在它的貶義已遠遠超過褒義。卡西爾在論及「事實與理想」關係時這樣認為：「一個烏托邦，並不是真實世界即現實的政治社會秩序的寫照，它並不存在於時間的一瞬或空間的一點上，而是一個『非在』（nowhere）。但是恰恰是這樣的一個非在概念，在近代世界的發展中經受了考驗並且證實了自己的力量。它表明，倫理思想的本性和特徵絕不是謙卑地接受『給予』。倫理世界絕不是被給予的，而且永遠在製造之中。……烏托邦的偉大使命就在於，它為可能性開拓了地盤以反對對當前現實事態的消極默認。」〔註25〕之所以說馬克思主義是烏托邦，就在於它的意識形態想像首先確立的，是一個具有絕對形而上學意味的理想社會目標和最高價值境界。馬克思在《1844年經濟學哲學手稿》中就強調：「這種共產主義，作為完成了的自然主義，等

〔註24〕《顧準文集》，貴州人民出版社 1994 年版，第 370 頁。
〔註25〕卡西爾《人論》，上海人民出版社 1985 年版，第 77～78 頁。

於人道主義，而作爲完成了的人道主義，等於自然主義，它是人和自然界之間、人和人之間的矛盾的眞正解決，是存在和本質、對象化和自我確證、自由和必然、個體和類之間的鬥爭的眞正解決。」〔註26〕因此，共產主義是人類歷史的自我完成，在經驗層面上表現爲人類歷史向這一理想社會目標和最高價值境界的不斷趨近。

馬克思主義對人類社會終極價值目標的預設，旨在以超驗的最高價值尺度引導人們不斷實現自我超越，「一切有生命的事物都趨向於越過自身、超越自身。一旦它不再這樣做，一旦它爲了內部或外部的安全而爲自身所束縛，一旦它不再尋求親身經歷生命的試驗，它也就喪失了生命。生命只有敢於自我冒險、自我拚搏、自擔風險地盡可能超越自身時，它才贏得生命。這一普遍原則，存在本身的這一普遍的根本法則或本體結構，即生命在力求保存自身的同時又超越自身，生命在自身之中同時又力圖在它的超越過程中保護自身，也是對烏托邦適用的一種結構、一個原則」〔註27〕，共產主義理想作爲懸浮在可能性和不可能性之間的烏托邦想像，其積極意義就在於使人不再屈從於現存的不合理秩序，打碎旨在維護現有不合理制度的鎖鏈，實現一定程度的自我超越。但是不容否認，這一至善至美境界，只能作爲一種崇高價值存在於理念邏輯世界之中，不可能在人類能力所及的現實經驗世界中完全表徵出來。

恩格斯在《共產黨宣言》的《1883年德文版序言》《1888年英文版序言》一再強調「《宣言》是一個歷史文件」，並一再強調實現《宣言》基本思想的事實尺度：「每一個歷史時代的經濟生產以及必然由此產生的社會結構，是該時代政治的和精神的歷史的基礎；因此（從原始土地公有制解體以來）全部歷史都是階級鬥爭的歷史，即社會發展各個階段上被剝削階級和剝削階級之間、被統治階級和統治階級之間鬥爭的歷史；而這個鬥爭現在已經達到這樣一個階段，即被剝削被壓迫的階級（無產階級），如果不同時使整個社會永遠擺脫剝削、壓迫和階級鬥爭，就不再能使自己從剝削它壓迫它的那個階級（資產階級）下解放出來。」〔註28〕請注意恩格斯所用的限定語：同時，永遠，不再能。然

〔註26〕　《1844年經濟學哲學手稿》，載《馬克思恩格斯全集》第42卷，人民出版社1979年版。

〔註27〕　保羅・蒂里希《政治期望》，四川人民出版社1989年版，第221頁。

〔註28〕　《共產黨宣言》，載《馬克思恩格斯選集》第1卷，人民出版社1972年版。

而，這在人類能力所及的經驗領域如何可能？馬、恩之後的馬克思主義意識形態，無視馬克思主義創始人理論構想中的歷史超驗性質的規定，一味強調社會生產力決定生產關係、經濟基礎決定上層建築，力圖通過揚棄私有財產、達到按需分配的社會制度的方式來消解超驗和經驗的永恆矛盾，恰恰是誤解了馬克思主義創始人預設烏托邦超驗想像的積極意義和現實價值。

事實上，正如「人創造了宗教，而不是宗教創造了人」一樣，烏托邦想像只不過是以彼岸世界的真理形象，表達人們擺脫現世困境的欲望。當人在烏托邦的想像世界尋找真實性和此岸性的時候，找到的不過是自己本身的反映。當人憧憬最浪漫主義的烏托邦時，所期待的不過是最現實主義的塵世欲望。在以往的歷史時代，人們建構了各種類型的烏托邦，期待著它降臨到現世。其實，烏托邦對於現世的積極意義在於，以自身蘊含著的生氣勃勃的動力，凝聚和增強人們的戰鬥精神力，打碎更為僵死、更為陳腐的觀念形態及現實對應物，激勵人們打碎不合理的為反動、落後階級服務的社會秩序。烏托邦的激情和狂熱，在達到巔峰狀態的時候，往往開始展現它的奴役力量。人可能意識不到自己真正和最終的目的，但是能夠將烏托邦的蠱惑化為實用主義的力量，從而獲得現實的勝利，不過這種勝利因為人的實用主義本能，卻不斷消解和腐蝕著烏托邦對人的積極意義。人不能不追求至善至美，不能不嚮往彼岸世界、世外桃源，但人所追求和所嚮往的烏托邦在美感眩暈中付諸實踐時，往往以完美、自由、合人性等幻象，重演人間歷史不曾間歇的真實悲劇。烏托邦激情和狂熱本來是指向無限的、理想的彼岸世界，但是實踐要求往往混淆理想與現實、有限與無限、此岸與彼岸的界限，卻又永遠匱乏二者相互轉換的對等條件。烏托邦的天性在於追求觀念和事物的無限性，但實踐力量又使它委身於自己的對立面——有限性本身。當人們以為無限的、理想的彼岸世界能夠駐足於塵世的時候，人的實用主義天性就開始承擔起攫取的要求。此時，烏托邦思想和信念就要求轉化為實際的政治行動，人們的政治權力欲望膨脹，以各種手段攫取實際的政治權力，就像古往今來一切宗教戰爭打著聖戰的旗號一樣，人們自以為是為全人類的解放而奮鬥。烏托邦理想假定社會絕對和諧自由，所以保持信仰和實踐純潔性的唯一辦法是讓所有人都有同樣的看法，因此當烏托邦狂熱轉化為實用主義的佔有欲之後，獨裁、專制就可以名正言順的打著理想的旗幟發號施令，並且自視為社會進步、歷史真理和全人類利益的代言人。

　　孰不知這種自封革命資格的合理性合法性依據，不過是建立在主體人的自我想像和自我建構基礎上。別爾嘉耶夫就對這種「革命創造新人」的自我言說倍感焦慮：「馬克思在青年時的論著中曾說，勞工不具有人的高質，他們是更加非人性、更加喪失人的本性的生存。但後來，在馬克思主義的歷史中卻產出關於無產階級的神話，其影響甚大。這種彌賽亞論認爲，勞工群眾比有產者群眾更優秀，更少墮落，更贏得同情。其實，勞工也一樣被依賴感、仇恨和嫉妒所支配，一旦勝利，他們也會成爲壓迫者、剝削者。這在人類歷史上已一再重演，甚至人類歷史就是這麼一齣荒誕劇，即富人盤剝窮人，爾後，窮人去殺富人。……馬克思的無產階級缺乏經驗的眞實，僅是知識分子構想的一項觀念和神話而已。就經驗眞實來說，無產者彼此就有差異，又可以類分，而無產者自身並不具有圓滿的人性。」〔註 29〕事實的確如此。無產階級在倫理道德本性（或人性）上並不具有優位性，所具有的革命正當性的唯一理由，就是他們是被剝削者、被壓迫者和犧牲品。弗洛伊德在《文明及其不滿》中就認爲，財產性質的改變並不能改變人的本能，「侵犯性並不是由財產創造出來的」，他強調說：「在我看來，人類所面臨的嚴峻問題是，是否和在什麼程度上人類的文化發展將會成功地控制由侵犯和自我破壞的本能所引起的對他們共同生活的擾亂。」〔註 30〕所以就人之本性而言，革命的資格和權力的有無，往往取決於一個人在現實社會所遭受壓抑的程度和對理想狀態的渴望強度，革命的正當理由，在於一個人心靈和肉體所遭受的非人道的奴役。正如許多革命領袖和積極分子是背叛了所從屬的反動階級，許多反動階級的爪牙和打手正是出身於流氓無產階級。

　　那麼，誰才有資格成爲革命的代言人和烏托邦理想的實現者呢？問題又回到了當年左翼激進派的論調上：不管他是第幾階級的人，只要具有了革命動機，就可以參加到無產階級革命運動中，而所謂革命動機的有無，取決於是否掌握了無產階級的革命意識形態。革命的起源問題，最終落腳於人的意識形態想像，革命的進程也在最浪漫的烏托邦理想和最實用的政治行動中搖擺。烏托邦想像在理想狀態的映襯下，往往使革命者專注於那些否定不合理現實的因素，製造和呼喚那些摧毀和改變陳腐現狀的力量。一旦遇到現實的巨大阻力，烏托邦想像就開始轉化爲意識形態專政，以實

〔註 29〕別爾嘉耶夫《人的奴役與自由》，貴州人民出版社 1994 年版，第 187 頁。
〔註 30〕轉引自俞吾金《意識形態論》，上海人民出版社 1993 年版，第 197～199 頁。

用主義姿態背叛自己理想的方式。或者說，意識形態為了實現自己的現實使命，不但向自身提出挑戰，而且往往違背烏托邦的理想主義指向。意識形態想像從烏托邦理想滑入實用主義泥潭，並不以自身的意志為轉移。拉薩爾就非常清楚革命的歷史悖論：「革命的力量是在於革命的狂熱，在於觀念對自己本身的強力和無限性的這種直接信賴。但是狂熱──作為對觀念的全能的直接的確信──首先是抽象地忽視有限的實行手段和現實的錯綜複雜的困難。」〔註 31〕但是這並沒有使他在創作《弗蘭茨·馮·濟金根》時避免這一矛盾。馬克思批評他「最大的缺點就是席勒式地把個人變成時代精神的單純的傳聲筒」〔註 32〕，恩格斯也認為「不應該為了觀念的東西而忘掉現實主義的東西，為了席勒而忘掉莎士比亞」〔註 33〕。馬、恩都一再強調，只有將較大的思想深度和意識到的歷史內容同文學藝術自身的豐富性、生動性完美融合起來，才是文學藝術的未來。但是革命實踐不但沒有彌合意識形態想像與文學藝術創作之間的矛盾，反而一而再、再而三地重新演示這一難題。不用說，中國左翼文學運動對於文學藝術服從於革命想像的要求，就在於對意識形態觀念無限力量的信賴，就在於將文學藝術與意識形態的錯綜複雜關係簡化為傳聲筒模式。

如果說拉薩爾清楚地意識到這一矛盾，尚無法避免在創作中落入意識形態觀念的陷阱，那麼中國左翼文人知識分子特別是激進派，不但意識不到這一問題的致命之處，反而有意識地強化意識形態觀念對文學藝術創作的束縛，其結果是可想而知的。抽象的意識形態性總是貧乏的、枯燥的和無詩意的，不可能直接轉化為活生生的文學藝術生命，正如盧卡契所看到，左派或許出於善良的意圖，想使文學藝術迅速服務於一個才規定不久的目標，但是一方面過低估計了革命者靈魂深處舊的殘餘，另一方面又過高地估計了觀念的力量，從而在實質上歪曲了意識形態想像與文學藝術的真實關係，「人的思維是否具有客觀的真理性，這並不是一個理論的問題，而是一個實踐的問題。人應該在實踐中證明自己思維的真理性，即自己思維的現實性和力量，

〔註 31〕 《拉薩爾附在 1859 年 3 月 6 日的信中關於悲劇觀念的手稿》，載《馬克思恩格斯論藝術》第 1 卷，中國社會科學出版社 1982 年版。

〔註 32〕 《馬克思致斐·拉薩爾，1859 年 4 月 9 日》，載《馬克思恩格斯論藝術》第 1卷，中國社會科學出版社 1982 年版。

〔註 33〕 《恩格斯致斐·拉薩爾，1859 年 5 月 18 日》，載《馬克思恩格斯論藝術》第 1 卷，中國社會科學出版社 1982 年版。

亦即自己思維的此岸性。」〔註34〕盧卡契在闡釋文學的遠景問題時就強調，文學的公式主義等弊端存在的根源，就在於不正確的塑造遠景和表現遠景，「馬克思說，真正地向前邁了一步比任何一個措辭漂亮的綱領都要有意義。文學也唯有這樣才能有意義，有非常大的意義，要是它能夠通過形象把這一步表現出來的話。如果在我們的文學中只是把一種綱領性的要求表現為現實──這是我們的遠景和現實問題──，那麼我們就完全忽視了文學的現實任務。」〔註35〕然而當左派將意識形態想像與文學藝術的關係，確立為真理和真理的形象表達之後，卻完全拋棄了重新接受實踐檢驗的可能。它愈來愈要求把它對文學藝術與意識形態關係的解釋作為一種特權和一種慣例。當年胡秋原對此就極為反感：「左翼批評家盡可站在馬克斯主義觀點，分析他們的作品，但是，作家（自然要真正算得一個作家）有表現他的情思之自由，而批評家不當拿一個法典去限制他們。……文學上階級性之流露，常是通過極複雜的階級心理，社會心理，並在其中發生『屈折』的。……因為一個藝術家，他沒有銳利的眼光，觀察生動的現實，只有做政治的留聲機的本領，就是刀鋸在前我也要說他是一個比較低能的藝術家。……要知道高爾基等之所以偉大，在他是革命的春燕，不是革命的鸚鵡啊。……階級性檢定所所長舒月先生判定我是『小資產階級』，這判決，我並不抗議。但即在蘇聯，恐怕也不禁止這一階級的存在。而除非社會組織根本改變了百年以上，這階級也不會絕跡的。尤其在中國，舒月先生和我，乃至其它革命家，恐怕誰也不能說是『百分之百』把握了無產階級的意識；那差異，恐怕也不過半斤八兩而已。……天天叫他人『克服』，而自己以為無須『克服』了這是最無希望的態度，而不是一個革命者所應有的。……不要以為自信是革命的階級的觀點，就什麼都完了。」〔註36〕

　　意識形態不過是一種思想描述形式，它的目的是使人的社會實踐變得有意識、有活力，為的是克服社會存在的衝突。它以直接的必然的方式從實踐中產生的同時，又必須時刻接受實踐的進一步驗證。忽視了這一點，意識形態異化就會在相當大的程度上泛濫於人的精神領域，進而侵蝕和奴役人的精

〔註34〕《關於費爾巴哈的提綱》，載《馬克思恩格斯選集》第 1 卷，人民出版社 1972年版。
〔註35〕《盧卡契文學論文集（一）》，中國社會科學出版社 1980 年版，第 459 頁。
〔註36〕胡秋原《浪費的爭論》，載 1932 年 12 月《現代》第 2 卷第 2 期。

神和生活世界。無視和簡化文學藝術自身結構和生產要求、誇大意識形態觀念的地位和作用的態度，不是淪為實用主義的急功近利，就是陷入以激進口號否定現存一切的烏托邦狂熱。這種狀態下的意識形態想像不可能成功地實現自己所設計的內容，雖然它們對於個人主觀行為來說常常是善意的動機，但在實際體現它們的實踐中，其含義卻經常被歪曲，並且往往變異為思想的專制和精神的獨裁。當年的韓侍桁就預言：「現今左翼文壇的橫暴，只是口頭上的橫暴，是多少伴著理論鬥爭的一種橫暴，若比起現統治階級對於左翼作家們的壓迫，禁錮與殺戮，還是有天淵之別的，因為他們現在沒有權力來禁錮與殺戮；一旦有了之後，是否怎樣，這也就難說了。」〔註 37〕不幸得很，歷史在幾十年後不但應驗了，其登峰造極只怕是韓侍桁們所無法想像的。更為不幸的是，當年那些熱血沸騰的激進戰士，最終也沒有逃脫他們曾經參與製造的那些宏大意識形態觀念的制裁。觀念不但背叛了自身，也背叛了它的創造者。

三、理性的僭妄與期待

葛蘭西曾經說過，知識分子是上層建築體系中的「公務員」，是統治集團的「代理人」〔註 38〕，其職能就是為一定的社會集團掌握和行使社會領導權提供知識、思想、道義的支持，以理性化的言說系統論證該社會集團統治的合法性、合理性。中國左翼文人知識分子在馬克思主義意識形態獲取和行使社會領導權過程中所起的作用是不言而喻的。沒有左翼十年間左派文人知識分子的鼓吹吶喊，很難想像馬克思主義意識形態會以風捲殘雲之勢迅速佔領中國人的精神世界。理解政治意識形態對中國社會發展的影響，不能不追溯到左翼文人知識分子那裡。通過對左翼文學思潮意識形態問題的梳理、考察、分析和批判，我們已經能夠清晰地看到，意識形態想像是如何以實現理想的方式背叛了自己，是如何以實用主義態度剝奪了自由的生存空間，是如何以悲劇事實扭曲了自己的初衷、蛻化為意識形態專政。事實上，意識形態專政在中國人的精神領域呈現整體性的泛濫態勢，文學藝術領域只不過是一個重災區。因為文學藝術是人的直覺世界、情感世界和精神世界的最直接、最鮮

〔註 37〕韓侍桁《論「第三種人」》，載《文學評論集》（侍桁著），上海現代書局 1934年版。

〔註 38〕葛蘭西《獄中札記》，中國社會科學出版社 2000 年版，第 7 頁。

活的表現形式，其敏感性和脆弱性使之在意識形態重負面前，愈發顯得不可承受和觸目驚心。

不能簡單地斥之爲謬誤就一了百了，也不能以左翼文人知識分子的致命錯誤來說明批判者自身的正確。假如我們生存在那樣一個「白色恐怖」的歷史語境中，假如我們每一個人都有良知和正義感，假如我們每一個人都要行使自己正當的社會使命，我們在歷史的風雲際會面前會如何抉擇？紅色恐怖固然無可忍受，但白色恐怖也令人憎惡。在光明與黑暗、正義與邪惡、眞理與謬誤的抉擇中，我們所作所爲的正當性、合理性或許還不如他們。不可否認，革命進程中有難以計數的投機家、陰謀家成爲時代英雄，在歷史舞臺上叱吒風雲、大顯身手，但是不可否認的是，和平年代的投機家、陰謀家更是如過江之鯽數不勝數。革命的謬誤與罪惡只不過是在革命聖潔的光環映襯下愈發引人矚目。革命的消極意義在於打開了潘多拉的盒子，讓人們在狂熱中自相殘殺。革命的積極意義在於它代表著人類追求至善至美的烏托邦精神的永不衰竭。因革命的消極影響而全盤否定革命，與無限誇大革命的積極影響而無視血的代價，同樣都是不可取的。告別革命，告別的應當是革命的異化形式，而不是那些鼓舞人追求超越的生命動力。問題的關鍵在於價值判斷上的「反左防右」。這種權利不能只屬於政治家和政治行爲。我們更應當追尋事件背後更爲深層的那些人類共有的精神因素，不然的話，「殺了我一個，還有後來人」，歷史還將持續不斷地反覆演繹著同一齣悲劇，同樣高舉著「光芒四射」的旗幟。

眾所周知，在 20 世紀的中國，思想、知識和文化界逐漸擺脫傳統的話語思想資源，運用西方啓蒙運動以來的精神文化資源，來論證社會制度、社會生活、價值追求的正當性與合理性。從整體上來看，20 世紀是人類社會追求現代化的時代。人們延續和發揚了啓蒙運動以來「人的解放」觀念，將理性精神定位爲「人的解放」的旗幟，「現代的意味著理性的和『理性化的』」〔註39〕。合理性是區別現代社會與古典社會的根本標誌，是現代社會自我定義和自我確證的歷史尺度。人們將理性化理解爲一個使社會事務和狀態日趨合理、清晰、連貫、統一和全面的過程，合理性的規範也要求將本來建立在經驗觀察基礎上的理性，擴展到人類生活的所有領域，「人們以爲，通過把理性理解運用到科學和技術領域以及人的社會生活中，人的活動就會從先前存在

〔註39〕希爾斯《論傳統》，上海人民出版社 1991 年版，第 386 頁。

的束縛中解脫出來」〔註 40〕，人們認為無所不能的理性化理想本身就是實現人類社會理性化的最佳工具，「達到理性化理想的那個過程的名稱本身就相當重要：人們給它起了『現代化』這一名稱。」〔註 41〕在追求「人的解放」過程中，理性化的目的和功能就在於把先前決定人的生存的社會與自然世界置於人的控制之下。理性化的追求，帶來的是解放政治的興起。從廣義視角來看，據吉登斯的概括，解放政治涵蓋著三種整體視角：激進主義（主要指馬克思主義），自由主義和保守主義。激進主義政治和自由主義政治，都追求使個人和群體從先前產生的社會不合理狀態中解脫出來，自由主義希望通過個體不斷解放和自由國家的建構相結合實現理性化理想，激進主義則寄希望革命性的巨變來實現個人和社會的理性化整體規劃，而保守主義只是對上述兩種思想的拒斥和批判得以發展。〔註 42〕

　　不用說，先覺覺後覺，這種理性化浪潮以普遍主義的、先進的面貌，東移到 19 世紀末 20 世紀初的前現代中國。崇尚理性精神在社會事務中發揮的巨大作用，成為思想、知識和文化精英們借鑒和推廣的最重要的思想主題。解放政治的三種基本面貌，也呈現在中國追求現代化的歷史舞臺上。可以說，馬克思主義是解放政治中最為旗幟鮮明的激進式理性化理想。它的激進，不僅體現在具體的革命實踐上，而且從更為深層的原因來說，還主要體現在對理性的期待和對理性精神的運用上，正如曼海姆所強調的：「社會主義——共產主義理論，就是直觀論和以極端理性的方式去理解現象的確定願望的綜合。這種理論中有直觀論，因為它否認在事件發生之前對它們進行精確預計的可能性。理性主義傾向是它在任何時候都使無論什麼新奇的東西適應於理性的框架。……尤其是革命，創造了一種更有價值的知識類型。這就構成了人們可能進行的綜合，當人們生活在非理性之中，而且意識到了這一點，但他們並不絕望，仍然試圖對非理性做出理性的解釋。」〔註 43〕中國馬克思主義意識形態的崛起並逐漸成為全社會的統治思想，在很大程度上就是依靠它的直觀論色彩和極端理性主義理解方式，獲得了急於建構富強文明的現代化國家的文人知識分子的青睞。馬克思主義意識形態作為理性精神在 20 世紀中

〔註40〕　吉登斯《現代性與自我認同》，三聯書店 1998 年版，第 247 頁。
〔註41〕　希爾斯《論傳統》，上海人民出版社 1991 年版，第 385 頁。
〔註42〕　參見吉登斯《現代性與自我認同》第 247 頁的有關論述，三聯書店 1998 年版。
〔註43〕　曼海姆《意識形態與烏托邦》，商務印書館 2000 年版，第 130 頁。

國社會實踐中的具體演練和展現，構成了 20 世紀中國解放政治最爲高亢、最爲激進和最有影響的一翼。

　　解放政治在總體上關心的是克服剝削、不平等和壓迫的社會關係，追求正義、平等和公正的社會人生理念。解放政治的實質，在於把「拯救」看作是個體或群體擺脫社會既定結構壓抑和束縛、發展人的全面理性能力的手段〔註 44〕。中國的馬克思主義者們將理性化理想中追求的社會狀態賦予了具體形式，爲馬克思主義解放政治建構了歷史舞臺，同時也賦予自己肩負實現理性化理想的「拯救」使命。但是必須明確，衡量一種解放政治成功與否的標誌，不完全在於它的理性化預設和美好願望，而在於是否成功地實現了自己的兩個基本內涵：「一個是力圖打破過去的枷鎖，因而也是一種面向未來的改造態度，另一個是力圖克服某些個人或群體支配另一些個人或群體的非合法性統治。」〔註 45〕毫無疑問，馬克思主義意識形態作爲解放政治，正是以打碎過去枷鎖、面向未來的改造態度，獲得了強有力的現實實踐形式，但是不容否認的是，它對祛除腐朽社會的沉痾已久的那些非合法性精神統治並沒有多少人性意義上的實質性進展。

　　問題的關鍵在於，所有的解放政治實施「拯救」使命，都必須借助於權力機制來運作，這樣它就先驗地把人群首先劃分爲不同的等級系統，讓解放者將理性化理想灌輸給被解放者，以種種形式使之接受和贊成。對於馬克思主義意識形態來說，無產階級就是解放政治的代理人和歷史的推動力，人類的普遍解放要通過無產階級秩序的實現來獲得。但是，權力機制的運作並不遵循理性化理想的預設，正如別爾嘉耶夫在蘇俄社會主義革命中看到的「新的社會階層急驟上昇，並湧向政治舞臺。過去，他們的積極性橫遭壓抑，是一群受壓迫者；而現在，爲著爭取自己新的社會地位，他們前仆後繼，不惜犧牲」〔註 46〕，以新的權力等級秩序代替舊的權力等級秩序。這在中國社會主義解放政治的實踐過程中，過程與結果也是異曲同工。馬克思主義意識形態作爲被認可的中國解放政治的眞理，自誕生之日起就與維護它的權力體系處於一種循環關係中，作爲眞理它引導權力的實施，而權力的實施又擴張了它的勢力範圍。馬克思主義意識形態從理性化理想中脫穎而出，又因爲權力

〔註 44〕參見吉登斯《現代性與自我認同》第 250 頁的有關論述，三聯書店 1998 年版。
〔註 45〕吉登斯《現代性與自我認同》，三聯書店 1998 年版，第 248 頁。
〔註 46〕別爾嘉耶夫《人的奴役與自由》代序言，貴州人民出版社 1994 年版。

機制的擴張構築了理性的霸權。理性化理想的雄心在於相信人類不必再處於命運的掌握之中，人們可以改變和創造歷史，理性精神會在人類歷史上以至高無上的能力大行其道，但是理性化理想的實踐歷史，卻塑造了理性的殖民事實和理性的霸權機制。

　　事實上，儘管馬克思主義意識形態能夠認識到非理性的作用，但是當它試圖通過新的理性化或者說是辯證理性化來消解非理性時，也就落入了理性固有的歷史敘事圈套：「只有理性君臨一切，只有理性才能命令一切。合理性的便把它永遠化，絕對化；只有他底理性的範疇，可以解明世界，只有精神的活動可以提高人格。總而言之，歷史之所以進展，社會之所以發達，只是有理性爲其指針，精神爲其原動力的原故。其餘的一切都應該蔑視，縱不然，也不過只有附帶的僅少的價值和意義罷了。」〔註47〕當年自居爲中國左翼文化運動重要哲學家的彭康，依據馬克思主義理論，激烈批判以往理性化理想形式的種種弊端，但是非常可惜的是，並沒有意識到自己秉持的價值理念所存在的內在缺陷，套用大俗話說就是「老鴰飛到豬腔上，只看到別人黑，沒看到自己黑」。其實像彭康一樣，大部分（中國）馬克思主義信徒，都忽視了馬克思主義理性化理想形式難以解決的內在矛盾。

　　從馬克思主義意識形態解放政治的表現形式來看，中國左翼文學（化）運動是一個重要的「戰野」。當時左翼文人知識分子尤其是激進派，曾經這樣訴說「革命」追求：「眞正的無產階級革命乃是喚起民眾自發地將國家權力從統治階級奪來，組織半國家。在這種半階級底政權底下，消滅敵方階級，使社會組織更進於高級階級，一切人民才能獲得眞正的自由平等，社會才沒有剝削者與被剝削者。」〔註48〕但是這種理想所希冀的「半國家」、「自由平等」狀態，無論當時還是現在都沒有眞正實現過。左翼文人知識分子們通過文學藝術的意識形態化幫助革命成功的願望，不過是一種爲社會急劇變革而奮鬥的理性化想像在社會運動和社會心理上的焦灼反映。但是這種理性化想像一旦成爲現實社會意識，便成爲群眾運動極其重要的驅動力。理性化理想也從思想精神領域轉入實踐領域，並開始主宰人的行爲。這一方面是對其行爲的肯定，是革命階級群體確認的形式，另一方面帶來的是對事物的扭曲和變形，強調了馬克思主義意識形態理性化想像的功能性，卻忽視了這種理性化理想

〔註47〕彭康《哲學地任務是什麼？》，載 1928 年 1 月 15 日《文化批判》創刊號。
〔註48〕《革命》，載 1928 年 5 月 15 日《文化批判》第 5 號。

的認識局限。周揚曾經這樣回憶實現無產階級理性化理想的「革命」狀態：「左翼文化運動是黨所領導的整個革命運動的一個組成部分。要是你不懂黨怎麼從錯誤路線中發展過來，你就沒辦法解釋很多問題。……『左聯』是在這場論戰結束以後成立的。二八年的『創造社』、『太陽社』，不但反對魯迅，他們自己內部也打，就像文化大革命期間的派性鬥爭一樣（眾大笑）。自己鬥起來，比鬥敵人還厲害。這個我有體驗。派性這個東西很反動，但它開始的時候是革命的。派性鬥爭，打自己人打得厲害，甚至敵人也不打了，就是你一派，我一派，我專門對付你，你專門對付我。根本的敵人反而不打了。……不過那時候沒有實權，你扣帽子也不怕。……什麼叫『左』呢？就是提出目前還不能實行的方針，超過了現實的革命階段。」〔註49〕這種令人啼笑皆非的「革命」狀態的產生，其根源與其說是因為「左」，毋寧說是因為理性化想像極端膨脹之後走向了自己的反面，所謂「錯誤路線」只不過是它在政治領域的具體體現。

　　事實上「現代社會遠遠不是由理性統治者全盤理性化的社會」〔註50〕，人類靈魂深處的諸多欲望、衝動和情感並不一定服從理性的節制，崇尚發揮理性能力的心理和思維傾向，也並不必然要求將所有事物完全理性化。但是當這種理性化的心理傾向進入公共話語空間後，卻很容易成為思想教條、產生獨立的功能，特別是它在表層上的鼓動和闡述，更容易引導人進入理性的僭妄狀態。中國左翼文學運動以來所形成的意識形態與文學藝術關係的理論框架，從根本上來說，就是理性僭妄的結果。當年就有許多人極力反對左派在意識形態與文藝之間亂點鴛鴦譜，郁達夫就說過：「雖然中國政治上的德謨克拉西是沒有的，但文藝卻不能和政治來比。倘不加研求而即混混然說中國的文藝和中國的政治一樣，那是不對的。」〔註51〕被視為「狂人」的高長虹對政治與文藝的認識不但不張狂，反而較為理智：「文藝與政治，也許不能夠脫離了相互的關係，但它們終是兩件事。什麼文藝是不是革命文藝，不必要問它合不合於什麼政治理論。革命不是政治所能專有的。革命可以解作這一個時代對於那一個時代的革命，不止是政治的，而也是經濟的，教育的，藝術的，兩性的，而是全個生活的。這一種政治上的革命理論也許不同於那一

〔註49〕趙浩生《周揚笑談歷史功過》，載 1979 年 2 月《新文學史料》第 2 輯。
〔註50〕希爾斯《論傳統》，上海人民出版社 1991 年版，第 388 頁。
〔註51〕郁達夫《復愛吾先生》，載 1928 年 11 月 20 日《大眾文藝》第 3 期。

種政治上的革命理論，但藝術上自有它自己的獨立的革命理論，不必受政治上的理論的支配。講革命文藝，而要借助於政治上的理論，即便不使這所謂革命文藝做成借的文藝，至少也縮小了文藝的範圍，減少了他的生命。」〔註52〕左翼文人知識分子尤其是激進派，由於極力強調意識形態理想，卻反而陷入理性的張狂狀態，就只能「從錯誤路線中發展過來」，當年韓侍桁就取笑說：「左聯認錯的態度，以我私人的經驗看來（因爲我一度曾是參加過其組織的），可以列成這樣的公式：有了某種錯誤，若被一個較不重要的本身的分子提出來，必定不能得到公認，這錯誤仍要盡量地維持其存續，非要到了社會環境不能再允許，而指謫的人日見增多起來，這錯誤是不被接受的。……像這樣『認錯』的態度，我們可以預定，左翼團體在將來——在現今也罷——還必定是隱藏著錯誤，固執著錯誤，進行著錯誤的路，然後再來修正錯誤。」〔註53〕

中國左翼文學運動所建構的意識形態與文藝的關係框架，毫無疑問的確在共產黨政治革命和鞏固政權方面發揮了巨大的作用。但是無庸諱言，這不但是以文藝的自律性生命爲代價，而且是以勝利的果實鞏固和強化了理性的僭妄。其是是非非、風風雨雨人們都有目共睹。今天人們對理性化理想的質疑早就提上了議事日程，人們普遍認識到把思想和觀念當成事實本身、把關於世界的模式當成世界本身的理性化想像有多麼可笑，人們已經認識到「意識並不眞正是統率一切的主人，有更爲深刻的諸種因素在直接有意識的經驗和思考這一表象的背後起作用；也就是說，人們逐漸相信，正如太陽系中的情形一樣，現實世界並不圍繞著人類理智或意識運作，而是後者遵循著地球引力及其它規律」〔註54〕，認爲一切社會領域和社會生活都服從於理性化理想的宰制，不過是一種典型的現代理性錯覺。儘管人類的社會生活似乎已變得理性化，但迄今爲止發生的所有理性化都只是部分性的、區域性的，我們社會生活許多最重要的領域，比如情感、欲望、意志等，迄今爲止可能依然滯留在非理性之中而難以理性化。

理性的霸權和僭妄，無視主宰人與他的世界之關係的基本的非理性機

〔註52〕高長虹《大眾文藝與革命文藝》，載 1928 年 12 月 1 日《長虹周刊》第 8 期。
〔註53〕韓侍桁《論「第三種人」》，載《文學評論集》（侍桁著），上海現代書局 1934年版。
〔註54〕傑姆遜《後現代主義文化理論》，陝西師範大學出版社 1987 年版，第 198 頁。

制。對人類本質上具有的理性的信仰和無限度的運用理性的能力，使人們忽視了那些更深一層的、無意識或非理性的力量，而正是這種無意識、非理性的力量驅使著大量的人群的「盲目」的存在。理性化理想的自我神聖化，帶來的是理性對人的整體力量的僭妄，一相情願的把人類歷史過程置於自動控制之下的願望，只能導致後患無窮的災難。理性的無限度擴張，最終使自己從理性走向非理性、從有意識走向無意識，自己成為自己的敵人。

　　人類所處的歷史和發展困境，在於人們自身都陷身於理性化想像之中，包括反對理性擴張的人，也必須依仗理性化的自我調節能力，進行理性霸權的祛魅。我們無法想像一種沒有理性想像參與的社會狀態。排除理性化想像的參與無異於飲鴆止渴，其災難性後果更為可怕。祛除理性的霸權和理性的僭妄，不但要限制理性的越位和泛濫，還需依靠理性的自我革新能力，「一旦人們拒絕一種絕對理念的虛構來解釋人是如何隨著各種科學的進步而建構了它的理性的，這時，人們便會明白到，理性思想的進步的法則，就是充滿危機的運動，甚至是充滿巨大危機的運動，在理性的歷史中，同樣有革命」〔註55〕，因此，理性化想像必須同時具有自我分析、自我意識、自我批判和自我革新的形式和力量。

　　文人知識分子由於掌握知識權力和文化資本而自恃為理性的代言人，所以文人知識分子的自我反思就成為理性革新的重要主體環節。我們應當仔細品味保羅·約翰遜研究文人知識分子得出的結論：「在我們這個悲劇的世紀，千百萬無辜的生命犧牲於改善全部人性的那些計劃——最主要的教訓之一是提防知識分子，不但要把他們同權力槓杆隔離開來，而且當他們試圖集體提供勸告時，他們應當成為特別懷疑的對象。……任何時候我們必須首先記住知識分子慣常忘記的東西：人比概念更重要，人必須處於第一位，一切專制中最壞的就是殘酷的思想專制。」〔註56〕理性的僭妄是異化在意識或思想領域內所採取的形式，是異化了的思想和意識形態。而思想或精神專制，恰恰就是理性的無限度泛濫、膨脹和越位之後產生的必然結果，「我們所作的是，我們向理性本身要求它所是的理性。為了理解理性思想的本質和作用，我們在某種意義上用它的武器反過來對準它自己」〔註57〕。因此，理性的革新必

〔註55〕韋爾南《神話與政治之間》，三聯書店 2001 年版，第 218 頁。
〔註56〕約翰遜《知識分子》，江蘇人民出版社 1999 年版，第 470 頁。
〔註57〕韋爾南《神話與政治之間》，三聯書店 2001 年版，第 215 頁。

須永遠含有一種爭取自身解放的努力，必須爲懷疑和批判精神保留一塊領地，這是理性自身的解放政治。

四、戰勝精神專制的，正是精神的革命

康德在《答覆這個問題：「什麼是啓蒙運動？」》中，區別了理性的公開運用和私下運用（理性的公開運用是指任何人像學者那樣在全部聽眾面前所能做的那種運用，私下運用是指一個人在其公職崗位或職務上所能運用的自己的理性，理性在其公開運用中必須是自由的，在其私下運用中必須是服從的），並立言：「必須永遠有公開運用自己理性的自由，並且唯有它才能帶來人類的啓蒙。」〔註58〕20 世紀後半葉最偉大的思想家福科，繼續闡述和發揮了康德的偉大命題，他在《什麼是啓蒙？》中寫到：「康德把啓蒙描述爲人類運用自己的理性而不臣屬於任何權威的時刻；就在這個時刻，批判是必要的，因爲它的作用是規定理性運用的合法性條件，目的是決定什麼是可知的，什麼是必須作的，什麼是可期望的。理性的非法運用導致教條主義和它治狀態，並伴隨著幻覺。另一方面，正是在理性的合法運用按它自己的原則被清楚規定的時候，它的自主性得到保障。在某個意義上，批判是在啓蒙運動中成長起來的理性的手冊，反過來，啓蒙運動是批判的運動。」〔註59〕今天，當我們力圖超越理性的霸權和理性的僭妄的時候，這兩位大哲先賢關於理性運用的告誡，依然是震古爍今的曠世希聲。人類從啓蒙時代到革命時代，乃至今天所謂的後現代（或後後現代），理性的自我拷問依然是一個未完成的歷史主題。正如福科所歎息的那樣：「我不知道是否我們將達到成熟的成年。我們經驗中的許多事情使我們相信，啓蒙的歷史事件沒有使我們成爲成熟的成人，我們還沒有達到那個階段。」〔註60〕不但啓蒙運動沒有使人類達到成熟階段，20 世紀的革命運動沒有做到這一點，後革命時代依然沒有完成人類成熟的使命。而且，人類由於對理性能力的自我崇拜，使理性在無限擴張的慣性機制中滑向深淵，往往在每一個時代都以血的慘痛代價，換來自身的警醒。

恩格斯曾經強調：「人們通過每一個人追求他自己的、自覺期望的目的而創造自己的歷史，卻不管這種歷史的結局如何，而這許多按不同方向活動的

〔註58〕康德《歷史理性批判文集》，商務印書館 1990 年版，第 24 頁。
〔註59〕福科《什麼是啓蒙？》，載《文化與公共性》，三聯書店 1998 年版。
〔註60〕福科《什麼是啓蒙？》，載《文化與公共性》，三聯書店 1998 年版。

願望及其對外部世界的各種各樣影響所產生的結果，就是歷史。……在歷史
上活動的許多個別願望在大多數場合下所得到的完全不是預期的結果，往往
是恰恰相反的結果，因而它們的動機對全部結果來說同樣地只有從屬的意
義。……探討那些作為自覺的動機明顯地或不明顯地、直接地或以思想的形
式、甚至以幻想的形式反映在行動著的群眾及其領袖即所謂偉大人物的頭腦
中的動因，——這是可以引導我們去探索那些在整個歷史中以及個別時期和
個別國家的歷史中起支配作用的規律的唯一途徑。」〔註 61〕對理性化理想及
其具體形式意識形態想像的分析，目的在於尋求對理性化理想內在結構和外
在功能的理解，獲取衡量現實選擇和未來趨向的準繩。理性的霸權和僭妄所
蘊含的人類歷史本身的痼疾，充分展示了歷史發展和人類意志的對抗。人們
相信可以依靠自己獨有的理性光芒就可以重新塑造世界的革命夢想，已經隨
著 20 世紀那些悲劇事實的出現而日漸式微，但理性霸權依然以其它形式左右
人的精神世界。

　　馬克思在《評普魯士最近的書報檢查令》中說：「精神的普遍謙遜就是理
性，即思想的普遍獨立性，這種獨立性按照事物本質的要求去對待各種事物。」
〔註 62〕但理性的運用又往往獨尊其大，將獨立性演繹爲普遍性，以理性的專
制和獨裁，控制人的精神世界的方方面面。對於一切形式的專制和獨裁，馬
克思滿懷激情的大聲申辯：「你們讚美大自然悅人心目的千變萬化和無窮無盡
的豐富寶藏，你們並不要求玫瑰花和紫羅蘭散發出同樣的芳香，但你們爲什
麼卻要求世界上最豐富的東西——精神只能有一種形式呢？……每一滴露水
在太陽的照耀下都閃耀著無窮無盡的色彩。但是精神的太陽，無論它照耀著
多少個體，無論它照耀著什麼事物，卻只准產生一種色彩，就是官方的色彩！
精神的最主要的表現形式是歡樂、光明，但你們卻要使陰暗成爲精神的唯一
合法的表現形式；精神只准披著黑色的衣服，可是自然界卻沒有一枝黑色的
花朵。」〔註 63〕精神的專制和獨裁，往往就是讓五彩繽紛的世界只有一種顏
色，讓精神的諸種形式都披上黑色的衣服，讓「陰暗」成爲精神的唯一合法

〔註 61〕　《路德維希·費爾巴哈和德國古典哲學的終結》，載《馬克思恩格斯選集》第
　　　　　4 卷，人民出版社 1972 年版。
〔註 62〕　《評普魯士最近的書報檢查令》，載《馬克思恩格斯全集》第 1 卷，人民出版
　　　　　社 1956 年版。
〔註 63〕　《評普魯士最近的書報檢查令》，載《馬克思恩格斯全集》第 1 卷，人民出版
　　　　　社 1956 年版。

的形式。這種專制和獨裁的普遍性的可怕之處，就在於它在人類精神的諸種形式中，都能找到合理、合法的體現者和代言人，讓一切自由的精神形式都成為它的奴僕，讓一切都圍繞著它獨享的「自由」運轉（中國左翼文學運動就身不由己的遵循了理性專制和獨裁的召喚）。面對理性自我膨脹形成的專制與獨裁，只有精神的革命，才能摧毀它，才能重建理性的尊嚴。我們對理性的期待，不但是要遵循並堅守理性運用的合法性條件，而且仍然必須堅信理性正在逐漸擺脫不成熟狀態，因為人類不斷朝著改善前進！讓我們相信明天太陽照常升起，因為世界在太陽的照耀下將會更加色彩斑斕、悅人心目。

如果讓我說：中國左翼文學運動最值得我們紀念的是什麼？我會毫不猶豫地說：正是那些文人知識分子不屈不撓反抗一切形式的專制、獨裁和黑暗的大無畏革命精神！每當遙想 70 多年前那場轟轟烈烈的左翼文化（學）運動，總是忍不住想起托克維爾對法國大革命的評價。請允許我以他的話作為本文的結束：

這是青春、熱情、慷慨、真誠的時代，儘管它有各種錯誤，人們將千秋萬代紀念它，而且在長時期內，它還將使所有想腐蝕或奴役別人的那類人不得安眠！〔註64〕

〔註64〕托克維爾《舊制度與大革命》，商務印書館 1992 年版，第 32 頁。

第三部分
政治與審美：左翼文學創作斯芬克斯之謎

第九章　審美觀念再闡釋與左翼文學的政治移情

在最近 20 多年人們的文學觀念世界中，有一種主導傾向左右著人們對文學的認識和理解。簡單來說，就是認為藝術性、文學性或者說審美價值是文學的本質特徵。因此，它也成為文學史闡釋系統的一個非常重要的價值支點和評價尺度。然而人們在運用這一尺度進行文學史釋義的時候，卻很少對這一尺度本身進行思考。在人們的闡釋視野中，藝術性、文學性或者說審美價值似乎成了一個不證自明、先天正確甚至是不容置疑的概念，在文學史釋義和評價的過程中具有了先天的合理性與合法性。可是在問題的「原點」之處，不可抑制的懷疑精神往往會穿透不容置疑的概念的外殼，解構彷彿已經成為常識的那些理念和思維方式。特別是當我們面對中國左翼文學這樣一個雖然粗糙稚嫩、但豐富廣闊的文學世界之時，解構的蠱惑更會悄然滋生暗長。「偶像」的黃昏來臨時，密涅瓦的貓頭鷹就會悄悄起飛。

一、審美尺度與述史秩序

選擇茅盾作為理解審美概念以及中國左翼文學審美闡釋的研究個案，應該說是一個較為恰當的切入點。茅盾是左翼文學巨匠，由於他的文學創作代表了左翼文學創作的最高水準，對他的作品的審美意蘊的重新揭示與理解，對於今天我們重新理解和解讀左翼作家和文學作品，乃至在我們的文學史述史秩序和版圖中重新定位，都具有典範作用和示範效應。

但是，長期以來人們受一元政治意識形態觀念（或者說是二元對立思維

模式）的影響，往往不容置疑的首先將茅盾定位於革命作家，而不是首先認定茅盾作爲一個文學家的資格。從這樣一個單一視角出發，只能是要麼維護茅盾的崇高形象，要麼貶低茅盾的作品世界和人生選擇，看不到茅盾作爲現代中國文人知識分子的一種類型的意義，看不到茅盾作品在展現現代中國文學精神價值追求方面所具有的豐富文化內涵和藝術張力，從而無視茅盾作品世界和人生選擇中那些被遮蔽的藝術和精神資源。於是人們大談茅盾的「矛盾」現象、「兩個茅盾現象」等等，彷彿從此一了百了。一方面這是被研究對象的複雜構成所迷惑，另一方面是被研究主體自身的視野所局現，無法最大程度的還原茅盾作爲一個傑出文學家的那個複雜的本眞面目。

在近 20 年茅盾研究史上，有兩個學術事件曾引起人們的廣泛討論，其影響更令人深思。一是王一川等人編輯 20 世紀中國文學大師文庫，顛覆了長期以來現代中國文學魯、郭、茅、巴、老、曹格局，不但將通俗武俠小說家金庸列入現代文學大師的行列，更將茅盾逐出現代文學大師的隊伍；一是藍棣之重評《子夜》，以審美標準對《子夜》文本重新闡釋，顛覆了長期以來《子夜》的經典地位。一石激起千層浪，惹惱了眾多茅盾研究者，解構了長期以來幾代學人建構的有關茅盾及其作品的鏡象世界。更爲嚴重的是，若再依據現行的現代中國文學史教材，眾多的現代中國文學教育者已經無法依據國家制定的教學大綱，順利完成向學生傳道、授業和解惑的職能。

這兩個學術事件從文學系統的內外兩個層面，造成了傳統茅盾研究的危機。重排大師座次從文學接受系統出發，以文學選本形式，在文學系統的外在層面，打破了人們對文學大師的經典性接受標準；重評《子夜》從作品的文本系統出發，以審美解讀的形式，在文學系統的內在層面，動搖了人們對《子夜》作爲經典的認知標準。如果說前者依賴的是現代出版界的商業運作，是現代傳媒的巨大社會影響和功能，那麼後者則是學術的釜底抽薪策略和顛覆性學術行爲。兩者手段不同，但理論武器同一，都以審美資源的匱乏，質疑茅盾文學作品的文學經典資格：如果一部作品沒有雄厚的審美資質和美學價值，沒有超越性的文學內涵，能被稱之爲經典嗎？如果一個作家沒有經典作品支持，能稱之爲文學大師嗎？

且不論這兩個學術事件本身的對與錯，也不說它的質疑是否合理。問題是：茅盾作爲文學大師、《子夜》作爲經典作品的觀念從何而來？是人們眞正全面系統閱讀茅盾作品後得出的結論？還是過去知識精英們的歷史評定與政

治意識形態系統制約下現代中國文學教學體系長期灌輸的結果？答案似乎不難發現。暫且不說文學史上知識精英們那些定評，長期以來中小學語文教材選編的茅盾作品，就使人們在人之初階段，就先入爲主地限制了對茅盾文學作品的完整審美感受，製造了一個偏頗的甚至是劣質的茅盾文學作品審美接受平臺。長期以來的現代中國文學史教材系統，以強勢話語權力將茅盾及其作品封閉起來，割斷了思想活躍的大學生與茅盾作品豐富性之間的對話。

從中小學到大學時期，對茅盾作品的不合理選擇和解讀，誤導了人們對茅盾作品的認識和理解。教材的權威地位，很可能使大、中、小學生認爲他們讀到的就是茅盾最好的作品。正是過去文學史觀的獨斷與偏狹，使眞實的茅盾及其作品的豐富性退隱了。《背影》等作品可以樹立朱自清一流文學家的形象，可是《白楊禮讚》、《春蠶》能充分展現茅盾作爲一個作家的才情和藝術風範嗎？茅盾或許不具有郁達夫、徐志摩的瀟灑飄逸、哀婉纏綿，但誰能否認他的藝術天賦和文學才情？他那些與文學史正統觀念不盡一致的作品，是否更能展現茅盾作爲文學藝術家的資質？過去的現代中國文學闡釋系統，往往牽強附會地依據革命作家的社會角色和形象需要，生搬硬套地對作品系統進行肢解，這不僅存在於普通讀者的閱讀系統，在高等學府的三尺講臺上，政治意識形態詮釋的陰影也是非常濃重的，現代中國文學專家和教師隊伍中，對茅盾及其作品要麼盲目捧煞、要麼情緒化貶低現象依然比較普遍。這說明許多人評判茅盾及其作品的標準，並非建立在求眞、求實、系統、全面和獨立閱讀的基礎上。退一步說，作爲獨立自足的專業的學術研究者，我們不能因爲一個人的政治選擇，無視他的卓越的藝術創造，也不能因爲一個人的藝術創造，美化他的政治選擇。

這兩個學術事件的要害在於，它們反饋了過去 20 多年現代中國文學研究領域中盛行的一個重要學術思想和文學史觀念：審美自治論。過去 20 多年，一批令人尊敬的學者以審美自治論爲理論和觀念武器，抗衡政治意識形態對現代中國文學研究的束縛，爲文學和學術的獨立自足開闢了廣闊的生成空間。它強調一部文學作品存在的最根本理由，就是作品蘊含的文學性和審美價值；評價文學作品，不能依賴文學和審美系統以外的任何標準，而在於它自身的文學品質和審美趣味，在於文學想像和審美理想的細膩性和豐富程度。

必須首先看到，審美自治論在過去的 20 多年中之所以成爲一種強勢文學觀念，是因爲它爲學人們禁錮已久的心靈打開了一扇自由的大門，爲現代中

國文學研究贏得了相對獨立的學術自治的話語權力，為眾多學者找到了一個安身立命的學術根基。正是在這一強勢文學思潮和文學觀念的支撐下，中國現代文學闡釋系統開始擺脫政治意識形態闡釋婢女的角色，開始建構一個新鮮的富有生命力的文學史釋義世界。我們看到的更多的「革命性」學術行為是，那些革命色彩濃鬱的作家遭到了疏遠，那些與政治意識形態旨向相近的作品遭到了鄙棄，與此形成鮮明對照的是，過去那些與革命保持距離、甚至政治上反動的作家迅速走紅，那些具有解構政治意識形態傾向的作品大行其道。美籍華人夏志清的《中國現代小說史》，本是朝鮮戰爭期間為美軍政治意識形態宣傳服務而作，竟對現代中國文學史重構產生了巨大影響，過去為文學史闡釋正統觀念所排斥的許多作家如張愛玲、錢鍾書、沈從文等，迅速成為大師級作家。夏氏對魯迅、茅盾等作家的貶低，雖不能令內地研究者心悅誠服，可是對張愛玲、錢鍾書、沈從文等作家進行的審美的和藝術的分析與闡釋，卻讓人一見傾心，有意無意中成為學術研究的典範。

正是在審美自治論的引導下，現代中國文學主流闡釋系統，摒棄了一元政治意識形態價值觀念獨尊的局面，悄悄地調整和擴充自身的價值評判坐標和學術判斷標準。但是，新的問題和矛盾也隨之而來。現代中國文學史經過近20多年的不斷豐富發展和重新書寫，實質上在一部文學史述史結構中，往往形成兩套明顯不同的價值評判標準，一是原有國家政治意識形態所規定的價值取向，一是以審美自治論為觀念主導的價值取向。這形成了近20年現代中國文學史述史秩序的一個奇特現象：一方面，那些與革命和國家政治意識形態價值取向保持一致的作家作品（特別是左翼文學作家作品），儘管在藝術和審美品位上受到責難，但因為是革命和國家政治意識形態構成的重要歷史精神文化資源，為維護革命和國家政治意識形態的歷史和現實權威，就反覆強調作品與社會變革的關係，重點放在作品的社會影響和社會功能上，突出作品的外在價值；另一方面，對於政治上沒有光榮革命履歷甚至政治上反動、但寫出優秀作品的作家，就強調作品的審美性、藝術性、超越性和永恒性，突出展現作品的內在價值，強調作品對文學藝術自身的貢獻。現代中國文學史述史體系的二元價值評判模式，簡單來說就是政治和藝術兩種價值判斷標準並存。兩種截然對立的價值評判系統，共存於一個述史秩序之內，不能不說是近 20 年現代中國文學書寫史的一大特色：人們一面以文學史價值為理由，為那些在歷史上產生影響但又不為現時代所青睞的作家作品尋找文學史

位置，一面又以文學作品的內在審美價值為武器，論證那些為革命和國家政治意識形態洪流所淹沒的作家作品的合理性。

　　文學史價值和文學審美價值的一分為二、並行不悖，可謂是過去20多年學人們為解決自身思想困境，提出的一個折衷理論方案和述史模式。在過去20多年中它功莫大焉，這是每一個嚴肅的學術研究者都應該首先承認的。但是，在生生不息的學術發展歷程中，我們又不能不看到，這種述史理念和模式在今天已經成為阻礙學術發展的觀念牢籠。究其原因：一是國家政治意識形態話語霸權地位，依然在現實學術實踐中具有支配權，並在人們的思維模式中形成慣性作用，制約學術研究的獨立性和自由度；二是審美自治論並非是嚴密周備、內涵確鑿的實質性概念，而是一個描述性概念，是在與政治意識形態相對立的語境中產生的抗衡性概念，立論基礎是藝術性、審美性等不證自明的經驗色彩濃厚的元話語概念，對它的過於強調，很容易滑入概念的純形式主義泥沼。

　　審美自治論的出現與風行，有其社會時代背景：它既是對政治意識形態主導下僵化學術結構的反撥，又是文人知識分子為尋求精神獨立而確立的價值基座；一方面向文學本體的回歸，符合了文學和學術史發展的規律，另一方面學術的社會功能，又使它產生不可抑制的意識形態欲望，這可稱之為美學意識形態；它不僅是一場學術史上的形式主義變革，而且是一場思想史和精神史上的觀念革命；它既是學術觀念自身的發展，又是社會政治意識的學術化顯現。審美自治論最有力的話語表述可稱之為「純文學論」或「純審美觀」。它使現代中國文學及其研究，獲得了相對獨立和相對廣闊的發展空間，以豐富多彩的學術姿態和社會反響，成為近20多年文學史觀的主流，特別是在20世紀90年代以來的文學史研究中，成為基本學術理路、話語策略和評判標準。在文學創作上，與「怎麼寫」、「私人寫作」、「個人化」等當下文學創作觀念聲氣互通，蔚然大觀、聲勢浩大。

　　隨著社會和文學觀念的變化與發展，對流行的「純文學論」、「純審美觀」觀念的反思和質疑，無疑應當進入人們對學術史的反思視野。一個基本前提是，經過近20年的不懈努力，學術界已經基本建立了相對自足的學術話語系統，審美自治論所指涉、所反對的對立物已成強弩之末，難以簡單粗暴地干涉學術系統的運轉和循環；學術的自身機制也不再允許自己只負有單一的功能；它產生意義和能量的社會條件和歷史語境，都發生了重大變動；它對政

治意識形態話語霸權的抗議性和批判性，已開始淡化；純形式主義的偏執凸現出來，使學術研究和文學創作很難適應當今社會文化語境的巨大變化，難以隨時代的變化建立學術、文學和社會的新關係；學術研究和文學創作越來越邊緣化，這既有外界的因素影響，也有自身觀念的封閉性所束縛。

進入 21 世紀以來，當代中國在累積 90 年代思想精神問題的基礎上，孕育了許多新的複雜矛盾，產生了許多過去不曾有的尖銳問題，過去 20 多年行之有效的價值尺度和思想範式，已漸漸失去闡釋的合法性、權威性，已不能回答新形勢下人們的思想和學術困惑。當社會各階層在複雜的社會現實面前，進行激烈的、充滿激情的思考時，現代中國文學研究對當前思想學術界的影響嚴重削弱了，介入社會的主動性降低了，在審美自治論的慣性思維下，難以與新的社會思想狀況溝通、與社會現實進行精神互動，更不必說以嶄新學術成果和思想效力參與當前的社會變革。在商業文化消費文化庸俗文化日益泛濫、研究日益學院化和體制化的今天，它失去了以自身獨有的方式介入巨大社會變革的能動性，既無法完成自身的學術職能，更不能充分發揮人文學術的現世關懷。當然，學術研究和文學創作的邊緣化，更重要的因素是社會精神結構的自我適應和自我調整，是當前文化界、思想界和知識界共同面臨的問題。政治和金融霸權的專橫，媒體和文化掮客的喧囂，掌權者和富人階層的攫取和洋洋自得，使人文知識分子越來越不能承受生命的存在之輕。這刺激著文化界、思想界和知識界，引起了人們的警覺、自審和越來越熱烈的討論。

二、審美觀念再理解

窮則變，變則通。現代中國文學研究面臨優勝劣汰的境遇。工欲善其事，必先利其器。根據新的時代背景和思想精神狀況，重審過去風光一時的學術理路和思想觀念，勢在必行。現代中國文學研究越來越疏遠社會真實思想精神狀態，不但憑藉歷史精神資源解答當下問題的能力難以為繼，而且解決自身疑難的學術生命力也日益衰竭和窘迫。近年學術界、思想界發生的許多爭論，反饋著當前中國社會的精神變革，隱藏著時代精神的文化基因和生命密碼，展示著學術研究和文學創作的新增長點。學者和作家可以拒絕政治意識形態的干涉，卻不能逃脫須臾不離的社會政治文化語境。強調審美自治論，陶醉於形式主義的獨立自足，很容易失去自身的使命和意義，游離於廣闊、豐富的社會文化生態圈，會失去對社會、人群和歷史言說的資格。

　　伊格爾頓認為：「馬克思主義批評的目的是更充分地闡明文學作品；這意味著要敏銳地注意文學作品的形式、風格和含義。但是，它也意味著把這些形式、風格和含義作為特定歷史下的產物來理解。畫家亨利・馬蒂斯曾經說過，一切藝術都帶有它的歷史時代的印記，而偉大的藝術是帶有這種印記最深刻的藝術。大多數學文學的學生卻受到另外一種教育：最偉大的藝術是超越時間、超越歷史條件的藝術。……馬克思主義批評的創造性不在於它對文學進行歷史的探討，而在於它對歷史本身的革命的理解。」〔註1〕這可以啟示我們：第一，審美自治論所強調的純粹的審美性、藝術性、超越性和永久性，從來就是一個不曾實現的真實謊言。如梁實秋、徐志摩、沈從文、周作人、張愛玲等人的作品，在 20 世紀 80 年代以前的當代闡釋和接受史上，一直受到普遍拒斥，這種狀況顯然與那個時代人們的文藝觀和審美觀有密切關係，很難說是強制性的。你能說現在的人比那時的人更富有藝術眼光嗎？你能說現在人們的審美趣味就比過去人們的審美趣味高雅嗎？再比如 20 世紀 30 年代左翼作家的作品，那麼突出階級性、政治性和功利性，卻成為那個時代受歡迎的熱點，許多人特別是青年人為之如醉如癡，從中得到至善至美的藝術想像和人生啟迪，許多人特別是青年人讀著左翼作家的作品走上實現人生夢想的旅途，像國民黨高級將領張治中，就是年青時讀了蔣光慈的《短褲黨》《鴨綠江上》，才開始走上革命道路（當然此革命非彼革命也），你能說那些作品和受眾是誤入歧途、只有今天的人才看到了藝術的真諦？第二，所謂文學性、藝術性和審美性，從來就是一個歷史性的概念，不同時代的人們，總是從所處時代的思想精神狀況和審美趣味出發，給予符合時代想像的認定與界說。第三，對過去時代文學藝術和審美觀念的追復，在很大程度上依賴於現時代人們自身的價值和觀念，在於現時代人們能否做出合理、有效地闡釋和說明，從而達到理論和審美期待的實現。

　　實質上審美自治論作為一種價值理念，簡單說來可以從四個方面論述：第一，強調文學系統自身的審美自足性，強調文學展現形式的審美特徵，強調審美體驗作為文學系統的本質特徵的作用。第二，強調文學作為一種歷史意識和價值理念表達形式，具有社會感、歷史感和價值方向，是人類精神的一種總體化言說方式，具有其他人類精神總體化言說方式無法代替的作用和功能。第三，強調文學作為一種獨立的社會意識形式所具有的審美自律性，

〔註 1〕 伊格爾頓《馬克思主義與文學批評》，人民文學出版社 1980 年版，第 6～7 頁。

簡而言之，文學就是文學，具有獨立自主的姿態和作用，本身就具有某種意識形態表達欲望，以自身獨具的形式發表對所處世界的言說，具有完整的自治性的概念、理解、意義和價值系統，無須依賴如政治、經濟、宗教、文化等其他言說系統的支撐。第四，強調文學研究主體的主體性資格，強調研究者只對文學及其價值追求負責外，不承擔其他義務，不能受政治意識形態等其他意義系統的束縛與箝制，文學研究者應具有自律性和自治性的主體意識。（審美自治論是一個複雜的理論概念，上述僅是一種簡化形式。）

自 20 世紀 80 年代末以來，以「20 世紀中國文學史」和「重寫文學史」爲代表的中國現代文學史觀的探討與爭鳴，正是在強調文學的審美自足性上獲得了合法性資格和發展的遠景，構成了我們建構中國現代文學闡釋系統的理念基石之一。韋伯在著名的演說《以政治爲業》中說過：「就像歷史上以往的制度一樣，國家是一種人支配人的關係，而這種關係是由正當的（或被視爲正當的）暴力手段來支持的。要讓國家存在，被支配者就必須服從權力宣稱它所具有的權威。人們什麼時候服從，爲什麼服從？這種支配權有什麼內在的理據和外在手段？」〔註 2〕正是在「爲什麼服從」這樣一個懷疑主義立場出發，同時爲避免言說資格被剝奪，人們從權力機制的夾縫中祭出了「文學的審美自足性」這樣一個退可守、進可攻的中國現代文學評價標準，其學術和社會貢獻在於它堅定不移地將中國現代文學研究，從政治婢女和意識形態詮釋學的位置上解放出來。從而使中國現代文學研究者具有了獨立的闡釋姿態和自足的知識系統。

西諺曰：凱撒的事歸凱撒，上帝的事歸上帝。堅持「文學的審美自足性」的願望是如此良好，然而實然狀況未必可能。這是因爲，「現代性產生明顯不同的社會形式，其中最爲顯著的就是民族——國家。……作爲社會實體，民族——國家與大多數傳統的秩序形成有著根本性區別。其發展僅作爲更爲廣泛的民族——國家體系的一部分（這種民族——國家體系在今天已具有全球化的特徵），它具有特定形式的領土性和監控能力，並對暴力手段的有效控制實行壟斷。……因爲現代國家是反思性的監控體系，即使它們不是在『行動』的嚴格意義上去行動，它們也會在地緣政治的範圍上遵循協調的政治和計劃。……現代組織的特徵不在於其規模或其科層制的品質，而在於受其認可

〔註 2〕 韋伯《學術與政治》，三聯書店 1998 年版，第 56 頁。

和必須承擔的集中式的反思性監控。」〔註3〕從這個意義上說，以暴力威攝爲象徵的國家權力監控機制，爲維護其統治的合法性與既得利益，規約著審美自治論不能越雷池半步。況且研究者強調「文學的審美自足性」和形式主義的審美自治論，從負面社會效應來看，勢必形成兩耳不聞窗外事、躲進小樓成一統的姿態，勢必削弱學術膽識和理論勇氣，要知道很多學術命題單憑知識是無法解決的。如果泥足於審美自治的領地不前，不但使學術研究無法取得突破，而且也許是權力監控機制求之不得的事情。

　　僵守形式主義的「審美自治論」，表面上似乎維持了研究主體的自尊，實質上不僅順從了權力監控機制的規範性要求，而且使自身的主體性和自由性遭到了根本性顚覆。從更爲廣闊的視野來看，形式主義的審美自治論不僅違背了文學的天性和存在的理由，而且違背了一個世紀以來中國現代文學發展的歷史史實、思想傾向和價值追求的實際狀況。具體到中國現代文學領域，如果以形式主義的審美自治論作爲最高價值尺度，就無法理解在中國現代民族國家建構過程中，大量中國現代文學作家所堅持的積極姿態和參與精神；就無法理解在啓蒙運動、救亡運動、解放運動的巨大社會思潮的感召下，有那麼多的作家和知識分子，心甘情願揚棄個人主義精神，自覺地以集體主義的價值規範來改造自己（對中國左翼文學運動尤爲重要）。依據形式主義的審美自治論，就只能將他（她）們創造的文本視爲「工具論」的體現，僅僅看到他（她）們豐富的作品世界的這一個維度，抹煞了其作爲文學現象的歷史合理性與創造性、以及作品世界的豐富性和多元性，就無法對他（她）們的作品世界的無限可能性意義作出準確地判斷與評價，從而形成中國現代文學闡釋系統的另一種單調性和封閉性。這種學術局面的形成，實際上也違背了大多數中國現代文學史研究者的初衷與本意。

　　審美自治論由於過於強調文學的審美自律性和文學功能的自治性，過分強調「審美」的形式主義表現形態，使研究者陷入作繭自縛的態勢，與人們對文學審美體驗的內涵與外延產生的誤讀與誤解，有著極爲密切的關係。因此重新對審美觀念進行理解和闡釋，不但關乎左翼文學現象在我們的文學史版圖中定位，而且對現代中國文學史的整體建構和重新書寫，都具有舉足輕重的作用。

〔註3〕吉登斯《現代性與自我認同》，三聯書店 1998 年版，第 16～17 頁。

中國現代文學史不僅是文本形成的歷史，還是一種包括文學生產、文學接受和審美效應產生與傳播的文學實踐史，而文學審美體驗則是其特質和內核。這作為一種共識，人們應該沒有異議。但是，以往人們在論述和分析文學審美體驗時，沒有或很少將審美體驗視為一種綜合的、整體性的人的精神體驗形式。須知，審美體驗是感覺、知覺、情感、意志和理性等人的各種精神能力在面對審美對象時的一種總體反應。過去，人們有意無意的強調審美體驗過程中的感覺、知覺和情感成分，將審美體驗降格為純粹的感性體驗、簡單的知覺感應和美的情感體驗，這不但忽視、排斥了審美實踐過程中的不可或缺的認知功能、道德體驗和理性判斷作用，也無法闡釋和說明當今世界越來越多的「審醜」現象。從發生學角度看，儘管審美體驗最初應來源於感覺、知覺和情感的愉悅和快感，但毫無疑問的是，審美體驗之所以高於這種愉悅和快感，就是因為這種體驗還可以鎔鑄認知的滿足、理性的判斷、道德的評價和意志的擴展等因素。當然，審美體驗中的這些構成要素與獨立的認知、道德、理性、意志體驗形式有本質的區別。在審美體驗的大範疇中，這些因素與感覺、知覺、情感一起構成了豐富完整的一種人類精神體驗形式。因此從知識學視角看，審美經驗不是一維和單向度的，而是一個多維度多層次的復合型結構。

我們常識和印象中的文學審美體驗，應該是美的快感和愉悅體驗。這種愉悅和快感體驗主要來源於感覺和知覺領域，是一切文藝實踐活動的原初經驗和基本層次，是文學審美體驗的最底線的品質與特徵。這一維度構成了審美體驗的最基本的必要條件。從審美體驗發生的視角看，創造者、接受者們通過審美體驗活動，使真實世界和審美世界產生了間離效果，對於真實世界的體驗昇華為審美世界的重新建構，現實的感覺、體驗脫去了庸常的色彩，上昇為對虛幻的美的世界的體驗與享受，從而使審美體驗在對真實世界的眾多體驗中脫穎而出，具有了自己的本質特徵。從審美體驗的過程和效應來看，「體驗──建構」作為基本的路徑是一個互動的過程，創造者、接受者都可以在現實世界與虛構世界的互動中獲得創造性的審美享受與體驗。不同之處在於創造者是文本的規定者，而接受者是文本的欣賞者與評價者。創造者通過對庸常的現實世界的重新規劃與設計，創造一個嶄新的虛幻的世界，從而實現「自我本質的確定」。接受者除了面對既成文本外，也有創造的主動性，須知文本是一個不確定的「空白結構」，接受者完全可以結合自己獨特的體驗對文本進行積極的再創造，以文本共同創造者的身份，依據文本提供的基本

條件激活其潛在的或可能的藝術能量，從而獲得高度的審美體驗與享受。

但是必須看到，上述的審美體驗活動基本上來源於感性、經驗和情感的層面，並不構成審美體驗的全部內涵。創造者與接受者通過文學審美體驗所實現的享受或自我本質力量的確證，應該是人的全部力量在另一個虛幻世界的真實展現。對於真實世界而言它可能是虛幻的，但對於人的精神世界而言則是真實可靠的。這個虛幻的世界是一種創造，是真實世界的延伸、補償或替代，在這個創造出來的虛幻世界中，體驗者獲得的是一種脫離日常規定的自由。在這樣一個「心造的幻影」中，體驗者最大的特點就是精神和審美的自由。體驗者既可以沉湎於這樣一個非實然的虛構世界中，放任在日常現實生活中遭受重重壓抑的自我，也可以欣賞、留連於虛幻世界美妙體驗，還可以自由地依照自己的想法任精神天馬行空，通俗來說就是可以肆意的嬉笑怒罵，從而賦予自己知識、感覺、情感、意志、道德體驗和價值判斷等等一系列範疇的體驗自由。更為重要的是，通過文學審美體驗活動，人們能夠形成新的對於真實世界的感覺、知覺、情感、意志、道德評價和理性判斷等方式，改變人們的心靈世界對於真實世界的感受和判斷的標準，而且會促使人們為了「理想」的模型而改變現實世界。我以為，這是審美體驗對於我們真實世界的最大的貢獻，也是審美體驗與人類其他精神形式在本質上的基本關聯處。但必須指出，審美體驗作為一種精神形式的獨特性在於，以審美的方式向人們提出人類社會認可的其它精神形式所無法解答的命題，使人們以審美的體驗和形式理解自身的存在以及存在的這個世界。

審美體驗的多維內涵，體現了文學實踐及其功能的全部可能性要求。它將感覺、知覺、情感、意志和理性等精神因素，融入到審美的表達形式中，從而形成人類精神的基本展現方式之一。當然，在文學創造、文學接受和審美效應的產生與傳播狀態中，文學審美體驗的多維內涵並不總是得到等量齊觀的呈現，也不是產生均衡的審美效應。它往往隨歷史境遇的不同而有所側重，往往因時代的特殊要求而強調某一維度的內涵，難以形成完整和諧的總體展現。同時，由於歷史語境的變遷，對於文學審美經驗的理解本身就處於一個動態過程，文學審美經驗內涵的實質意義與可能意義有一種距離，這一距離因理解方式和闡釋視野的差異而發生變遷，從而使文學審美經驗獲得歷史性的體現方式與價值追求。實質意義與可能意義的可變距離，使文藝作品成為一個複雜、多維的張力系統。

　　恩格斯在 1859 年 5 月 18 日致斐·拉薩爾的信中，曾有一個著名的論斷：
「我是從美學觀點和歷史觀點，以非常高的、即最高的標準來衡量您的作品
的。」〔註4〕由於恩格斯的論斷將美學維度與歷史維度分離，將其視為等值並
立的評論文學作品的尺度，遮蔽了文學的審美本質規定性和多維豐富性，這
顯然會造成把審美體驗局限於單維度的內涵。以至於後世的闡釋者依然保持
著同層面的理解：「美學或藝術哲學總是停留在同樣一些問題的圈子裏，——
它所以解決不了這些問題，不是由於它本身有什麼特別的過錯，而是由於它
的歷史視野的局限性。」〔註5〕事實上，對於審美體驗的單維度理解，不僅存
在於馬克思主義的批評實踐，在其他派別和形式的批語實踐中也如出一轍。
在過去對審美體驗的理解視野中，由於常識性認知方式的遮蔽和理論的封閉
性與惰性，人們往往強調純粹感性體驗維度的審美方式，忽略了它本身作為
人類精神表達形式的豐富性、包孕性和兼容性。

　　強調和獨尊純粹感性維度的審美方式，往往會造成感覺至上的審美主義
意念。「審美性的語義在古希臘語 aisthesis 即為感覺，審美學實為關係感覺的
學說。……用感覺性來代替審美性這一術語，並非僅為了調整視域。……感
覺性之語義還原，因此乃是深入審美現代性問題的一個必要步驟：描述現在
生活感覺的結構品質。」〔註6〕通過審美性語義還原調整視域後，我們能夠看
到，文學審美體驗正是對現在全部生活感覺的整體性把握與昇華，感覺性、
情感性只構成其基礎，而不是唯一。文學審美體驗實際上是一種綜合性的表
達手段和體驗方式，它所表達和體驗的生活或生命內涵是極為複雜、極為深
邃的。

　　因此，將審美諸觀念的重新理解作為解讀左翼文學作品和現象的一個重
要理論前提，就是非常必要的。

三、審美轉換與政治移情

　　文學是整個社會意識整體系統的子系統之一，是歷史和現實演進中的一
種社會象徵性行為，是一種想像和虛構的文本的生產、傳播、接受和評價的

〔註4〕《馬克思恩格斯論藝術》第 1 卷，中國社會科學出版社 1982 年版，第 30 頁。
〔註5〕米夫希茨《〈馬克思恩格斯論藝術〉序》，載《馬克思恩格斯論藝術》第 1 卷，
　　　　中國社會科學出版社 1982 年版。
〔註6〕劉小楓《現代性社會理論緒論》，上海三聯書店 1998 年版，第 330～331 頁。

過程，是人類精神和社會意識總體表達形態之一種。它進行生產、傳播、接收和評價的功能，通過其特殊的本質性的內涵體現出來，這種特殊本質內涵人們一般稱之爲文學審美體驗。文學審美體驗作爲文學特殊的本質內涵，是區別文學與其他人類意識和精神形式的最突出的標誌，而且賦予文學以特殊的功能，顯示出與其他社會意識子系統（如歷史、宗教、政治、法律、經濟、哲學、社會學及自然科學等等）迥然不同的對人生、社會和世界的體驗、理解、闡釋、說明、評估和改造方式。

以審美體驗爲本質屬性的文學，是人類諸種整體性表達形態之一，與其他社會意識子系統的表達形式處於同等層次。它們之間不是對立關係，而是平等的精神形態和思維展現方式，並呈現出相互包容、相互滲透的交叉狀態。文學審美體驗使文學這種特殊形式的社會意識，與其他形式的社會意識形態區別開來。它使文學以自己特殊的「話語」方式，一面維持著自身的生產，一面對其所處的世界產生能動性反應，從而確立了文學存在的理由，確證了它在人類精神領域的特殊位置。審美體驗使共時性與歷時性的社會意識以特殊方式展現出來，又使文學成爲社會意識的一種特殊的價值與行爲模式，向眞實世界發出了自己的聲音（即使是文學虛構的世界，也因爲審美體驗所生成的維繫功能，形成對於人有意義、有價值的實然化精神景觀）。

簡單來說，文學作爲人類一種總體性精神的審美表達形式，其文學審美體驗的功能，表現爲自身的建構和對現實世界的反作用，既可以是感覺上的快感、情感上的愉悅，也可以是認知範圍的擴大、倫理道德的淨化、理性判斷和價值評價的自由。姚斯在《走向接受美學》中談到：「如果文學史不僅是在對作品的一再反思中描述一般歷史過程，而是在『文學演變』過程中發現準確的、唯屬文學的社會構成功能；發現文學與其他藝術和社會力量一起同心協力將人類從自然、宗教和社會束縛中解放出來的功能，我們才能跨越文學與歷史之間、美學知識與歷史知識之間的鴻溝。文學研究者爲了這一任務而擺脫非歷史的陰影，如果這種努力值得的話，它也能回答這一問題：我們今天仍然——重新——研究文學史，目的何在？」〔註7〕從這種意義來說，文學審美體驗產生的文學的解放和社會構成功能，不僅體現於文學在歷史過程中發生作用方面，也表現爲它相對於眞實世界的不朽性和永恒性。它可以超

〔註7〕 姚斯、霍拉勃《接受美學與接受理論》，遼寧人民出版社 1987 年版，第 55～56 頁。

越時空限制，表達人性恒定的基本構成元素，將文學的功能和價值，在歷時性與共時性的諸多交匯點上結合起來，將文學實踐的歷史顯現，與其作爲人類審美活動結晶的不朽性結合起來。也正是在這個意義上，中國現代文學闡釋系統通過審美體驗中感覺的調節、認知的變化和理性的判斷的綜合功能，能夠形成一種文學化的現代中國社會意識的總體性審美表達方式。它不僅涵蓋容納當下的審美體驗，也包容著歷史的審美體驗，以精神現象總體化表達的理性尺度和文學言說作爲社會意識子系統的獨立的價值功能。

在這樣一個標準和語境中，由於它的動態性、開放性和多元性，我們就能夠以兼容並包的胸懷，復活一個世紀以來中國現代文學遺留的體驗和精神，使它能夠爲現今時代所感知，並從中汲取創造的動力。中國現代文學史研究也就會贏得其自足性、開放性存在的合法性理由與合理性依據。不但能滿足其研究者擺脫權力監控機制的願望，而且會獲得嶄新的方法論。它不僅關注文學自身的性質，也將歷史、政治、文化和宗教等等諸範疇的體驗，容納進自己的闡釋視野，以具有豐富包孕性的審美體驗方式，發出於對於這個世界的話語言說。它使文學本文不再簡單地存在於特定歷史語境中，而且以積極的姿態參與到當下境遇的創造之中。

「一部文學作品，並不是一個自身獨立、向每一時代的每一讀者均提供同樣的觀點的客體。它不是一尊紀念碑，形而上學地展示其超時代的本質。它更多的像一部管絃樂譜，在其演奏中不斷獲得讀者新的反響，使本文從詞的物質形態中解放出來，成爲一種當代的存在。」〔註8〕在對審美觀念進行重新理解和闡發的基礎上，我們將能夠建構一個開放性、動態性、多維性和整體性的批評期待視野，使中國現代文學諸多複雜現象得到恰當的處理，許多困惑我們文學理念的矛盾衝突會得到合理的解釋。也就是說，將中國現代文學建立在審美體驗的重新闡釋之上，不僅重建了形式主義審美自治論一度喪失的歷史感和方向感，而且還拓展了文學審美體驗的時間深度和空間廣度，使人們能夠認識到一部文學作品、一種文學現象的現存意義與實質意義之間的可變的距離。

這對於我們對中國左翼文學的理解與闡釋，是一個嶄新的理論參照系和堅實的審美度量衡。比如在中國現代文學傳統闡釋系統中，強調文學審美性的作家與強調文學功利性的作家構成了難以調和的矛盾，研究者無法以相同的標準進行合理闡釋。在審美闡釋學視野中，這種理論困境將得到消解。像

〔註 8〕姚斯、霍拉勃《接受美學與接受理論》，遼寧人民出版社 1987 年版，第 26 頁。

沈從文、梁實秋、錢鍾書、張愛玲、周作人等遠離政治、傾向於人性和純粹審美性的作家，不僅因爲其作品能與我們當下的審美需求產生共鳴而受到關注，而且其作品因爲在文化人類學意義上展現了對人的審視和解放功能，便可以在審美經驗的層面上獲得更爲深化的理解。那些強調文學功利性的作家，像「左翼文學」作家，他們的文學創作和主張更爲直接性地體現審美闡釋學的規則，即：「左翼文學」遺留下來的文本，不僅證明了其創造者在當時歷史境遇下通過文本創造而獲得審美體驗快感，而且當時「人們心中普遍蘊蓄的『政治焦慮』在對左翼和進步文藝作品的共鳴性閱讀中得到了『審美性置換』。……左翼革命文學受到讀者熱烈歡迎，藝術並不是最重要的原因，而主要是由於其普遍的政治文化心理導致的文學需求所造成的。」〔註9〕人們不僅在「左翼文學」營造的革命浪漫蒂克主義的藝術氛圍中，得到一種置換性的審美體驗，而且從中發現了獲得知識信念、道德體驗、價值判斷等理性活動的自由，進而形成看待社會歷史的新經驗、新方式。對於中國左翼文學的創造與接受而言，審美活動實際上轉化成了一種政治移情，由於審美是對於感覺、知覺、情感、意志和理性的整體表達形式，因此它與政治衝動在文學的幻想世界中實際上融爲一體。

但是，由於它和當前國家權力機制的歷史淵源，由於「革命」成爲人們解構的對象，由於人們審美趣味的偏嗜，因而人們往往將文學創作和接受過程中的「政治移情」逐出審美經驗的視野。事實上，它所生成的審美體驗和審美幻想，與那些追求所謂藝術性、不朽性作品的審美經驗，處於同一界域和層次，都是在不同歷史境遇展現出來的文學特質。它們是審美經驗作爲文學本性的不同維度的具象形態。正如今天人們欣賞具有審美性和超越性的作品、否定政治性和功利性的作品一樣，在一個崇尚「革命」的時代，審美經驗更容易體現爲政治性和現實功利性的追求，對當時境遇中的創造者、接受者來說，政治的文學化或者說審美轉化爲政治移情，完全可以形成一種審美滿足，而追求純粹情感性審美體驗或者說是藝術性的作品，則往往遭到貶抑，這也許就是時代使然。我們應當深刻地認識到，在不同歷史時段和不同社會層面，審美經驗表達都有其側重的維度，但文學史研究者不能因自身的審美偏嗜而無視審美經驗的豐富性、時代性和總體性。這對於理解中國左翼文學作品世界的審美性，尤爲重要。

〔註 9〕朱曉進《政治文化心理與三十年代文學》，載《文學評論》2000 年第 1 期。

第十章　革命激情與文學審美新時尚

　　馬克思主義在「五四」時代就已經傳入中國，並產生了一定影響。但是此時它只是作爲西方諸多思潮中的一支，爲部分「先進」的知識分子所傾慕，尚未上昇到「獨尊」的地位，也未產生「君臨天下」的巨大思想統攝力和影響力。對於中國的廣大文人知識分子而言，對馬克思主義的廣泛認同和接受，特別是在文學實踐領域大顯身手，是 20 世及 20 年代中後期以後、特別是左翼十年間的事情。這一時期，是中國 20 世紀上半葉最少紛爭與板蕩的「統一」時期，也是國民黨統治史上「最穩固」的歷史時段。恰恰就在這樣一個相對平靜的歷史間隙中，中國出現了一個以馬克思主義爲精神指南的文人知識分子集團，在他們熱誠的鼓吹、宣傳下，馬克思主義開始成爲中國思想、文化和知識界、特別是文學界的主流思潮之一。

　　在 20 世紀 20 年代中後期，急劇惡化的國內政治狀況和飛速變化的國際形勢，使大批心靈敏感、感情脆弱、又往往「以天下爲己任」自居的文人知識分子，轉向馬克思主義的接受和實踐，以期在它的指導下尋找到國家、社會和個人的前途。在文學、文化等領域積極探索和實踐馬克思主義學說，成爲流行在當時激進文人知識分子群落中的文化時尚。「左翼革命文學之所以受歡迎，就是由於它們較多地表達了『公眾所珍視的政治思想』，在最大程度上順應了公眾的政治取向以及由此形成的社會心理。」[註1]左翼文學以革命爲興奮點的創作實踐，與大眾政治關懷的普遍社會群眾心理緊密結合起來，成爲那個時代的先鋒文學、實驗文學、新潮和時尚文學。由此，左翼文學創造

〔註 1〕　朱曉進：《政治文化心理與三十年代文學》，《文學評論》2000 年第 1 期。

了現代文學發展的新潮流和新時尚，以富有震撼力和衝擊力的革命美學、暴力美學，改變了以資產階級意識形態爲核心的美學趣味和美學理想一統天下的格局，拓展了現代文學的審美創造空間和審美理想的重塑。

一、政治對文學創作的理性要求

在一個社會結構中，當具體的政治運作和實踐直接牽涉到社會上大多數人的命運和神經時，當大多數人懷著緊張的心理關注著這個社會的實際控制者是否會造成危害時，濃厚的政治情結和焦慮情緒就會不自覺地形成「恐怖」的社會文化心理氛圍。正是在這樣黑暗的一個現實境遇中，大多來自於社會中下層的左翼作家們，懷著沉重而慘痛的社會人生體驗，絕不苟安於世，鄙夷資產階級風花雪月的文學趣味，重新賦予革命以新的理論內涵和歷史方向，將目光瞄向全社會的各個角落，特別是下層社會，力求深刻、全面、真實地反映時代的風貌，力圖將中國現代文學創作推向新的歷史發展階段。他們在血雨腥風的黑暗殘酷現實面前，以改造社會爲己任，努力以文學反映社會的真實狀況，自覺將文學創作擺在爲勞苦大眾擺脫階級壓迫爭取自由而鬥爭的位置上，表現出以爭取工農大眾解放爲旨歸的革命人道主義精神。左翼作家們以筆爲武器，將夢想融合進作品中，以昂揚的政治激情唱響了革命之歌。他們爲追求民主、自由、平等的社會人生理想，不但將文學而且將自己的生命奉獻上了歷史和革命的祭壇。

正如許多學者們所看到的，政治與藝術雙重主旋律的交織，是這一時期文學最爲明顯的特徵。這也意味著對左翼文學的評價必須兼顧這兩方面的要求。審視這一時期的文學創作，如果僅僅以政治內涵的有無或強弱作爲評價尺度，無論是褒是貶，都無法準確地理解和判定它們在歷史精神版圖和文學版圖上的地位與作用。在今天的歷史境遇下，我們能夠深刻地意識到文學與政治是兩種形式不同但價值平等的人類精神形式，但在 20 世紀 2、30 年代的白色恐怖環境中，在當時許多左翼文人知識分子眼中，文學藝術行爲很可能就等同於政治行爲，文學藝術和政治在革命的耀眼光環下具有了共同的生命發展路向。恰恰是強烈的政治關懷意識和理性要求，使文人知識分子們走出「五四」時代以個性解放爲本位的狹窄天地，將目光和激情轉向廣闊而劇烈的社會變動、轉向民生疾苦、轉向階級鬥爭，用文學創作和文學行爲來思考社會和人生，文學也因爲深邃的政治理性精神的參與而尋找到了廣闊、深厚的社會生活的生長沃土。

這使文學創作的題材得到了規模空前的開拓，表現角度得到了深度開掘，敘事視野、敘事手段、小說結構、情節設置都具有了尖端性和前衛性的時代特點。短短的十年間，不但產生了茅盾這樣的左翼文學巨匠，而且出現了蔣光慈、洪靈菲、柔石、殷夫、丁玲、張天翼、沙汀、艾蕪、蕭軍、蕭紅等等一大批優秀的左翼文學作家。他們從各自的真實的現實體驗和感受出發，在政治激情的引導下，特別是在新的文學題材和新的文學品種試驗與開拓上，都始終站在當時文學創作的前沿，引領當時文學創作的時尚。反抗政治專制主義和反抗文化專制主義的政治理性要求，使他們所獲得的文學成就，是一般文人知識分子所達不到的，而且在最大程度上實現了文學的社會功能。

對這一問題的深入研究，應當先追溯一下中國左翼文學的興起。

魯迅在《上海文藝之一瞥——八月十二日在社會科學研究會講》這篇嬉笑怒罵、酣暢淋漓的文章中，對左翼文學的興起曾有一段著名的分析：「革命文學之所以旺盛起來，自然是因為由於社會的背景，一般群眾，青年有了這樣的要求。當從廣東開始北伐的時候，一般積極的青年都跑到實際工作去了，那時還沒有什麼顯著的革命文學運動，到了政治環境突然改變，革命遭了挫折，階級的分化非常顯明，國民黨以『清黨』之名，大戮共產黨及革命群眾，而死剩的青年們再入於被壓迫的境遇，於是革命文學在上海這才有了強烈的活動。所以這革命文學的旺盛起來，在表面上和別國不同，並非由於革命的高揚，而是因為革命的挫折；」同時他又認為：「但那時的革命文學運動，據我的意見，是未經好好的計劃，很有錯誤之處。例如，第一，他們對於中國社會，未曾加以細密的分析，便將在蘇維埃政權之下才能運用的方法，來機械地運用了。再則他們，尤其是成仿吾先生，將革命使一般人理解為非常可怕的事，擺著一種極左傾的兇惡的面貌，好似革命一到，一切非革命者就都得死，令人對革命只抱著恐怖。其實，革命是並非教人死而是教人活的。這種令人『知道點革命的厲害』，只圖自己說得暢快的態度，也還是中了才子＋流氓的毒。」接著他又借題發揮：「無論古今，凡是沒有一定的理論，或主張的變化並無線索可尋，而隨時拿了各種各派的理論來做武器的人，都可以稱之為流氓。」〔註2〕儘管魯迅的借題發揮摻雜著無法忍耐舊傷新痛的意氣之辭，但是，魯迅對左翼文學興起的社會語境、人員構成等等，乃至分析「計劃」的致命錯誤之處，無疑都是相當精到的。

〔註2〕載《魯迅全集》第4卷，人民文學出版社1981年版。

且不說左翼文學的提倡者們是否中了「才子＋流氓」的毒，隨意拿各派的理論作武器，「從自悲自歎的浪漫詩人一躍而成了革命家」〔註3〕，某些左翼文學運動參與者個體甚至是團體，的確也存在著如魯迅所說的「突變過來」、「突變回去」現象。但是，拋開魯迅和左翼激進派們的恩恩怨怨，這次的大規模「突變」，卻有一整套思想理論體系和實踐方略來支撐，並且「計劃」著這些理論和文學的關係（可惜「計劃」沒有「變化」快，「政策」和「對策」也往往錯位）。更爲重要的是，這種「計劃」對中國現代文學的影響是巨大和嚴重的，流風所及至今不衰，且其「細密」和「全能」程度，於今尤烈。也正是因爲這些「計劃」的提神打氣，使中國左翼文學運動在中國革命遭受嚴重挫折的時候，反而呈現如魯迅所說的與別國不同的「旺盛」景觀。

這種「計劃」的正式名稱，就是人們常說的「放之四海而皆準」的馬克思主義（請注意：這裡的馬克思主義並非是原典馬克思主義，而是經過蘇俄和日本以及國內左翼激進派知識分子權威虛構之後的馬克思主義）成爲左翼文學運動的精神指南。現代中國文學的發展航向就此改變，正如有的研究者所說：「20年代末和30年代在中國產生和發展起來的左翼無產階級文學運動，是決定著此後至今的中國新文學發展的整體面貌的一個關鍵性的文藝運動，沒有這個運動和如果這個運動當時不是那樣一種面貌，其後的整個中國文學也不會是現有的面貌。」〔註4〕顯然，在支撐這一文學思潮和流變的諸多因素中，理性特別是政治理性的作用是非常突出的。

《簡明不列顛百科全書》這樣界定理性：「哲學中進行邏輯推理的能力和過程。嚴格地說，理性是與感性、知覺、情感和欲望相對的能力（經驗主義者否認它的存在），憑藉這種能力，基本的眞理被直觀地把握。這些基本的眞理是全部派生的事實的原因或『根據』。在康德那裡，理性是通過統攝原則把知性提供的概念綜合爲統一體。康德把提供先天原則的理性稱作純粹理性，並將它和專門與行爲活動相關的實踐理性區別開來。在形式邏輯中，推理從亞里士多德起就分爲演繹的（從一般到特殊）和歸納的（從特殊到一般）兩種。在神學中，理性有別於信仰，它是或者以發現的方式，或者以解釋的方

〔註3〕甘人《中國新文藝的將來與其自己的認識》，載1927年11月《北新》第2卷第1期。

〔註4〕楊占升《〈中國左翼文學思潮探源〉序》，載艾曉明《中國左翼文學思潮探源》，湖南文藝出版社1991年版。

式來對待宗教眞理的人類理智。對理性的使用界限，不同的教會和思想的不同時期有不同的規定。總的來說，現代基督教，尤其是新教教會趨向於容許理性有廣闊的範圍。但是，仍把神學的終極（超自然的）眞理保留在信仰的領域裏。」〔註5〕如果從一般的或者世俗的思想史角度來看，理性精神和能力是人類的一種普遍的精神與能力，它的最爲集中、系統和明顯的表述，毫無疑問當首推西方18世紀啓蒙運動的訴求。正如卡西勒所強調的，如果用一個詞來表達人類的這種精神和力量時，就稱之爲「理性」，而且這種精神和力量「認爲思維不僅有模仿的功能，而且具有塑造生活本身的力量和使命。思維的任務不僅在於分析和解剖它視爲必然的那種事物的秩序，而且在於產生這種秩序，從而證明自己的現實性和眞理。」〔註6〕直到20世紀乃至今天，大多數人依然相信運用理性，可以使人類獲得關於自然和社會的各個方面的眞理性認識，不但能夠發現各領域的規律，而且能夠指導人們在這些領域中向更完美的境界前進。理性作爲人類進步的主要力量，已經成爲人類思想認識的主流。馬克思主義不但是這種思潮的集大成者之一，而且將理性思維實踐變成一種聲勢浩大的社會實踐——共產主義運動。這一運動作爲一種（集體）人道主義的理性主義思潮，在20世紀的歷史上是作爲一種解放和進步的意識形態出現的，在這一思潮的勢力範圍所及之處，「理性變成了統一知識、倫理和政治的巨大的神奇力量。」〔註7〕當然，在（中國）馬克思主義話語內部，展現理性這種神奇力量的是所謂的馬克思主義的理論、原則和方法。

事實上，馬克思主義在中國由理性思維轉化爲社會實踐，主要是以政治實踐的形式實現的，而且涵蓋和統攝了包括政治、經濟、軍事、文化、道德、倫理諸種精神領域，文學自然不能例外。由於政治實踐的總體性、直接性和目的性，它的理論、原則和方法往往又以眞理的面目成爲最終和最高的評判尺度，它不但要求政治領域之內的人和事都服從於自己的目標，而且要求其他精神領域的發展方向也都必須符合自己的現實追求。中國左翼文學的產生、發展與變異，就是一個極爲明顯的例證。前文我們已經就政治理性與左翼文學的價值追求、左翼文人知識分子與政黨政治的關係、中國馬克思主義

〔註5〕　《簡明不列顛百科全書》第5卷，中國大百科全書出版社1986年版，第239頁。

〔註6〕　卡西勒《啓蒙哲學》序，山東人民出版社1988年版。

〔註7〕　莫蘭《複雜思想：自覺的科學》，北京大學出版社2001年版，第121頁。

意識形態文學觀念及審美觀念的再理解等層面分析了政治理性在文學領域的轉化。但是毫無疑問，文學領域的中心環節是文學文本，而文學文本的最沒有爭議的形態就是傳統意義上人們所謂的作品，產生作品的過程和行為則是創作。下面就結合作品及作品的創作，來分析理性特別是政治理性與左翼文學的關係。

很顯然，政治理性在作品中的呈現、或者說作品對政治理性的表現，並不一定存在必然的因果關係，二者產生聯繫也是一個複雜的、曲折的甚至是偶然的過程。以政治價值坐標為取向的理性思維，對左翼文學文本的產生來說，只是可能起一種導向的作用，但並非是一種決定性的作用。當年左翼激進派極力強調，一個作家只要具有了無產階級世界觀、具有了無產階級的階級意識、掌握了唯物辯證法的創作方法，就能夠寫出革命的和無產階級的作品。但結果卻是公式化、模式化、臉譜化、概念化的標語口號文學的泛濫，面對反對者「拿出貨色」的指責，連那些左翼激進派都不敢理直氣壯的承認那是文學作品，只能對外說這是革命文學走向成熟過程不可避免的現象、醉死不認那一壺，對內則相互批判、相互詰難。

說到家，一部真正成熟的文學作品的誕生，最為根本和直接的因素是作家對所描述對象的真切的、深厚的體驗，是將感覺、情感、知性、理性和意志等等人所具有的感知、認識、判斷、綜合與解釋能力融為一體的一個過程，是借助於符合文學創作自身規律的文學手段進行再創造的過程。魯迅就曾經設想創作一部以紅軍鬥爭和蘇區生活為題材的長篇小說，儘管搜集到不少素材，他自己也有這個主觀意圖，黨的政治領導人和許多職業革命作家更希望有這樣一部作品。但是，深諳文學創作規律的魯迅最終因為缺乏真實的體驗而作罷。被人們所詬病的「革命＋戀愛」題材的流行與泛濫，在很大程度上卻真實反映了「大革命」失敗後，傾向革命的知識分子自我抉擇過程中的一種真實和沉痛的心路歷程的情緒化展現，它的出現是急劇變化的社會情境通過焦灼心理在文學上的反映。

但是不能輕視的是，文學作為人所具有的一種面對整個世界、社會和人生的綜合的精神形式，除卻情感的、經驗的和生命的諸種因素之外，理性精神也是一種規約、引導文學行為的重要因素。特別是在一場聲勢浩大的文學運動中，理性的判斷、分解和整合能力是相當強大的，它不但在意識層面有明確的表述，甚至能夠構成潛意識的心理動力，與情緒、意志等人的非理性

因素協同發揮作用。文學創作中，理性思維在作品的題材、體裁、主題、結構、情節、人物、語言等環節，都不可避免的發揮著重大作用。這種作用可能是直接的，更可能是無意識的，可能與文學理論行為層面的表述不盡一致，但文本中蘊含的理性精神經過文學內在規律和審美形式的包裝，有時甚至比純粹的理論言說更具現實效力。這正如有的學者在批判瞿秋白、周揚、馮雪峰、梁實秋、胡秋原等理論家在思想領域叫得最響卻沒有閃光的創作的同時，又認為「30 年代一些最具創造力的作家——茅盾、老舍、吳組湘、張天翼、巴金、曹禺和聞一多都是左傾的」，而這「主要是日益受到社會政治環境影響的個人良知與藝術敏感的一種表達」。〔註 8〕這種「左傾」的主要精神動力，顯然與作家的政治理性判斷和建構能力，有著密不可分的直接關係。

　　應當看到，「理性主義的普遍原則和高揚人的觀念相結合曾經是奴隸和被壓迫者的解放、人人平等、公民權利、人民的自主權利等思想的酵素。」〔註 9〕它使人們（包括文學家們）觀察社會體驗人生的眼光，潛在的具有了一個價值框架。現在大多數學者都不能不承認，20 世紀 30 年代的作家們在繼承「五四」文學遺產的同時，達到了「五四」新文學早期實踐者們未能達到的觀察深度和高超技巧，與此共生的是因社會和政治危機而出現的強烈的憂患意識。而這種憂患意識的產生與解決，毫無疑問與作家們的理性的政治判斷與政治選擇密切相關。政治與藝術雙重主旋律的交織，是 20 世紀 30 年代文學主潮最為明顯的特徵。理性的政治目標和政治原則，對那些自覺以政治的價值標準作為評判一切的首要尺度的作家文人知識分子來說，其影響和作用更為直接和明顯，無論這個作家是傾向於國民黨還是傾向於共產黨。正如黃震遐的《黃人之血》是借文學圖解國民黨民族主義文學的政治意識形態追求一樣，大部分左翼作家在自己的創作中也都自覺的貫徹著和滲透著傾向共產黨的政治意識形態追求。儘管這種理性的政治追求在具體的作品中表現的程度不同，但是毋庸置疑的是，這種追求是左翼作家們一種理性的自覺的創作傾向。

　　在左翼文學史上，有兩篇理論文獻值得我們重視。這兩篇文獻不但比較全面系統的闡釋了左翼文學的創作問題，而且比較集中體現了政治目標和政治理論、原則、方法對文學創作的要求，或者說政治對文學創作的理性要求

〔註 8〕《劍橋中華民國史》下卷，中國社會科學出版社 1994 年版，第 506 頁。
〔註 9〕莫蘭《複雜思想：自覺的科學》，北京大學出版社 2001 年版，第 123 頁。

（當然不是說在這兩篇文獻的指導下，左翼文學創作發生了什麼樣的變化，而只是說它們在政治理性影響文學創作的中間環節上具有典型意義）。

一篇是發表在 1931 年《文學導報》第 1 卷第 8 期的《中國無產階級革命文學的新任務》。這是一篇以左聯執委會決議形式出現的文獻。它的第五部分直接論述了「創作問題——題材，方法，及形式」，而且從這三個方面為左翼文學創作「提示最根本的原則」。就題材而言，這篇文獻強調：「作家必須注意中國現實社會生活中廣大的題材，尤其是那些最能完成目前新任務的題材。」具體言之，就是「必須抓取反帝國主義的題材」、「必須抓取反對軍閥地主資本家政權以及軍閥混戰的題材」、「必須抓取蘇維埃運動，土地革命，蘇維埃治下的民眾生活，紅軍及工農群眾的英勇的戰鬥的偉大的題材」、「必須描寫白色軍對『剿共』的殺人放火，飛機轟炸，毒瓦斯，到處不留一雞一犬的大屠殺」、「還必須描寫農村經濟的動搖和變化，描寫地主對於農民的剝削及地主階級的崩潰，描寫民族資產階級的形成和沒落，描寫工人對於資本家的鬥爭，描寫廣大的失業，描寫廣大的貧民生活」，而且強調，這些才是「中國無產階級革命文學所必須取用的題材」，並且要拋棄那些表現小資產階級知識分子觀念的虛偽題材（著者按：其實這些題材才真實地表現了當時歷史情景下文人知識分子對革命的真實心態，儘管幼稚，也可能是不切實際的想像，但決不是虛偽的無現實依據的）。就方法來說，這篇文獻強調「作家必須從無產階級的觀點，從無產階級的世界觀，來觀察，來描寫」。就作品形式來說，這篇文獻強調「作品的文字組織，必須簡明易解，必須用工人農民所聽的懂以及他們所接近的語言文字，在必要時容許使用方言。因此，作家必須竭力排除智識分子式的句法，而去研究工農大眾言語的表現法。……作品的體裁也以簡單明瞭，容易為工農大眾所接受為原則。」

另一篇是瞿秋白發表在 1932 年《文學》第 1 卷第 1 期的《普洛大眾文藝的現實問題》。這篇文章將文藝大眾化與新文藝為誰服務的問題聯繫起來，指出建設中國普洛大眾文藝是為了形成列寧所說的「為幾百萬幾千萬勞動者服務」的新文藝，「為著社會主義而鬥爭」，應當「在思想上意識上情緒上一般文化問題上，去武裝無產階級和勞動群眾」。作者圍繞普洛大眾文藝在實踐過程中面臨的「用什麼話寫」、「寫什麼東西」、「為著什麼寫」、「怎麼樣去寫」、「要幹些什麼」等五個方面的問題，對普洛大眾文藝的語言、體裁、題材內容、創作原則以及當時的具體任務，全面系統地闡釋了自己的觀點。作者認

爲普洛大眾文藝不能用文言、「五四式」白話和章回體白話，而要用「現代話來寫，要用讀出來可以懂得的話來寫」。體裁應當是「樸素的」，「和口頭文學離得很近」。在內容上，應當是「鼓動作品」，「爲著組織鬥爭而寫」，「爲著理解階級制度之下的人生而寫」，「是要在思想上武裝群眾，意識上無產階級化，要開始一個極龐大的反對青天白日主義的鬥爭」。在創作方法上，「要從無產階級觀點去反映現實的人生，社會關係，社會鬥爭」，反對資產階級的「感情主義」、「個人主義」、「團圓主義」、「臉譜主義」，必須用「普洛現實主義的方法來寫」。當前的任務則是開始「俗話文學革命運動」、「街頭文學運動」、「工農通信運動」、「自我批評的運動」。

這兩篇文獻，較爲集中和明確的表達了左翼文人知識分子對文學創作的理性訴求和理論設計。當然，我們還沒有充足的實證材料來證明左翼作家們如何受這兩篇文獻的影響進行創作。我們所重視的，是這兩篇文獻集中體現了理性的政治原則對文學創作的具體要求，它們反映和代表了左翼理論家們和左翼作家創作中的一種認識的總體趨勢。這種總體趨勢除了較明顯的存在於左翼理論家的理論言說和左翼作家早期那些打打殺殺、標語口號式的作品之外，在整個左翼十年間的左翼文學創作中，這種總體趨勢對左翼文學的題材的選擇、主題的建構、人物的塑造、結構的編排、情節的設置、乃至篇幅的長短，都產生了不容忽視的影響。我們今天所看到和感受到的左翼文學的整體面貌，在相當程度上與左翼作家們自覺的、理性的政治追求有著直接的和關鍵的作用。

毫無疑問，理性的政治目標在文學領域的最明顯和最富邏輯性的表現，存在於文學思潮和文學理論的訴求之中，但文學思潮和文學理論的理性訴求絕不等同於文學作品對理性的政治追求的表達。馬爾庫塞對藝術與革命關係的論述是富有啓發意義的：「藝術不能越俎代庖，它只有通過把政治內容在藝術中變成元政治的東西，也就是說，讓政治內容受制於作爲藝術內在必然性的審美形式時，藝術才能表現出革命。」〔註10〕如果說藝術作品僅僅停留於觀念形態的階段，或者說以表現意識形態追求爲直接的任務，而不是遵循政治內容服從於藝術內在的必然的審美形式的前提，那麼作品就很容易流於淺薄和空洞的喊叫，淪落爲宣傳品和傳聲筒，很難稱之爲文學作品。這也是今天左翼作家的作品廣受非議的一個重要方面。

〔註10〕馬爾庫塞《審美之維》，廣西師範大學出版社 2001 年版，第 163 頁。

　　魯迅在《關於小說題材的通信》中就強調：「現在能寫什麼，就寫什麼，不必趨時，自然更不必硬造一個突變式的革命英雄，自稱『革命文學』；但也不可苟安於這一點，沒有改革，以致沉沒了自己──也就是消滅了對於時代的助力和貢獻。」〔註11〕魯迅的回答是模稜兩可和兩難的，「趨時」容易使藝術喪失自我，「苟安」則易導致藝術社會功能的自我閹割，或許魯迅對此也是無奈的，在那樣一個社會文化環境中既不「趨時」又不「苟安」，是難於上青天。事實上，這既是當時文學創作面臨的困境，也是包括魯迅在內的一大批獨立自由的文人知識分子人生抉擇的困境。如果我們從這個角度來考察左翼文學作品，不難發現，在整個左翼十年間，絕大部分左翼作家的作品或多或少都存在著「硬造」現象。但是，因為這一現象的較為普遍性，而全盤否定左翼作家對於文學自身的追求，看不到他（她）們追求文學內在審美性的努力，也是不客觀的。我們必須看到，為了實現「對於時代的助力和貢獻」，在尊重文學藝術的自律性和自足性的前提下，左翼作家作品還是努力「把政治內容在藝術中變成元政治的東西」，因為即使那些最激進的左翼文人知識分子也對觀念形態的作品和標語口號式的文學創作心懷不滿。許多左翼作家比如左聯五烈士成為職業革命家，也沒有忘記自己作為文學家身份和社會角色。或者說許多左翼文人知識分子的定位是介於革命家和文學家之間，其言行同時受到這兩個領域的雙重規定。

　　下面我們就左翼文學創作的諸多方面，來考查一下左翼作家如何在文學創作中將政治理想、政治判斷等理性思索轉換為文學的元話語，或者說如何依據藝術自身的原則和要求轉換「元政治」衝動的理性企圖，亦即政治理性精神和革命意識形態追求在作品中如何顯現。

二、革命浪漫蒂克的社會政治文化心理探詢

　　中國左翼文學的興起，以普羅文學的倡導與實踐為前鋒。在早期普羅文學實踐中最激動人心、令人血脈賁張的，或者說使早期普羅文學作家們聲震文壇、領一時風騷的，大概莫過於革命浪漫蒂克小說創作潮流的崛起與風靡。

　　以「東亞革命的歌者」自居的蔣光慈，是中國普羅文學的先驅和開山，堪稱是革命浪漫蒂克小說的先驅和巔峰。1925 年 1 月，蔣光慈出版了詩歌集

─────────────────

〔註11〕《魯迅全集》第 4 卷，人民文學出版社 1981 年版，第 369 頁。

《新夢》，開創了無產階級革命詩歌的濫觴，熱情謳歌俄國十月革命和社會主義社會：「十月革命，／又如通天火柱一般，／後面燃燒著過去的殘物，前面照耀著將來的新途徑。／哎，十月革命，／我將我的心靈貢獻給你吧，／人類因你出世而重生。」另有詩集《哀中國》、《哭訴》、《戰鼓》和《鄉情集》。詩如其人，人如其詩，蔣光慈浪漫而短暫的一生，始終和他吟唱的革命理想相伴，與革命的恩怨糾葛也如影隨形（如：蔣光慈浪漫不羈的行為和革命組織的紀律性之間的衝突，革命浪漫蒂克情緒低迷之後蔣光慈對革命事業的再認識，高昂的革命情緒與消沉的革命意志之間的轉換與影響，等等）。

蔣光慈更為傑出的文學成就在小說領域，他的革命浪漫蒂克小說不但風靡一時，開創了一個時代的文學審美時尚，而且作為流行的文學審美趣味與審美理想，影響了一代青年的社會選擇與人生追求。

蔣光慈的早期小說代表作是著名的《少年漂泊者》、《鴨綠江上》和《短褲黨》。《少年漂泊者》是一部書信體自敘傳小說，主要角色是孤兒汪中，他在致詩人維嘉的長信中，傾吐了近 10 年的漂泊歷程，表達了對社會黑暗的強烈控訴，抒發了內心對社會公正、對人生正義的強烈訴求。汪中最後在戰場上獻身革命理想。《少年漂泊者》在某種意義上是一部成長小說和教育小說，少年汪中歷經坎坷和屈辱的漂泊，最終成長為一個獻身革命理想的革命者，不但表明了革命對一個青少年成長的引導作用，而且對許多和汪中有著相同或相似人生體驗的青少年來說，不啻於是人生的示範和教誨。這部小說洋溢著濃烈的反抗精神與革命鼓動性，在當時就激起了許多人特別是底層青年人的強烈共鳴。《鴨綠江上》以「圍爐夜話」的形式，講述了朝鮮青年李孟漢和金雲姑在家破國亡境遇中的戀愛史，小說寫的沉痛悲壯、清麗哀婉，具有較高的藝術魅力。《短褲黨》直接取材於現實的政治事件，以粗糙但充滿激情的筆觸敘述和描繪了中國革命史上轟轟烈烈的一幕，其意義正如他在該書序言中所說的：「本書是中國革命史上的一個證據，就是有點粗糙的地方，可是也自有其相當的意義。」人們常說：義憤出詩人！從發生學的視野和角度考諸革命浪漫蒂克小說的風行，顯然政治理想遇挫之後的激情反彈，政治焦慮和政治關懷在文學領域的轉移，是這一文學潮流產生並壯大的最源初的、最富生命力的社會心理和文化動因。

在 1928 年至 1930 年的普羅文學高潮中，蔣光慈的創作和影響也開始登上巔峰，正如郁達夫所指出的：「一九二八、一九二九以後，普羅文學執了中

國文壇的牛耳，光赤的讀者崇拜者，也在這兩年裏突然增加了起來。」〔註12〕
著名的作品有《野祭》、《菊芬》、《最後的微笑》、《麗莎的哀怨》和《衝出雲
圍的月亮》。《野祭》開創了「革命＋戀愛」小說創作模式的先河，以革命文
人陳季俠憑弔「天使似的女戰士」章淑君爲敘事、抒情線索，講述了彷徨中
的文人知識分子的人生選擇，將愛情的價值和革命的價值捆綁在一塊，通過
革命來解剖愛情，又通過愛情來展現革命的價值，「革命＋愛情」作爲人生最
美好事物的象徵，卻遭到黑暗於專制的扼殺。小說寫的如泣如訴、纏綿悱惻，
讀來令人痛心不已，讓人感到無比憤怒與沉重。自此之後，革命浪漫蒂克小
說成爲左翼文學運動中最富精神衝擊力和藝術蠱惑力的文學現象。或許在 30
年代的許多小說中，人們仍然可以依稀辨出革命浪漫蒂克的味道和氣息，甚
至在小說敘事模式中這種痕跡依然十分濃重。

　　蔣光慈的長篇《衝出雲圍的月亮》，是富有藝術生命力和感染力的革命浪
漫蒂克小說的「標本」之作。小說的核心人物王曼英，最初懷著對社會改造、
人生理想的無限憧憬，在大革命的激流中加入了革命隊伍。但風雲突變，打
倒軍閥、打倒土豪劣紳很快變成了革命陣營內部的清洗與屠殺，浪漫理想與
革命熱情轉眼墜入血腥與污穢，代表著未來與希望的大革命失敗了。驚愕、
恐懼和惶惑使王曼英陷入了深深的精神危機、陷入了自我的懷疑與自暴自
棄：「曼英對於偉大的事業是失望了，然而她並沒有對於她自己失望。她那時
開始想道，世界大概是不可以改造的，人類大概是不可以向上的，如果想將
光明實現出來，那大概是枉然的努力……然而世界是可以被破毀的，人類是
可以被消滅的，不如消滅這人類。曼英雖然覺得自己是失敗了，然而她還沒
有死，還仍可以奮鬥下去，爲著自己的新的思想而奮鬥……」，在思想的困頓
和精神的痛苦中，不知前途與光明何在、無路可走的王曼英走上了運用「肉
體美的權威」進行復仇的道路。買辦經理的兒子、資本家的小少爺、肉麻的
詩人、官僚政客等等統治階級壓迫階級的各色人等都成爲她的復仇對象，在
這種扭曲的、病態的復仇中，王曼英得到了暫時的快意與滿足，「從前曼英沒
有用刀槍的力量將敵人剿滅，現在曼英可以利用自己的肉體的美來將敵人捉
弄」。但是，「復仇」之後暫時的快意與滿足，卻無法阻遏和塡補她從心靈到
肉體的沉淪，被她解救的小姑娘阿蓮的「天眞的微笑」，使她「恍惚地憶起來
一種什麼神聖的，純潔的，曾爲她的心靈所追求著的憧憬……」，病態的、瘋

〔註12〕郁達夫《光慈的晚年》，載 1933 年 5 月《現代》第 3 卷第 1 期。

狂的復仇信念，在彷彿遺忘已久的神聖的、純潔的理想的恍惚記憶中開始動搖了。這時革命者李尚志出現了。在王曼英的命運之旅中，李尚志首先是一個偉大的救贖者。在王曼英「衝出雲圍」的過程中，李尚志不但是革命和愛情的神聖化身，而且是政治理性和浪漫激情的引渡者，「堅忍而忠勇」的李尚志身上「有一種什麼力量，在隱隱地吸引著她」，不但使她自慚墮落，更是她漸漸明白了光明與希望所在。在小說文本中，正是「偉大」的李尚志將革命與愛情、性欲與政治的價值旨歸整合在一起：「歷史命定我們是有希望的。我們雖然受了暫時的挫折，但最後的勝利終歸是我們的。只有搖蕩不定的階級才會失望，才會悲觀，但是我們……肩著歷史的使命，是不會失望，不會悲觀的。……革命的階級，偉大的集體，所走著的路是生路，而不是死路……」，「群眾的革命的浪潮還是在奔流著，不是今天，就是明天，遲早總會在這些寄生蟲面前高歌著勝利的！」李尚志不但是堅定的和理性的政治信念的現實承擔者，而且也將（王曼英的和自己的）愛情的追求納入到政治理性的現實實踐形式——革命的途中，革命不但拯救了愛情，也拯救了生命：「這月亮曾一度被陰雲所遮掩住了，現在它衝出了重圍，仍是這般地皎潔，仍是這般地明亮！……」政治理性與浪漫激情高度融合的革命，終於使王曼英重新獲得了理性自我和感情寄託，「變成和李尚志同等的人了」。革命的拯救功能、解放功能，在小說中心人物王曼英經歷的「革命——墮落——新生」的過程中大放異彩，愛情在熾熱的革命烈火中涅槃再生，革命亦獲得了來自生命和心靈深處的最直接、最堅定的動力。

　　《麗莎的哀怨》是蔣光慈最富探索性的作品。這部奇特的小說以哀傷深沉的筆調，敘述了白俄貴族麗莎在十月革命洪流的衝擊下，流落到中國，由貴婦淪落為妓女的悲慘經歷。小說在描述麗莎的身世和經歷的同時，其敘事、抒情彷彿是麗莎的自敘傳，她的諸多疑問和不解成為這部小說精彩之處，亦可視作作者對「革命」的拷問。此時的作者似乎已經不再沉湎於激進的革命情緒的抒發，而是更深刻地思索「革命」的裏裏外外和前前後後。就人性而言，麗莎同樣有善良的品行和心靈，她唯一的「原罪」之處就是因為她是一個貴族，「出身」是麗莎遭到革命風暴的衝擊、并淪落流離遭人凌辱的唯一「正當」理由，然而「出身」卻是麗莎自己無法選擇的，難道麗莎的命運就因「出身」而不得不命中注定嗎？其實，這部作品以深沉的人道主義精神和人道主義情懷，開始審視和反思革命對人的衝擊。作者借小說敘事所流露出的對麗

莎的深切同情，至少寓示著作者已經超越了對革命的激越、粗礪的簡單理解方式，進而轉爲對革命進行了辯證的懷疑、追問和深思。這在蔣光慈所處的那個疾風驟雨的革命年代，顯然是特立獨行的，甚至可以說是超前的，蔣光慈非但沒有猛烈抨擊和醜化革命的當然對象——資產階級，反而示之以同情和哀憐，這顯然會使他的同志們感到不理解和憤怒。這部作品一經問世就遭到了左翼陣營內部的批判，甚至成爲蔣光慈被開除黨籍的重要理由之一。

《咆哮了的土地》是蔣光慈的最後一部長篇小說（也是比丁玲的《水》更早的努力超越「革命＋戀愛」模式之流弊的小說），展現了大革命失敗的特定歷史背景下，在革命理念敘事框架指引下的早期農村革命風暴。儘管這部小說也是以「革命＋戀愛」爲主要敘事模式，但已經改變了過去革命浪漫蒂克小說中的主觀、空洞的情緒宣泄，更注重客觀的、細緻的具體描寫，對人物形象塑造和人物性格構成也注意進行多維度的表現。值得注意的是，小說主人公之一的李傑作爲一個知識分子類型的革命者，他的傳播革命眞理的熱情、發動革命行動的決絕以及在眞實的革命風暴面前的猶疑，特別是李傑火燒地主父親的莊園一段的描寫與敘事，值得人們深思。父親代表著剝削與罪惡，燒與不燒似乎毋庸多少痛苦抉擇，可是母親與妹妹是無辜的，爲什麼也要葬身火海？革命與親情的抉擇、革命至上還是人道至上？這些令人痛心不已的問題，或許不但使小說人物李傑陷入痛苦的抉擇中，可能也使作者陷入了痛苦的懷疑之中。這使小說具有了更縱深和廣闊的闡釋空間，在精神維度上顯然遠遠超越了革命浪漫蒂克小說的單一化與面具化。小說中這一情節的設置，再結合《麗莎的哀怨》中麗莎的不解與追問，這是否意味著小說作者有意識的對革命的諸多矛盾性命題通過小說藝術進行探討？而且對革命的反思與審視已經達到了相當的深度？這種反思與審視在那個狂風驟雨般的年代是否具有一定的普遍性？

無論如何，「革命＋戀愛」是那個時代熱血青年精神世界的主旋律。本是古代文學經典模式的英雄美人（或才子佳人），在20世紀20年代末期在最前衛的無產階級革命文學潮流中實現了現代復活，最古典的和最時尙的文學資源共同創造了現代中國文學史上革命浪漫蒂克小說的風行（這是否意味著「革命＋戀愛」模式具有文化人類學的依據？）。

除了開創這一潮流的蔣光慈外，其他重要的作家還有洪靈菲和華漢等人。

洪靈菲的成名作和代表作是《流亡》。如果說《衝出雲圍的月亮》述說了

政治理性與浪漫激情在革命這一最高主宰下獲得了新生與復活，那麼《流亡》則展現了政治理性與浪漫激情在革命激流中的昂揚與豪邁。一個薄寒、淒靜和陰森的恐怖之夜，在沈之菲和黃曼曼的婚禮上，政治理性與浪漫激情在詩意與誇張中得到高度釋放，小說主人公也得到了精神的巔峰體驗：「讓這裡的臭味，做我們點綴著結婚的各種芬馥的花香；讓這藏棺材的古屋，做我們結婚的拜堂；讓這樓上的鼠聲，做我們結婚的神父的祈禱；讓這屋外的狗吠聲，做我們結婚的來賓的汽車聲；讓這滿城戒嚴的軍警，做我們結婚時用以誇耀子民的衛隊吧！這是再好沒有的機會了，我們就是今晚結婚吧！」對沈之菲而言，支撐這位在社會專制與家庭禮教合圍中四方漂泊的革命者靈魂的，是對於社會人生的理性認識、對於革命信仰的執著和「飲血而死終勝似為奴一生」的激情，「照他的見解，革命和戀愛都是生命之火的燃燒材料。把生命為革命，為戀愛而犧牲，真是多麼有意義的啊！……因為戀愛和吃飯這兩件大事，都被資本制度弄壞了，使得大家不能安心戀愛和安心吃飯，所以需要革命！」革命作為終極目的和手段，不但為理性的政治認知提供了一條實踐之路，而且為浪漫的情感需要開闢了釋放的渠道。在這部文采斐然、激情洋溢的小說中，革命是如此富有魅力、富有激情、富有詩意，不但鼓舞和激勵革命者放棄名譽、家庭和地位，為著理想的生路「衝鋒前進」，而且為愛情指明了歸宿，「革命和戀愛都是生命之火的燃燒材料」，支撐著沈之菲和黃曼曼在流亡的征途中尋找光明。沈之菲的愛人黃曼曼「本來很不接近革命，但因為她的愛人是在幹著革命的緣故，她便用著對待情人的心理去迎合革命」，因為愛屋及烏，她「所愛的便惟有革命事業和我的哥哥」，希望和親愛的哥哥永遠手攜著手幹革命去，親愛的哥哥也因為她的情書愈加決定了「再上他的流亡的征途去」，去尋找「光明的，偉大的，美麗的，到積極奮鬥，積極求生的路去的！」《前線》和《轉變》也是洪靈菲的革命浪漫蒂克小說中有分量的流光溢彩之品。洪靈菲這位才華橫溢的作家，最終倒在國民黨專制主義的槍口下，以年輕的生命為自己熱烈嚮往的主義而殉身！

　　華漢（陽翰笙）的代表作，是 1930 年出版的《地泉》三部曲《深入》、《轉換》和《復興》。無論是小說藝術技巧還是藝術激情，這部有名的革命浪漫蒂克小說與蔣光慈、洪靈菲的作品相比，顯然「稍遜風騷」。1932 年再版時，瞿秋白、鄭伯奇、茅盾、錢杏邨和華漢自己的 5 篇序言，使這部小說成為左翼理論家、左翼作家總結革命浪漫蒂克小說創作得失的典型，批評主要集中在

風行一時的革命浪漫蒂克小說的弊端，例如文學技術的幼稚和粗糙，內容的空虛與狂熱，單一化、概念化、公式化的創作模式，等等，似乎使「革命＋愛情」成為文學創作的一個反面教材。當然，《地泉》三部曲成為「不應該這樣寫」的標本，而且在從此以後的文學評價機制之中，革命浪漫蒂克小說甚至成為左翼文學創作史上「教訓」的代名詞。

左翼批評家們以及今天的文學史評價機制中對革命浪漫諦克小說創作缺陷的指責，顯然是有的放矢、切中肯綮。顯然這也是革命浪漫蒂克小說逐漸喪失生命力的重要原因（最不幸的是，最有才華的革命浪漫蒂克小說家蔣光慈、洪靈菲都是英年早亡，否則假以時日，左翼文學創作或許是另一種面貌，何況他們都已經意識到革命浪漫蒂克創作中的缺陷，而且在小說創作中已經有意識的開始進行矯正弊端）。但是這只是歷史現象的一個方面。長期以來，我們的文學史研究存在著對這一文學現象的誤讀，至少沒有走出左翼理論家們的誤區、沒有超出左翼理論家們的評判眼界和水平。

其實，如果我們對那個血雨腥風的時代能夠設身處地、感同身受，那麼革命浪漫蒂克小說的是與非、成與敗、得與失就有可能在更為廣闊的視野中得到解釋與理解。為人們所詬病的「革命＋戀愛」題材的流行與泛濫，在很大程度上真實反映了「大革命」失敗後，傾向革命的知識分子自我抉擇過程中的一種真實和沉痛的心路歷程和情緒化展現，它的出現是急劇變化的社會情境通過焦灼心理在文學上的反映。普實克在《中國文學隨筆三篇》中認為：「將剛發生的事件以文藝形式表現出來，其主要動機是要找到一種傾吐充斥於這一代人的心中的情感和感受的方式，不然的話，他會被逼得發瘋的。」[註13] 普實克的見解不但是知人論世，而且是符合心理學、發生學的闡釋。

革命浪漫諦克風潮的出現，將愛情與革命、性與政治這些青年最為敏感的、最易產生幻想的主題和題材，聚焦於激越的文學想像空間與審美視野，以最為前衛的社會觀念與美學觀念，重新審視和觀照現實、重新想像和塑造未來，不但顛覆了「五四」文學時代以來的美學範疇、美學標準和審美趣味、審美理想，而且以先鋒文學的強烈震撼與衝擊力，開闢和拓展了一個雖然粗糙、簡陋但充滿生命活力的現代審美精神新空間。早期的普羅小說家們用文學想像的形式進行情感宣泄與意念抒發，為心理焦灼與政治激情尋找到了一

[註13] 載《中國當代文學研究資料・茅盾專集》第2卷下冊，福建人民出版社1985年版。

個大放異彩的釋放空間，為個體與社會創造了一個充滿了詛咒與憧憬的浪漫期待視野。浪漫激情與政治理性交相輝映，其藝術敏感，其藝術膽識，都達到了前無古人甚至是後無來者的藝術境界。（「避席畏聞文字獄，著書皆為稻粱謀」，僅就這點而言，後世作家們應當感到汗顏。其意義與價值已遠遠超出文學自身所能解決的範疇，而是一個涉及文學存在理由的道德哲學命題。）「革命的浪漫諦克」，恰恰是一代青年真實心理狀況的現實反映，恰恰是一代青年政治理性精神覺醒在文學上的曲折展現，恰恰是一代熱血青年赤誠的追求真善美的憤激的表達。

以愛情和革命為最高象徵的社會人生天地，自然成為有志青年宣泄浪漫的革命激情與政治理性的廣闊天地，自然成為左翼小說家從事文學活動和創作的最原始的合理性資源。自稱是「左翼文學運動中的一個小卒」的陳荒煤回憶說：「說實話，對那些革命文學所宣傳的所謂無產階級的革命，我並不懂。但是又朦朦朧朧似乎懂得了四個字，那就是『革命』和『愛情』。……它至少啟發了青年，倘使你要求美好的生活和幸福的愛情，你都得革命。它終於使我重新感到還是要面向人生，要革命。」〔註14〕的確，革命和愛情作為美好生活的象徵，作為青年幻想和生存的精神動力，成為引導和激勵青年奮力前行的精神燈塔。

浪漫激情和政治追求具象化為革命和愛情這樣的人生現實形態，革命與愛情成為連接幻想與真實、目標與手段的現實中間物。於是，古典的才子佳人、英雄美女，在現代政治理性精神的燭照和包裝之下，獲得了現代的形態和現實的生命力，憤怒和敏感的左翼作家們自然要憑藉自己職業的和最為熟悉與擅長的文學表達方式，將遭受壓抑的浪漫情緒與政治理念轉化到另一個虛構的世界，去奏響憧憬社會人生的激昂號角。在這樣一個虛構的藝術世界中，政治理性與浪漫激情不但尋找到了一方縱橫馳騁的精神棲居地，而且借助文學的現實功能和效力，表達了對黑暗社會和壓抑人生的積極否定力量。

在絕大多數革命浪漫諦克小說中，革命是統攝社會人生諸領域的第一要義。革命作為最高的價值能指和最終的意識形態，不但預言著黑暗、污穢世界的滅亡和光明、嶄新世界的誕生，而且是展現個體現實生命能量的巨大的廣闊場域。在革命與藝術相遇合生成的巨大想像空間中，不但作者的政治理

〔註14〕陳荒煤《偉大的歷程和片斷的回憶》，載《左聯回憶錄》（下），中國社會科學
　　　　出版社1982年版。

想和浪漫激情得到釋放、得到轉移、得到昇華，從而在藝術的想像氛圍中使創作主體獲得既是虛構的也是真實的情感、意志與理性的滿足；而且，小說中那些受革命驅使的主要人物：無論是用肉體報復舊社會而淪落的王曼英，還是血雨腥風和陳腐禮教合圍中的沈之菲；無論是陷入革命加戀愛漩渦最終被捕卻堅信普羅列塔利亞革命從此開始的霍之遠，還是在施洵白革命言論和愛情驅使下「到莫斯科去」的貴婦人素裳；無論是在共產主義者劉希堅感化下走出無政府主義烏托邦迷夢的白華，還是在女革命家寒梅點化下告別醇酒婦人、消沉頹廢的林懷秋，等等，都是在政治理想和浪漫情懷的支撐下，在革命預設的耀眼光環中不斷獲得繼續革命的精神動力，從而獲得「復活」與「新生」，成為革命的「新人」，社會人生的嶄新境界從此得以開闢，革命也重新獲得了更為堅實的理由與更為廣闊的舞臺。

更為重要的是，正是在小說虛構的藝術世界中，作者、小說人物、讀者獲得了對話的舞臺，革命作為尖端性和前衛性的話語，成為嫁接政治理性、浪漫情懷和現實社會的橋梁，從而獲得否定黑暗專制社會的鼓動力量和強勢心理。事實上，單純的政治說教如果沒有情感等其他因素的支持，很難獲得巨大的現實效力和藝術感染力，文學的社會鼓動功能也難以實現。俗話說曉之以理、動之以情，正是左翼小說家們將政治理性與浪漫激情融為一體的藝術創造，讓文學成為宣泄政治理性與浪漫激情的精神領地，不但使革命浪漫諦克小說在當時掀起巨大的風潮，而且產生了不同凡響的巨大社會效力，許多熱血青年正是因為革命浪漫諦克小說的鼓動，走向革命、走向創建新世界的征途。「文學確實成了引導我嚮往一個光明前途的燈火。」〔註15〕，恰切地抒發了一代熱血青年的心聲與嚮往。

不過我們今天重新闡釋革命浪漫諦克小說時，決不能因為它的存在的合理性就忽視它的弊端。瞿秋白等5人為《地泉》三部曲所做的序言中，大都使用了「路線」這個關鍵詞，運用政治話語評判文學作品。顯然，無論是作家的還是小說人物的革命浪漫激情，與當時黨內狂熱的政治路線和政治判斷有關：中國革命的性質是所謂「不斷革命」，中國革命的形勢是「不斷高漲」。長期以來為人們所詬病的創作模式公式化、主題意蘊理念化、人物形象臉譜化的諸多弊端，使小說成為「時代精神的號筒」，如果追根究底，錯誤的政治理論轉化為

〔註15〕陳荒煤《偉大的歷程和片斷的回憶》，載《左聯回憶錄》（下），中國社會科學出版社 1982 年版。

錯誤的文學觀念，不能不說是一個極為重要的因素。魯迅曾經強調：「革命青年的血，卻澆灌了革命文學的萌芽，在文學方面，倒比先前更其增加了革命性。」〔註 16〕所謂「成也蕭何敗也蕭何」，作為政治理念與浪漫激情的中介物和現實形態，正是革命賦予革命浪漫諦克小說以巨大的精神動力和信仰理念的心理支持，也正是因為對革命的狂熱的理念化想像，使多數小說創作偏離藝術創造所首先應當遵循的自身規律，淪為政治理念的標語口號化。

三、青年熱血澆灌革命文學之花

　　中國左翼文學，是在青年熱血澆灌中怒放的奇葩。

　　左聯五烈士是最能展現革命激情與人生華采的左翼文學作家。左聯五烈士中的柔石、殷夫和胡也頻是前期左翼作家中的佼佼者。

　　柔石最初的小說往往充溢著浪漫抒情色彩，主要有《瘋人》集、長篇《舊時代之死》和中篇《三姊妹》。後期的《二月》和《為奴隸的母親》往往被視為左翼文學的經典作品。魯迅在《柔石作〈二月〉小引》〔註 17〕中說：「我從作者用了工妙的技術所寫成的草稿上，看見了近代青年中的一種典型，周遭的人物，也都生動」，在大時代衝擊下來芙蓉鎮的蕭澗秋，是一個「衣履甸整，徘徊海濱的人」，「他極想有為，懷有熱愛，而有所顧惜，過於矜持」，但他在「大齒輪的轉動」中，「僅是外來的一粒石子」，終究「被擠到女佛山──上海去了」，重新追尋「光明之地」。《二月》所展現的正是主人公在江南小鎮追尋「人類純潔而天真的花」的理想遇挫後，被迫重歸大時代洪流的人生抉擇。《為奴隸的母親》問世不久就獲得了國際聲譽，被斯諾夫婦編入《活的中國──現代中國短篇小說選》，據說也深深地感動了法國文豪羅曼·羅蘭。小說敘述了春寶娘這個底層女性被「典妻」的經歷，將人世間的殘酷的血淚真相以沉痛凝重的筆觸刻畫出來，在揭露人間「惡」的故事中蘊含著深刻的社會批判性。有的學者認為，在潛結構上小說「寫的是一個貧農少婦被丈夫虐待，卻與地主秀才在感情上互相安撫、互相留戀的故事」，並解構了小說的顯結構〔註 18〕（即階級壓迫與封建遺毒背景下的人物關係構成）。其實這個潛故事所

〔註 16〕魯迅《中國文壇上的鬼魅》，載《魯迅全集》第 6 卷，人民文學出版社 1981 年版。
〔註 17〕載《魯迅全集》第 4 卷，人民文學出版社 1981 年版。
〔註 18〕藍棣之《現代文學經典：症候式分析》，清華大學出版社 1998 年版，第 150 頁。

解構的，只是人們長期以來對以階級鬥爭引導下所形成的所謂正統解讀。事實上，過去的所謂正統解讀也不能稱之為誤讀，它同樣是作品結構中所蘊含的不可或缺的文本意蘊之一，小說的顯結構與潛結構相輔相成，共同構成了小說文本的豐富的包孕性和複雜性。

　　如果說蔣光慈是普羅詩歌的開山，那麼職業革命家殷夫就是中國普羅詩歌的巔峰。殷夫的紅色鼓動詩和紅色抒情詩清新剛健、節奏明快、激情充溢、想像豐富，充分體現了昂揚向上、豪邁宏闊的普羅詩歌美學理念。其詩歌主題「典型地表徵了 30 年代意識形態的巨大轉型：從個人主義到集體主義，從宗法意識到階級意識，表現了意識形態的結構力量。」〔註19〕正如他的代表作《別了哥哥》一詩中吟唱的：「別了哥哥，我最親愛的哥哥，／你的來函促成了我的決心，／恨的是不能握一握最後的手，／再獨立地向前途踏進。／／……在你的一方，呦，哥哥，／有的是，安逸，功業和名號，……／／但你的弟弟現在饑渴，／饑渴著的是永久的真理，……」。殷夫的紅色鼓動詩和紅色抒情詩，既貫穿著嶄新的政治理念，又洋溢著無法遏止的赤誠與激情，呼喊出了一代熱血青年狂熱的靈魂深處渴求。是出於友情，也是出於對殷夫人生選擇的理解，一貫「冷靜」的魯迅被殷夫的遺作深深地打動了，「收存亡友的遺文真如捏著一團火，常要覺得寢食不安，給它企圖流佈的」，並以難得的富有詩意的筆觸盛讚說：「這《孩兒塔》的出世並非要和一般的詩人爭一日之長，是有別一種意義在。這是東方的微光，是林中的響箭，是冬末的萌芽，是進軍的第一步，是對於前驅者的愛的大纛，也是對於摧殘者的憎的豐碑。一切所謂圓熟簡練，靜穆悠遠之作，都無須來做比方，因為這詩屬於別一世界。」〔註20〕

　　胡也頻前期的作品具有追求個性解放色彩的顯著特徵，1928 年後開始在作品中展現和表達無產階級文學的價值理想。代表作是《到莫斯科去》和《光明在我們前面》。《到莫斯科去》洋溢著溫馨的革命浪漫主義情懷，以纏綿華美的篇章講述了一個才華橫溢的青年革命者和一個寂寞美麗貴婦的愛情悲劇：寂寞孤獨的貴婦素裳，結識了年輕的共產黨人施洵白，二人相互傾慕、相互吸引、引為知己。素裳的丈夫（反動官僚）偷看她的日記，知曉了這段

〔註19〕曠新年《1928 革命文學》，山東教育出版社 1998 年版，第 119 頁。

〔註20〕魯迅《白莽作〈孩兒塔〉序》，載《魯迅全集》第 6 卷，人民文學出版社 1981 年版。

戀情，並秘密偵查出施洵白的革命家身份，於是秘密處死了施洵白，在殺害革命者的同時也扼殺了一段純眞的愛情。素裳知道內情後，不但沒有屈服於丈夫軟硬兼施的淫威，反而堅定的皈依施洵白所描繪的社會人生理想，繼承施洵白「到莫斯科去」的遺志，毅然出走。《光明在我們前面》主要從民衆運動和社會思潮發展的視角，建構小說的主題：愛情和信仰的衝突，信仰最終引導了愛情。小說女主人公白華，憑著天眞和夢想，堅信無政府主義，而這也成爲她和共產主義者劉希堅愛情的重大障礙，所謂「道不同、不相與謀」。但嚴峻的社會危機和「志同道合」者的卑怯，終於使她對無政府主義感到幻滅，在劉希堅的幫助下轉而走向革命、信仰共產主義，劉希堅在這個「革命」引導愛情和信仰的過程中，不但獲得了「同志」、更獲得了白華的愛情。儘管小說充滿了政治論戰色彩，但是小說行文氣勢酣暢、眼界闊達，出版後產生了強烈的社會反響，有的認爲是「近年來新興文藝上少有的另開生面的特殊風格」，甚至誇張地說它「在中國文壇上是一部劃分時代的作品」〔註21〕。建國後的丁玲評價說：「我以二十年後的對生活、對革命、對文藝的水平來讀它，仍覺得心怦怦然，驚歎他在寫作時的氣魄與情感。」〔註22〕

在 20 世紀 30 年代的左翼文壇，丁玲和張天翼是引人注目、盛名卓著的兩位小說家。

丁玲以小說《夢珂》、《莎菲女士的日記》在文壇迅速馳名文壇。丁玲前期的小說，是「滿帶著『五四』以來時代的烙印的」，小說人物往往多是莎菲類型的「心靈上負著時代苦悶的創傷的青年女性的叛逆的絕叫者」〔註23〕。或許當心靈的和時代的苦悶鬱積到一定的程度、慣用的轉移和發泄方式在反覆中其勢能化爲魯縞之末，就不得不尋找更刺激、更順暢的渠道。革命思潮的盛行爲激進者提供了一條快意之路，丁玲不久就「左傾」了。丁玲是和胡也頻相伴「左傾」乃至成爲革命作家的，高亢的政治熱情使她的創作聚焦於社會焦點與時代主潮，從而成爲 20 世紀 30 年代最爲著名的女作家之一。左翼時期丁玲的主要作品有長篇《韋護》，中篇《1930 年春上海》之一、之二，短篇集《一個人的誕生》、《水》，《夜會》，以及未竟長篇《母親》。《韋護》和

〔註21〕張秀中《讀〈光明在我們全面〉》，載 1932 年 7 月《新地月刊》第 6 期。
〔註22〕丁玲《一個眞實人的一生——記胡也頻》，載《胡也頻選集》，開明書店 1951 年版。
〔註23〕茅盾《女作家丁玲》，載 1933 年 7 月《文藝月報》第 2 號。

《1930年春上海》都是沿用「革命＋戀愛」的創作模式，儘管富有革命浪漫蒂克氣息，但情緒之表達已不甚激烈，但仍可以歸類到革命浪漫蒂克小說中，甚至可以說是革命浪漫蒂克小說的殿軍之作。《水》則往往被人們視為普羅文學實現重大突破的標誌。

有的專家認為：「丁玲在30年代前期的盛名，主要在於為左翼文學的發展盡了探索者和開拓者的歷史責任，而不在於這種探索和開拓中貢獻了多少精美的傳世之作。」〔註24〕這種看法是很有見地的。比如丁玲的小說《水》，向來被視為左翼小說創作潮流的分水嶺，被譽為對「革命＋戀愛」公式的清算和「新的小說」的誕生。它之所以得到人們的高度評價，主要在於改變了當時多數左翼作家熱衷於個人主觀感受和情緒的抒發與宣泄，相對忽略時代背景和社會環境的描寫這樣一種創作傾向。馮雪峰在《關於新小說的誕生——評丁玲的〈水〉》時，就從理念的角度勾劃和「規定」了左翼文學創作的方向：「從觀念論走到唯物辯證法，從階級觀點的朦朧走到階級鬥爭的正確理解，特別是從蔑視大眾的，個人的英雄的捏造走到大眾的偉大的力量的把握，從浪漫蒂克走到現實主義，從舊的寫實主義走到新的寫實主義，從靜死的心理的解剖走到全體中的活的個性的描寫」，並認為「《水》辦到一些了」。〔註25〕其實，由於丁玲在《水》中描寫的是遠離自己切身真實體驗的社會現象，所謂的「重要的巨大的現實題材」、「對於階級鬥爭的正確的堅定的理解」和「新的描寫方法……集體的行動的開展」，不過是以文學作品的形式表達了新的政治觀念的要求，更符合當時人們的政治理念對文學的從新理解與闡釋，更符合左翼文人知識分子的某些理論期待，是從一種觀念論走向另一種觀念論，並非是一部十分成功的藝術作品。這是今天我們在文學史書寫過程中應當引以為戒的。絕不能因為權威的評價，而人云亦云、亦步亦趨，應當超越文學史敘事和文學史評價機制自身產生的話語圈套。

另外，我們必須注意：《水》發表於1931年9月，而早在1930年1月，也就是丁玲發表《韋護》的同時，蔣光慈的《咆哮了的土地》開始在《拓荒者》上發表，就已經以實際的創作糾正革命浪漫蒂克小說的弊端，比《咆哮了的土地》稍早發表的洪靈菲的《大海》也表明作者開始試圖超越「革命＋

〔註24〕楊義《中國現代小說史》第2卷，人民文學出版社1988年版，第258頁。
〔註25〕丹仁《關於新小說的誕生——評丁玲的〈水〉》，載《北斗》1932年第2卷第1期。

戀愛」模式。諸多文學史事實表明，當丁玲依然沉浸在「革命＋戀愛」的創作模式時，那些早期的革命浪漫蒂克作家們已經開始進行新的探索與嘗試，糾正和清算「革命＋戀愛」弊端實際上在 20 年代末 30 年初就開始了，而非左翼批評家在理論上意識到的《水》的發表或者說對華漢《地泉》三部曲的批判。只不過由於歷史的陰差陽錯、風雲際會，蔣光慈等人的努力並沒有引起左翼理論家們和批評家們的重視，或許彼時他們缺乏這種理論敏感和藝術眼光，或許蔣光慈與黨組織的關係糾葛使人們注意力不再（不屑）集中於他的小說探索。左翼理論家和左翼批評家在當時的評價對後世文學史述史秩序的影響極大，建國後的許多文學史者往往沿用他們的看法。但是我們應當清醒地看到，文學史上的評論不能代替文學史本身，人們首先應該尊重文學史真相，這是檢驗過去文學史評價是否合適與準確的方法論基礎。

　　張天翼被視為「左聯」最優秀的諷刺小說家之一，而且也是一個多產的作家。從 1929 年開始發表作品到 1938 年的近十年間，先後寫了短篇小說近百篇，編為《從空虛到充實》、《小彼得》、《蜜蜂》、《反攻》、《移行》、《團圓》等小說集 12 部，中篇《清明時節》，長篇《鬼土日記》、《齒輪》、《一年》等 6 部。30 年代前期張天翼主要致力於「革命文學」的創作，著眼點往往是那些生活在社會底層的小人物，寫他們的掙扎、痛苦、麻木、愚昧、庸俗……，在可憐、可笑與可氣的敘事中，表達出深切的同情與嚴屬的批判。30 年代中期，反虛偽、反庸俗、反彷徨成為他小說的基本諷刺主題，他的諷刺藝術風格就此定型。張天翼登上文壇不久就受到各方重視，另外他當時在小說文體上的實驗和創新，也受到廣泛稱道。馮乃超在《新人張天翼的作品》中說：「在兩種意義上，他是新人，——在創造新的形式上，在他是新的作家上。」〔註26〕魯迅也將張天翼歸入新文學運動以來「最好的作家」和「最優秀的左翼作家」之列〔註27〕。

　　1935 年魯迅主持編輯「奴隸叢書」，計有葉紫的《豐收》、蕭紅的《生死場》和蕭軍的《八月的鄉村》。這三位作家將自身真切的人生體驗、政治敏感，融會到小說藝術的創造行為中，取得了令人矚目的藝術成就，從而擠身於 30 年代最優秀的小說家行列。

　　葉紫小說是大革命失敗前後洞庭湖畔農村民眾苦難、覺醒與抗爭的藝術

〔註26〕載 1931 年 9 月《北斗》創刊號。
〔註27〕參見尼姆・威爾士《現代中國文學運動》，載 1978 年《新文學史料》第 1 輯。

真實展現，是一個底層文學青年發自靈魂深處的憤怒呼號。葉紫小說的政治傾向非常鮮明，洋溢著被壓抑民眾追求新生與革命的激情。但是，其他眾多作家作品中的概念化、公式化、標語口號化傾向似乎與他無緣。這是因為他的小說藝術創造，是建立在真實、痛切的人生體驗與心理體驗之上。《豐收》的人物原型就是他的親表叔與表弟〔註28〕，葉紫對他們的苦難有著真實而天然的感同身受。這篇小說真實再現了中國農村老少兩代農民的觀念衝突和心理差異，揭示了底層農民在社會重重壓榨下只有反抗才有出路，更藝術地表達了自己的政治理念和價值追求，「這就是作者已經盡了當前的任務，也是對於壓迫者的答覆：文學是戰鬥的。」〔註29〕中篇小說《星》是葉紫的傑作，藝術再現了美麗善良的農村少婦梅春姐在革命激流的鼓動下覺醒、抗爭與追求的精神歷程。這部小說細緻、真切地營造和建構了一個底層女性不屈不撓尋求生理、心理和社會解放的故事，不但深化而且藝術地回答了「五四」以來女性解放和個性解放的現實出路——革命。更為重要的是，這部小說在逼真、細膩的展現革命風雲激盪的同時，將革命進程中的人與事，置放於真實、複雜的現實氛圍中，以近乎原生態的藝術描寫，展現了革命的複雜性、艱巨性，並且借小說人物之口以及小說的敘事，曲折委婉地表達了對於革命的疑惑與不解。

在現代中國文壇上，蕭紅是風雨飄搖中一朵淒惻的玫瑰，是一朵傲視風雨、永不凋謝的玫瑰。這位詩性飛揚、才華卓絕的抒情小說家的作品，就像她悲劇式的坎坷一生那樣，充滿了感傷、哀婉、辛酸和沉痛，顯露著人間世的殘忍、無情、絕望和不公，充盈著悲劇藝術撼人靈魂的魅力。她的成名作和代表作是《生死場》。這部小說形散而神聚，將現實在精神和心理幻相中重構、重疊，富於象徵意味和藝術神韻，那種撕裂人心的、殘酷無情、甚至是慘無人道的生生死死的真實境況，跨越了漫長的時空，依然讓我們感到刻骨銘心的、撕心裂肺般的精神痛楚。在 1935 年 11 月 14 日深夜的死寂裏，魯迅在《蕭紅作〈生死場〉序》中評價道：「這自然不過是略圖，敘事和寫景，勝於人物的描寫，然而北方人民的對於生的堅強，對於死的掙扎，卻往往已經力透紙背；女性作者的細緻的觀察和越軌的筆致，又增加了不少明麗和新

〔註28〕葉紫《編輯日記》，載 1933 年 6 月《無名文藝月刊》創刊號。
〔註29〕魯迅《葉紫作〈豐收〉序》，載《魯迅全集》第 6 卷，人民文學出版社 1981 年版。

鮮。……她才會給你們以堅強和掙扎的力氣。」〔註30〕《呼蘭河傳》被人們譽爲蕭紅的圓潤成熟之作。這部小說創作於蕭紅生命的最後幾年，彷彿冥冥中命運之神將她拉回童年記憶，借小說抒發她對生命的悲憫、對苦難的承受和對世態百相的回味，抒情寫意順乎自然、描摹刻畫栩栩如生、敘事寫景歷歷在目，文筆幽婉動人、情感沉鬱悲涼。茅盾在爲這部小說寫的序言中贊之爲「一篇敘事詩，一幅多彩的風土畫，一串凄婉的歌謠」，這既是知人之論，更是不刊之論。

蕭軍30年代的小說剛健質樸、粗獷有力、遒勁渾厚，代表作是《八月的鄉村》。魯迅在《田軍作〈八月的鄉村〉序》中評價說：「雖然有些近乎短篇的連續，結構和描寫人物的手段，也不能比法捷耶夫的《毀滅》，然而嚴肅，緊張，作者的心血和失去的天空，土地，受難的人民，以至失去的茂草，高粱，蝈蝈，蚊子，攪成一團，鮮紅的在讀者眼前展開，顯示著中國的一份和全部，現在和未來，死路與活路。」〔註31〕這部小說敘事和結構多爲粗線條，人物描寫多屬速寫，然而激情澎湃、洋溢著濃鬱的英雄主義氣息。優長往往是短缺，這部小說尚嫌粗糙、鬆散和急切，藝術和審美上尚有可開拓的空間。

加入「左聯」的沙汀、艾蕪和沒有加入「左聯」的吳組緗，因爲小說藝術上的成就，成爲引人注目的優秀的左翼小說家。（加入或者不加入左聯，不是認定一個作家是否屬於左翼作家的標準，比如蕭紅和蕭軍，魯迅多次勸告他們不要加入左聯，但人們還是視之爲左翼作家。）

沙汀的成名作是《法律外的航線》，小說通過對長江航線上一艘外國商船的一系列描寫，既勾勒了帝國主義分子在中國國土上的「法外治權」，又暗示了中國農村革命星火燎原的生動情景，茅盾評價說：「作者用了寫實的手法，很精細地描寫出社會現象，眞實的社會圖景」〔註32〕。1935年至1937年，沙汀小說達到了新的藝術境界，爲他成爲3、40年代描繪中國宗法制農村的傑出作家奠定了基礎，佳作有《丁跛公》、《代理縣長》、《兇手》、《獸道》、《在祠堂裏》等。40年代的長篇《淘金記》、《困獸記》、《還鄉記》「三記」以及短篇《在其香居茶館裏》，是沙汀小說諷刺藝術的巔峰之作。

〔註30〕載《魯迅全集》第6卷，人民文學出版社1981年版。
〔註31〕載《魯迅全集》第6卷，人民文學出版社1981年版。
〔註32〕茅盾《〈法律外的航線〉讀後感》，載1933年12月《文學月報》第1卷第5、6期合刊。

在人們的心目中，艾蕪是和沙汀並提的作家。異邦邊陲的風光習俗和世態人情，造就了他作為一個流浪作家的獨特清新的小說藝術風格。《南行記》既是他的成名作也是他的代表作。這部小說集主要以一個流浪知識青年的目光，審視和敘述邊疆異域底層民眾諸如盜賊、流浪漢、商販的生存與掙扎，而且帶有濃鬱的自敘傳色彩，《人生哲學的一課》、《山峽中》和《松嶺上》等小說更是其中的傑作。這些小說不但在藝術風格上清新明麗、奇異自然，在小說內容上更是善於發掘社會最底層民眾頑強的生命意志、藏污納垢中人性的錯綜複雜。郭沫若對艾蕪的小說深有感觸：「我讀過艾蕪的《南行記》，這是一部滿有將來的書。我最喜歡《松嶺上》那篇中的一句名言：『同情和助力是應該放在年輕的一代身上的。』這句話深切地打動著我，使我始終不能忘記。」〔註33〕

吳組緗儘管不是「左聯」成員，但他的那些優秀小說無不浸潤著左翼文學思潮的營養。他的代表作《一千八百擔》，是一篇具有深厚藝術功力的作品。在短短近3萬字的布局中，通過對宋氏各房爭奪祠堂積穀的「速寫」，作者舉重若輕地描繪了中國農村宗法制社會崩潰的縮影，刻畫和塑造的小說人物活靈活現、形象傳神，小說結構嚴謹、舒暢，即傳達了作者的政治取向，又有很高的藝術價值。《菉竹山房》是另一篇廣為人稱道的小說。它通過一對年輕夫婦探視二姑姑的經歷，講述了一個淒麗、幽婉的愛情遺事。小說以清幽的筆調、深切的同情，略帶感傷的述說了一個幽閉的遲暮女性，對青春、愛情和欲望的渴求。小說富有古樸的傳奇色彩和濃鬱的神秘氣息，更富有淡淡的詩意和輕輕的喟歎，讀之令人在人性的光量與感傷中久久不能平靜。

在粗略回顧了左翼文學史上那些較為傑出的作家作品後，再反觀文學史機制和述史秩序對他（她）們的評判，就會發現問題已經局限於否定與肯定的框架而無法得到恰當的解決。近20多年來的文學史評價機制中，對左翼文學創作的評價可謂是兩個極端。肯定者譽之為藝術珍品、對現代文學的貢獻是輝煌的，否定者貶之為粗淺空洞、缺乏審美和藝術性。其實仔細分析就不難發現，褒貶評價的聚焦點和出發點，是左翼文學作品的政治內涵。這就切入了理性與審美、審美與政治或藝術與政治的關係的理解框架中。

馬爾庫塞對革命與藝術關係問題曾有一段富有啟發性的闡釋：「革命與藝術之間的關係，是一種對立的統一，一種敵對的統一。藝術遵從必然性，然

〔註33〕郭沫若《癖》，載1936年6月《光明》第1卷第2期。

而又有其自身的自由，這種自由並非革命的自由。藝術與革命在『改造世界』即解放中，攜起手來；但是，藝術在其實踐中，並不放棄它自身的緊迫性，並不離開它自身的維度：藝術總是非操作性的東西。在藝術中，政治目標僅僅表現在審美形式的變形中。即便藝術家本人是『介入的』，是一個革命家，但革命在作品中也許會付諸闕如。」〔註34〕從這個理論角度審視革命與文學或者政治內涵與藝術性的關係，左翼作品中存在的諸如人物形象的臉譜化、創作形式的公式化、主題意蘊的理念化和標語口號化，恰恰是因為急功近利的政治企圖而違背和排斥了藝術遵從其必然性和自身自由的本質要求。

　　文學和革命聯姻的最終目的是改造世界、解放人類，而不是文學服從於革命，可以說二者都是手段，都是不可相互替代的獨立的手段，都具有各自的本質、特點、規律和形式要求，二者的聯姻和相互滲透是有限的，必須是在保持各自存在形式的相對獨立性的前提下，才能產生積極的效應。但是許多左翼文人知識分子在文學實踐中自覺不自覺地將文學服從革命當作壓倒一切的最終目的，以至於很多左翼作品不能較好地將政治要求表現在審美形式的變形中，反而破壞了文學的生態平衡。必須看到：「藝術不能越俎代庖，它只有通過把政治內容在藝術中變成元政治的東西，也就是說，讓政治內容受制於作為藝術內在必然性的審美形式時，藝術才能表現出革命。」〔註35〕如果說藝術作品停留於觀念形態的階段，或者說以表現意識形態追求為鵠的，而不是遵循政治內容服從於藝術內在的必然的審美形式的前提，作品就很容易流於淺薄和空洞的喊叫。這也是今天左翼作家的作品廣受非議的一個重要方面。

　　其實，無論是作為職業革命家還是職業文學家，左翼文人在追求文學服務於政治的過程中，都有一個不言而喻的前提，這就是文學終究是文學，沒有否認文學是獨立於政治實踐的一種精神形式，沒有違背社會評判系統對文學的慣例要求。當然，在追求文學為階級鬥爭服務的過程中弱化或抹煞文學的獨立性，這只是一個結果而非初衷和目的。正是這個長期以來為人們所忽略的不言而喻的前提，使左翼小說家們最終還是在文學這種精神形式的大航道上不斷探索。事實上，儘管像錢杏邨等人視「口號標語文學」現象「是向上的過程，是歷史的必然過程」，但也不得不承認這是「作家由於技巧修養的

〔註34〕馬爾庫塞《審美之維》，廣西師範大學出版社 2001 年版，第 164～165 頁。
〔註35〕馬爾庫塞《審美之維》，廣西師範大學出版社 2001 年版，第 163 頁。

缺乏」。〔註36〕那些優秀的左翼小說家在創作歷程中也不斷調整焦距、修正自己，盡可能地圍繞小說藝術的維度進行探索與實驗。左翼小說家們越來越注意人物性格和心理結構的把握，注意從社會和歷史境遇中描寫人物形象的豐富個性，注意描寫「典型環境」中的「典型人物」、「典型性格」和「典型細節」，注意藝術地刻畫人物心理，注意將社會結構的剖析與人物心理結構的剖析融合起來，總之，是更為藝術地把握社會革命，將文學與革命在階級解放的大目標中實現最大可能的統一。事實上，這種探索早在「革命加戀愛」風行的時候就開始了，丁玲的小說《水》並不能算一個標誌。像蔣光慈的《衝出雲圍的月亮》和《麗莎的哀怨》、胡也頻的《光明在我們的前面》、茅盾的《蝕》三部曲、柔石的《二月》和《為奴隸的母親》等等，都比《水》更有理由表明左翼文學家們在不斷探索中將革命與藝術統一起來的嘗試與努力。

應該看到，那些優秀的左翼作品往往因為是作家真切人生體驗的藝術展現從而直到今天依然打動我們，而一些受到文學史評價機制重視的作品，儘管在題材、人物、創作原則和創作手法上有所開拓和創新，但是由於表現內容與作家的切身體驗往往存在隔膜，在擺脫政治理念束縛方面並沒有前進多少，反而使創作的真實品格和藝術品位有所降低。僅僅從上述提到的左翼作家來看，即使僅僅從藝術的角度來審視，中國左翼文學的成就也是不能小覷的。而且這些作品既使僅僅在審美意蘊上，也堪稱 20 世紀 30 年代中國現代文學的傑作。這些作品的價值是無庸置疑的，需要重新審視的，倒是評判者的價值觀念和審美理想在不斷變化，並對這些作品進行合乎所處時代內在要求的闡釋。努力將為革命的目的納入到藝術創造的航向中，借藝術功能的實現表達革命的追求，恰恰是左翼作家政治理性精神日趨成熟的表現，也表現了左翼作家創作過程中理性駕馭能力的提高。這不但表明了左翼作家革命意識的日漸理性化，而且表明了左翼作家駕馭作品的理性態度和理性能力。那些優秀的左翼作家和作品，大都遵循了政治理性與文學創作的良性互動關係，反之那些失敗之作就是明證。其最傑出的典型，當首推左翼文學大師茅盾。

〔註36〕錢杏邨《幻滅動搖的時代推動論》，載《海風周報》1929 年 4 月第 14、15 期合刊。

三、茅盾：激情經驗與理性想像之間

　　一代人有一代人的文學，一代人也有一代人的文學史。每一代人都有可能依據自身對文學和歷史的理解，重構符合他們觀念想像的文學史秩序和經典系列。在半個世紀以來的中國現代文學史撰寫與研究中，形成了以「魯、郭、茅、巴、老、曹」爲標誌的經典作家作品系列。但是在近10多年裏，這一經典秩序和體系遭到了人們強有力的質疑，特別是茅盾，首當其衝的成爲被顛覆的重要目標，最爲重要的理由就是茅盾的那些經典作品缺乏審美資質、美學價值和超越性的文學內涵，不能稱其爲經典作品，一個沒有經典作品支撐的作家不能被稱爲文學大師。

　　問題的關鍵在於，過去我們是如何理解和闡釋茅盾作品的。長期以來的文學史秩序和闡釋系統，是將茅盾首先定位爲革命作家來解讀的，因此無論是譽之者還是毀之者，大多是從政治意識形態的視角來看待茅盾作品。這種強勢話語模式和話語權力塑造了我們今天大多數人對茅盾作品的理解和認識，這種話語權利機制的獨斷和偏狹，遮蔽了茅盾作品豐富性和複雜性的展現。因此從這一角度看，顛覆茅盾的文學大師地位，其實並非是站在全面閱讀和理解茅盾作品的基礎上，所顛覆的不過是長期以來文學史秩序中有關茅盾的那個文學史敘事的鏡象。顯著的政治價值理念色彩儘管是茅盾作品的突出特點，但豐富的藝術天賦和文學才情也是他作品中比比皆是的審美資質。事實勝於雄辯，還是讓我們走入茅盾的文學世界，在對茅盾作品特別是小說的重新解讀中去探尋這一世界的獨特藝術魅力。

　　茅盾（1896～1981），原名沈德鴻，字雁冰，生長於鍾靈毓秀、地靈人傑的江南水鄉烏鎮。早在少年時代，就顯露出文學天賦，深得國文老師的贊許，如「行文之勢，尤蓬蓬勃勃，眞如釜上之氣」，「慷慨而談，旁若無人，氣勢雄偉，筆鋒銳利」，「目光如炬，筆銳似劍，洋洋千言，宛若水銀瀉地，無孔不入」，嘖嘖之聲可謂不絕於耳，並斷言「此子必成大器」〔註37〕日後的茅盾果然沒有辜負國文老師的期許。文采斐然而且志在攪響澄清的少年茅盾，也彷彿就此奠定了人生的基本追求坐標：文學創造和政治關懷的高度融合，這可以說既是茅盾觀察社會人生、又是他進行文學創造和文化活動的基本框架。

　　眾所周知，茅盾是五四新文學運動的重要人物，它不但參與和主持了《小

〔註37〕參見桐鄉市茅盾紀念館編《茅盾文課墨跡》。

說月報》的改革，使之成爲新文學運動的重鎮，更是文學研究會的主要理論家。「五四」時代諸多著名的文學行爲和文化活動中，大多能看到茅盾縱橫捭闔的身影，可以說在建構中國現代文學的知識體系、審美尺度和觀念系統等方面，茅盾起了不可忽視的作用。青年茅盾在走向社會不久，就在文學和文化領域做出了非凡的成就，但是久有淩雲志的茅盾更爲心儀的卻是政治革命和社會活動。他是中國共產黨最早的黨員之一，在 1921 年至 1927 年的時間裏，他將主要精力投入到社會事務和政治活動中，成爲半職業的社會政治活動家。不過，這並沒有妨礙他在爲新文學進行知識儲備和理論建構方面的創造。從他在這個時段寫的《〈小說月報〉改革宣言》、《文學與政治社會》和《論無產階級藝術》等著名文章來看，茅盾文學觀念的基本底色就是將文學創造與社會政治潮流相契合，他日後的文學創作也基本延續和反饋著這種基調。

1927 年國共合作失敗和國民黨的清黨政策，轟毀了他作爲政治活動家的夢想。但是一個署名茅盾的作家，卻就此出現在現代中國文壇上。多少年後他在接受採訪時說：「因爲我沒有做成革命家，所以就做了作家。」〔註38〕政治遇挫使茅盾陷入了深深的苦悶和彷徨之中。在十字街頭的血雨腥風中，在牯嶺的清風明月裏，政治理想的破碎和政治鬥爭的殘酷，成爲他啓動文學創造的精神源動力。文藝是苦悶靈魂的象徵，茅盾的第一批文學作品既是政治遇挫的產物，也是他的生命意志和精神苦悶的轉移與再生。正如有的學者所看到的：「沈政治上的失敗，以及由此導致的他對政治現實內部複雜的張力（矛盾）的領悟，在某種意義上解放了他的文學想像力。」〔註39〕在痛苦咀嚼和反思大革命失敗的過程中，在思索著知識青年和革命青年生生死死的苦痛中，在分辨回憶著過往的是是非非中，茅盾最早的也是最優秀的一批小說誕生了，其中的佼佼者非《蝕》三部曲《幻滅》、《動搖》、《追求》莫屬（已有專節論述和解讀）。

在 1928 年茅盾東渡日本前後，在這種另類「革命＋戀愛」的小說敘事模式下，又創作了《創造》《自殺》等小說，結集爲《野薔薇》，繼續探索動蕩時代苦悶靈魂的出路。並寫了《讀〈倪煥之〉》等文藝評論，在回答來自左翼陣營的指責的同時，開始形成自己獨特的文藝理論和創作觀念：善於從社會

〔註38〕蘇珊娜・貝爾納《走訪茅盾》，載《新文學史料》1979 年第 3 輯。
〔註39〕安敏成《現實主義的限制：革命時代的中國小說》，江蘇人民出版社 2001 年版第 125 頁。

政治經濟的宏觀視角，來建構自己的藝術想像空間和審美世界；善於從時代性的高度，來賦予文學創作以重大的價值和使命。渡過了政治遇挫後的艱難和困惑，內心日趨平靜下來的茅盾開始借文學來重新營造自己的理想藍圖。小說《虹》即是展現他這一文藝理想、爲「近十年的『壯劇』留一印痕」的佳作，正如他在寫給鄭振鐸的信中所說的：「『虹』是一座橋，便是春之女神由此以出冥國，重到世間的那一座橋；『虹』又常見於傍晚，是黑夜前的幻美，然而易散；虹有迷人的魅力，然而本身是虛空的幻想。這些便是《虹》的命意：一個象徵主義的題目。從這點，你尚可以想見《虹》在題材上，在思想上，都是『三部曲』以後將移轉到新方向的過渡」〔註40〕。

　　從常規和傳統的闡釋角度看，《虹》主要描寫了一個時代女性追求出路和理想的故事。照茅盾自己的說法就是：「梅女士，她在『生活的學校』中經歷了許多驚濤駭浪，從一個嬌生慣養的小姐的狷介的性格發展而成爲堅強的反抗侮辱、壓迫的性格，終於走上了革命的道路。」〔註41〕今天如果我們不再從單一的「革命」的角度，而是從一個複雜的多維的藝術形象的視野觀照小說主人公，從心理、性格、社會境遇、政治環境、愛情、欲望等多層面來看待和解讀主人公梅女士，那麼我們從小說中得到的將會非常豐富。梅女士的喜怒哀樂、狷介孤傲、獨立不羈，對愛情的執著追求、欲望的流露，追求理想的不屈不撓，追求信仰的遠大抱負，都是可圈可點的，具有豐富的可闡釋的空間。即使從「革命」的單一視角來看待這部小說也是別有意味的，正如茅盾自己所說的：「客觀現實反映到作家的頭腦，由作家加以形象化，這就是文學作品。作家儘管力求客觀，然而他的思想情緒不能不在作品的人物身上留下烙印。梅女士思想情緒的複雜性和矛盾性，不能不說就是我寫《虹》時的思想情緒。當時我又自知此種思想情緒之有害，而尚未能廓清之而更進於純化，所以《虹》又只是一座橋。」〔註42〕恰恰是「此種思想情緒之有害」，比之幾十年後的「純化」認識，更眞實的展示了作者的思想情緒的原生態，也更眞實地展示了梅女士這一人物形象的藝術眞實品格和內涵。這種「有害」的思想情緒，不但是作者的，也是歷史的，更是小說藝術本身的。或者說，這種「有害」的思想情緒，正是小說藝術創造的起點，小說正是在這樣的心

〔註40〕茅盾《亡命生涯》，載《新文學史料》1981 第 2 期。
〔註41〕茅盾《亡命生涯》，載《新文學史料》1981 第 2 期。
〔註42〕茅盾《亡命生涯》，載《新文學史料》1981 第 2 期。

理和精神支點上，建構了一個具有豐富底蘊的藝術世界，塑造了一個氣韻生動、七情六欲皆備、性格狷介豐滿的人物形象。這才是多少年後讀起來讓人仍感到津津有味的藝術隱秘。需要指出的是，《虹》的後半部分與前半部分相比頗爲遜色，也就是在小說敘事中，梅女士東出夔門之前在蜀中歲月的描寫，要遠勝於梅女士來到上海後逐漸「準備將身體交給第三個戀人——主義」的描寫。究其原因，作者未能將思想信仰與藝術眞實結合起來，或者說如何融會貫通審美與政治，是一個不可小覷的因素。當然，作者還計劃要寫續集《霞》，描寫梅女士成爲一個眞正的革命戰士，作者稱因爲「人事變遷」而未果，除了作者表述的這一原因外，作家的政治理念和藝術眞實無法達成高度契合，是否也是一個重要因素？〔註43〕

在匆匆完成《虹》之後，茅盾又寫了《宿莽》、《路》、《三人行》、《大澤鄉》等小說，急於尋找適合自己價值理念的藝術表達方式。其實，在30年代的整個左翼文壇，都存在這種傾向。努力將革命價值觀念納入到藝術創造的航向中，借藝術功能的實現表達革命的價值追求，是左翼作家政治理性精神日趨成熟的表現，也表現了左翼作家創作過程中理性駕馭能力的提高。但是必須遵循政治理性與文學創作的良性互動關係，反之就是失敗之作。左翼文學大師茅盾是一個處理二者關係的傑出典型。

茅盾是現代中國文學史上理性意識最爲強烈的作家之一，其小說也常常被人們稱之爲社會剖析小說。吳組緗曾這樣評價茅盾：「中國自有新文學運動以來，小說方面有兩位傑出的作家：魯迅在前，茅盾在後，茅盾之所以被人重視，最大原故是在他能抓住巨大的題目來反映當時的時代與社會。他的最大的特點便是在此。有人這樣說：『中國之有茅盾，猶如美國之有辛克萊，世界之有俄國文學。』這話在《子夜》出版以後說，是沒有什麼毛病的。」〔註44〕這種評價一語道破茅盾創作的秘密。茅盾的小說觀念，是建基於深層的科學理性主義世界觀和客觀實證的觀察分析方法之上，以小說這種藝術形式來展現其對社會人生的理性思考和觀察。

在他的小說中，複雜的社會現實、深刻的心理分析、細膩的人物形象塑

〔註43〕茅盾的許多小說都是未竟之篇，許多獨立成篇者，大都也是匆匆收尾，即使是長篇小說《子夜》，讀之也有虎頭蛇尾、頭重腳輕之感。這是否也說明作家的價值理念和藝術創作之間存在不小的距離？或者說理念先行妨礙了藝術眞實？

〔註44〕吳組緗《評茅盾〈子夜〉》，載1936年6月《文藝月報》創刊號。

造、宏偉的史詩結構、客觀冷靜的敘述、創造時代典型的氣魄，都是建構在理性思考與藝術創造盡可能完美融合的基礎之上的。他強調運用科學的態度，分析社會、解剖社會、揭示社會的本質；強調運用科學的理論，對社會現象進行理解與分析；強調理性思考在藝術創造中的作用；強調將社會科學精密的剖析與現實主義創造手法出色地融合起來；依靠理性分析，來開拓形象思維的深度與廣度；從典型環境出發來塑造典型人物形象；注重小說題材與主題的時代性與重大性；自覺追求小說創作的巨大思想深度和豐厚的歷史內容。可以說，無論是題材選擇還是主題提煉、無論是結構情節設置還是人物形象塑造、無論是典型細節描寫還是性格與心理刻畫，理性思考在茅盾的小說創作中都佔據極為重要的分量。

用「巨大的題目來反映當時的時代與社會」，成為茅盾創作觀念的軸心。如果說早期的創作比如《蝕》三部曲，「是經驗了人生才來做小說的」，是為了在「迷亂灰色的人生內發一星微光」，將「纏綿幽怨和激昂奮發」的「狂亂的混合物」抒發出來，那麼之後的茅盾越來越側重理性對創作的駕馭，正如他自己在《我的回顧》中強調的：「現在已經不是把小說當作消遣品的時代了。因而一個做小說的人不但須有廣博的生活經驗，以必須有一個訓練過的頭腦能夠分析那複雜的社會現象，尤其是我們這轉變中的社會，非得認真研究過社會科學的人每每不能把它分析得正確。而社會對於我們的作家的迫切要求，也就是那社會現象的正確而有為的反映。」〔註45〕茅盾運用「研究過社會科學」的「訓練過的頭腦」進行創作，並自覺貫穿「大規模地描寫中國社會現象的企圖」。在他的小說藝術創造中，最為典型、影響最大的當首推《子夜》。

茅盾的目的意識非常明確，他將小說的主題定位於以下三個方面：「（一）民族工業在帝國主義經濟侵略的壓迫下，在世界經濟恐慌的影響下，在農村破產的環境下，為要自保，使用更加殘酷的手段加緊對工人階級的剝削；（二）因此引起了工人階級的經濟的政治的鬥爭；（三）當時的南北大戰，農村經濟破產以及農民暴動又加深了民族工業的恐慌。」又適逢當時關於中國社會性質的論戰，故茅盾創作的理性目標非常突出：「我打算從這裡下手，給以形象的表現。……我所要回答的，只是一個問題，即是回答了托派：中國並沒有走向資本主義發展的道路，中國在帝國主義的壓迫下，是更加殖民地化了。

〔註45〕茅盾《我的回顧》，載《茅盾全集》第 19 卷，人民文學出版社 1991 年版。

中國民族資產階級中雖有些如法蘭西資產階級性格的人，單是因爲 1930 年半殖民地的中國不同於 18 世紀的法國，因此中國資產階級的前途是非常暗淡的。在這樣的基礎上產生了中國民族資產階級的動搖性。當時，他們的『出路』是兩條：（一）投降帝國主義，走向買辦化；（二）與封建勢力妥協。他們終於走了這兩條路。」〔註46〕創作意圖固然不等同於文學作品，創作意圖也不一定能夠完全在作品中落實，但誰又能夠否認《子夜》作爲一部小說對這種理性企圖的展現呢？且不說茅盾爲實現自己的創作意圖如何深入「基層」去攝取素材，僅就小說人物比如吳蓀甫的塑造方面來講，茅盾不但注重表現人物性格的多面性與複雜性，而且將人物的行爲、情感、心理、個性等置放於錯綜複雜的社會關係中加以描寫，置放於社會政治經濟劇烈變動的環境中加以塑造和審視。

很顯然，在《子夜》中，茅盾不但借小說藝術表現了「時代給予人們以怎樣的影響」，而且通過小說的表達功能，展現了「人們的集團的活力又怎樣地將時代推進了新方向」〔註47〕這樣一種有目的、有意識的理性企盼。或許正是因爲茅盾內心深處強烈的政治理性追求，使他的小說堪稱時代的史詩，有的研究者就認爲：「正是由於他把『五四』時期即已形成的文學與生活關係的堅確理解和執著追求，與 30 年代日益明晰化的社會階級意識相結合，以其具有卓越表現力的文筆在中國大地上辛勤耕耘，他創作了一批堪稱左翼文壇第一流實績的小說。」〔註48〕

《子夜》的出版在現代中國文學史上具有相當大的震撼力與影響力。茅盾在《〈子夜〉寫作的前前後後》〔註49〕中記述了一些相當有價值而且至今仍可以讓人回味的評價：瞿秋白在《〈子夜〉與國貨年》中認爲：「這是中國第一部寫實主義的成功的長篇小說，帶著很明顯的左拉的影響。自然它有許多缺點，甚至於錯誤。然而應用真正的社會科學，在文藝上表現中國的社會階級關係，這在《子夜》不能夠說不是很大的成績。」在《讀子夜》中又說：「在中國，從文學革命後，就沒有產生過表現社會的長篇小說，《子夜》可算第一部；它不但描寫著企業家、買辦階級、投機分子、土豪、工人、共產黨、帝

〔註46〕茅盾《〈子夜〉是怎樣寫成的》，載《茅盾全集》第 22 卷，人民文學出版社 1993 年版。

〔註47〕茅盾《讀〈倪煥之〉》，載 1929 年 5 月《文學周報》第 8 卷第 20 號。

〔註48〕楊義《中國現代小說史》第 2 卷，人民文學出版社 1988 年版，第 95 頁。

〔註49〕載《新文學史料》1981 年第 4 期。

國主義、軍閥混戰等等，它更提出許多問題，主要的如工業發展問題，工人
鬥爭問題，它都很細心的描寫與解決。從『文學是時代的反映』上看來，《子
夜》的確是中國文壇上新的收穫，這可說是值得誇耀的一件事。」同時也指
出了一些值得注意的問題，如「《子夜》在社會史上的價值超越它在文學史上
的價值」，以及小說結構、人物描寫、敘事風格等方面的問題。

　　不過茅盾所特意記載的卻是另一種獨特的聲音——或許令人奇怪的是，
在人們對《子夜》議論紛紛的時候，學衡派的吳宓卻讚賞有加：「吾人所為最
激賞此書者，第一，以此書乃作者著作中結構最佳之書。蓋作者善於表現現
代中國之動搖，久為吾人所習知。其最初得名之『三部曲』即此類也。其靈
思佳語，誠復動人，顧猶有結構零碎之憾。吾人至今回憶『三部曲』中之故
事與人物，但覺有多數美麗飛動之碎片懸繞於意識，而無沛然一貫之觀。此
書則較之大進步，而表現時代動搖之力，猶為深刻。……此書寫人物之典型
性與個性皆極軒豁，而環境之配置亦殊入妙。……筆勢俱如火如荼之美，酣
恣噴薄，不可控搏。而其微細處復能宛委多姿，殊為難能而可貴。尤可愛者，
茅盾君之文字係一種可讀可聽近於口語之文字。」可以想見，吳宓的這段評
論比之瞿秋白等人的評論，更使茅盾有如遇知音之歡，以至於近半個世紀後
在詳細記述吳宓評論的同時得意的寫道：「吳宓還是吳宓，他評小說只從技巧
著眼，他評《子夜》亦復如此。但在《子夜》出版後半年內，評者極多，雖
有亦及技巧者，都不如吳宓之能體會作者的匠心，故節錄其要點如上。」可
以想見茅盾對《子夜》的藝術性是很自負的，當然是借記載吳宓的評價流露
出來的。

　　及至今天，人們在評論《子夜》時也多沿用半個世紀之前瞿秋白的批評
模式。從半個多世紀之前人們認為《子夜》的社會史價值大於其文學史價值，
到今天許多人認為它的文學史價值大於文學價值，乃至判定它為一份高級社
會文件，大多數人都從「文學是時代的反映」角度肯定了《子夜》的價值，
甚至也從小說結構、人物形象塑造角度肯定它的價值，但很少像吳宓那樣從
純粹技巧的角度來評判，而且是從純粹藝術的角度擊節讚賞，而這正是長期
以來《子夜》所受毀譽褒貶的焦點所在。以吳宓的文學修養和美學理想，不
能說他不懂得文學、不懂得審美，也不能認為他是在吹捧茅盾，最為可能的
是吳宓在小說中感受到了巨大的藝術共鳴和感染。但是不能不承認的是，缺
乏審美意蘊也是許多人在閱讀過程中遇到的突出感受。

對這一問題的爭議，向來是仁者見仁、智者見智，與個人的立場、態度、審美理想、審美趣味等有關，不能一概而論。茅盾在《〈子夜〉寫作的前前後後》記載：《子夜》初版為 3000 冊，三個月內重版四次，每版 5000 冊，實屬罕見，讀者除了新文學愛好者外，向來不看新文學作品的資本家少奶奶、大小姐，電影界中的人物乃至舞女也以讀《子夜》為時尚。可見在當時《子夜》的魅力所在。眾所周知，人們在閱讀接受一部作品時，都帶有自己的潛在閱讀期待視野，當作品的敘事焦點和這一期待視野契合時，就極易引發人們的興趣，反之人們就會感到味同嚼蠟、索然無趣。這也是任何一部作品在歷史變遷中不可避免遇到的問題。不但如此，「審美」也是一個可變的歷史函數，不同時代人們對於美的觀念是不同的，即使同時代的人對於美的認識也是不同的。對於《子夜》的多元化理解是很正常的，任何一種權力話語（包括文學史話語）都不能代替讀者自己的閱讀體驗。

茅盾在《子夜·跋》中披露過自己的創作計劃：「我的原定計劃比現在寫成的還要大許多。例如農村的經濟情形，小市民的意識形態（這絕不像某一班人所想像那樣單純），以及 1930 年的《新儒林外史》，──我本來都打算連鎖到現在這本書的總結構之內；又如書中已經描寫到的幾個小結構，本也打算還要發展得充分些；可是都因為今夏的酷熱損害了我的健康，只好馬馬虎虎割棄了，因而就成為現在的樣子──偏重都市生活的描寫。」儘管茅盾的宏偉創作企圖沒有完全在《子夜》中實現，但失之東隅、收之桑榆，茅盾在 30 年代前中期所寫的大部分中短篇小說，基本上都是原來《子夜》所設想題材的延續和擴展，像農村三部曲《春蠶》《秋收》《殘冬》、《林家鋪子》、《多角關係》等小說，以農村和小城鎮的下層民眾為主人公，描繪了這一社會環境下的政治狀況、階級矛盾和社會心理，深刻展現了中國下層社會的悲歡離合、喜怒哀樂。其中常為人稱道的是《春蠶》和《林家鋪子》，與《子夜》一樣往往被視為中國左翼文學的傑作。作者將深切的同情和深沉的政治理念注入到這些小說中，不但借小說這種藝術形式表達了自己的價值追求，而且為現代中國文學史創造出了老通寶、林老闆等一流的人物形象，為我們留下了 20 世紀 30 年代中國底層社會的心靈圖象。

20 世紀 40 年代茅盾的著名作品有《腐蝕》和《霜葉紅似二月花》，是茅盾小說藝術的另一高峰。這些小說同樣延續著將政治理念和藝術創造合流的創作意圖。

《腐蝕》是一部暴露國民黨政權特務統治的小說，將這一政權統治下社會的腐敗、黑暗和齷齪淋漓盡致的展現出來。而且這部日記體的小說，更將飽受黑暗政治蹂躪以至墮落、但人性未泯的女特務趙惠明的痛苦靈魂的懺悔，作爲敘事中軸，爲現代文學史創造了一個傑出的、獨特的人物形象。

《霜葉紅似二月花》主要寫五四運動前後一個江南小城的社會變動、以及活動於其間的各色人等。這部小說只完成了計劃的三分之一，儘管如此，這部未竟之篇不但在展現「時代性」上有出色表現，而且非常富有藝術韻味，當時即被文壇認爲是「中國文藝之巨大收穫」，今天更是受到許多專家學者的讚譽。

茅盾還寫過不甚成功的《第一階段的故事》和《走上崗位》，1948 年完成了長篇《鍛鍊》。建國後的茅盾基本上不再從事創作，除了從事一些文藝批評和文藝活動外，主要從事社會政治活動，獲得了極高的社會地位，擔任過文化部長、政協副主席等高官。

由于堅持將政治理念貫穿到文藝創作中，這使茅盾小說具有一般人所不具有的宏大氣魄等優長外，理念化痕跡濃重所造成的對藝術表現力的抑制，是茅盾小說在傳播、接受和評價過程中遭到人們非議的一個焦點問題。實際上不但是茅盾小說，對大多數左翼作家來說，這一問題都是比較突出的。

這就需要我們首先要確立一個基本標準，即理性企圖或政治理念要求有沒有逾越文學自身的限度和文學的藝術閾限。以辭害意不足取，以意害辭同樣令人警惕。就中國左翼文學而言，這實際上涉及了文學與革命／文學與政治的關係問題。文學與革命既然是在「改造世界、解放人類」這一目的上連接在一起，兩者的相互倚重是難免的和可以理解的，但必須有清醒的認識，就是看你是以一個革命家的身份來要求文學，還是以一個文學家的身份來要求文學。如果是後者，那麼必須尊重文學的獨立性和自律性，在文學的限度內來抒發政治理性，「藝術與革命的聯接點，存在與審美之維上，存在於藝術本身中。即使在政治內容（明顯地）完全缺乏的地方，就是說，在只有詩歌存在的地方，都可能存在具有政治性的藝術。」〔註50〕這是一條基本的原則，否則文學就不再是文學而是政治宣傳品。

左翼作家作品的優勢在於底層社會和人民的立場，以及對下層社會水深火熱生存狀況的眞切瞭解和體驗，但他們往往用一些政治教條來束縛、限制

〔註50〕馬爾庫塞《審美之維》，廣西師範大學出版社 2001 年版，第 173 頁。

和改造自己的真實體驗，將政治教條奉為最高價值尺度，這只能對他們的文學創作產生危害。儘管文學能夠在一定程度上將革命理念灌輸到群眾頭腦中，但這畢竟是有限度的和有選擇的。可是革命卻無法解決文學自身的問題，文學自身的問題還須文學家們自身的專業努力才能得到解決。從茅盾及其它左翼作家的創作來看，大凡優秀之作無不是在首先遵循藝術規律基礎上來表達政治意念，拙劣之作是反其道而行之。茅盾之所以被譽為左翼文學大師，在於他在將政治理念和文學創造結合上做得要好一些。

第十一章 《蝕》三部曲的政治文化詩學闡釋

　　性，或者美其名曰愛情，向來是古今中外文學想像世界中的一個永恒主題，無論是壓抑還是泛濫，它都能尋找到散播欲望之火的明渠或暗道。而「革命在人類社會的命運中是一樁永在的現象。……各個不同時代的一切受壓迫的勞苦大眾爲反抗奴役和等級制，無不付諸革命。」〔註1〕性與革命，以巨大的生命衝擊力和心靈震撼力，給文學的想像空間往往遺留下許多糾纏不清的精神資源。革命與性，英雄與美人，以無比豐盈的誘惑和幻想，指涉著人們邁向自由與理性的烏托邦之境的沉迷與超越。

一、「性與革命」的集體無意識

　　多少年來，人們貶抑性而讚美革命。「只要一談到性，迴避沉默便成了人們的行爲規範。」〔註2〕性與邪惡、卑鄙、淫穢等諸如此類的語彙結下不解之緣，「性」成了道德與政治權力話語的一種禁忌，而掌握道德與政治權力裁斷話語的人們，則因貫徹禁忌與壓抑而被視爲品行高尚，政治正確。革命因爲向人們允諾「從必然王國飛躍到自由王國」，以革命之後無限幸福與無限繁榮的預設而贏得人們的擁護與喝彩，「革命的積極性總抓住人的情感。」〔註3〕或許，正是在「情感」這一層次上，性與革命找到了共通的歷史敘事話語，

〔註1〕別爾嘉耶夫《人的奴役與自由》，貴州人民出版社1994年版，第166頁。
〔註2〕福柯《性史》，青海人民出版社1999年版，第3頁。
〔註3〕別爾嘉耶夫《人的奴役與自由》，貴州人民出版社1994年版，第169頁。

具有了共通的生命和美學原則，為文學的想像世界，提供了一個激動人心的主題。

如果說尋求自由與快感是性與革命的生命原動力，那麼這不僅是一種修辭誇張，而是點明了性與革命的生理和社會基礎。誠如馬爾庫塞指出的，當馬克思說人的解放時，實際上也就是指愛欲的解放，換言之，「推動人們去塑造環境、改造自然的，將是解放了的而不是壓抑著的生命本能。」〔註4〕於是，「解放」便成為具有生物本能和社會本能的人的價值律令，誘惑著人們去釋放被壓抑的能量。然而激情過後往往是冷靜，真實狀態往往在性與革命爆發後的第二天降臨人間。這時，人們才有時間去品味、反思性與革命爆發的前前後後。

茅盾的小說《蝕》三部曲《幻滅》、《動搖》和《追求》，正是作者目睹了性與革命的能量激情釋放之後，「經驗了動亂中國的最複雜的人生的一幕，終於感到了幻滅的悲哀，人生的矛盾，在消沉的心情下，孤寂的生活中，而尚受生活執著的支配，想要以我的生命力的餘燼從別方面在這迷亂灰色的人生內發一星微光。」〔註5〕在別人看到小資產階級知識分子灰色軟弱的地方，在別人貶斥的革命加戀愛的緋色漩渦中，茅盾卻以小說這種藝術形式，營造了在動蕩時代性與革命對人的生存的支持和潰敗。

茅盾在談到創作意圖時說過：「我那時早已決定要寫現代青年在革命壯潮中所經過的三個時期：(1)革命前夕的亢昂興奮與革命既到面前時的幻滅；(2)革命鬥爭劇烈時的動搖；(3)幻滅動搖後不甘寂寞尚思作最後之追求。」〔註6〕革命固然是《蝕》三部曲應有的主題，並且始終是制約小說人物心理狀態和生活境遇的無法抗拒的力量，但是另一種更為內在的力量則來自於「性」——一種展現個性本質生存欲望的小說修辭形式。

二、心路歷程：追求——動搖——幻滅

《幻滅》中的靜女士，在中學時代「領導同學反對頑固的校長」，因目睹「戀愛」侵蝕了「鬧風潮的正目的」，憤而失望地來到上海，以「靜心讀書」作為虛擬的生存目的撫慰自己，但「她自己也不明白她的讀書抱了什麼目

〔註4〕馬爾庫塞《愛欲與文明》1966年政治序言，上海譯文出版社1987年出版。
〔註5〕茅盾《從牯嶺到東京》，載1929年4月25日《未名》第2卷第8期。
〔註6〕茅盾《從牯嶺到東京》，載1929年4月25日《未名》第2卷第8期。

的」。實際上困惑靜女士的是作為個人隱秘的生命本能的性：「她對於兩性關係，一向是躲在莊嚴，聖潔，溫柔的錦幃後面，絕不曾挑開這錦幃的一角，看看裏面是什麼東西；她並且是不願挑開，不敢挑開。」當慧女士現身說法般進行性啟蒙的述說後，驚訝「為什麼自己失了常態」的靜女士自然歸因於「這多半是前天慧女士那番古怪閃爍的話引起的。」既恐懼又具有解密欲望的靜女士，對於性如同革命一樣，既涉足不深又幻想藉此尋求希望與刺激。當她「一大半還是由於本能的驅使，和好奇心的催迫」而失身於帥座的暗探、女性獵逐者抱素（「反革命」的能指符號）後，得到的卻是「償還加倍的惆悵」和「痛苦失敗的紀錄。」

這時，革命作為「熱烈，光明，動的新生活」的象徵，「張開了歡迎的臂膊等待她」，革命的「一切印象──每一口號的呼喊，每一旗角的飄拂，每一傳單的飛揚，都含著無限的鼓舞，靜女士感動到落了眼淚來。」然而革命同樣也不是莊嚴聖潔的處女夢，「一方面是緊張的革命空氣，一方面卻又有普遍的疲倦和煩悶。」「『要戀愛』成了流行病，人們瘋狂地尋覓肉的享樂，新奇的性欲的刺激」，鬧戀愛是革命以外唯一的要件，「單身的女子若不和人戀愛，幾乎罪同反革命──至少也是封建思想的餘孽」，更令靜女士感到遺憾和嫌惡的是「革命的人生觀，非普及於人人不可」。靜女士不能不追問：「在這樣的矛盾中革命就前進了麼？」

在靜女士對革命產生厭倦和困惑的時候，強連長這個崇尚戰爭與未來主義的人物走入靜女士的世界。這個「追求強烈的刺激，讚美炸彈、大炮、革命」的人物，帶給靜女士的卻是遠離革命塵囂的「廬山戀」。革命缺席後性或者說戀愛的出場，讓靜女士終於盼到了「夢想的生活」，「她要審慎地盡量地享受這久盼的快樂。她決不能再讓它草草過去，徒留事後的惆悵」。然而，以強烈的刺激為生命的未來主義者強連長，在戀愛這種刺激已經太多而漸覺麻木的時候，又轉而尋求「強烈的刺激，破壞，變化，瘋狂的殺，威力的崇拜，一應俱全」的戰爭未來主義。作為「美滿的預想」的性或者愛情經歷，對於靜女士「簡直是做了一場大夢。」

靜女士經歷了「革命──性──革命──性」循環式的誘惑和追求，得到的卻是性與革命的激情淪為庸常之後的厭倦與困頓，親身經驗之後的結果只是希望的幻滅。作為生命本能和追求象徵的性與革命，終究抵擋不住命運的無常：「人們都是命運的玩具，誰能逃避命運的捉弄？誰敢說今天依你自己

的願望安排定的計劃，不會在明天被命運的毒手輕輕地一下就全部推翻了呢？」《幻滅》講述的有關性與革命的故事，帶給人的只是幻滅與困惑：「一切好聽的話，好看的名詞，甚至看來是好的事，全都靠得住麼？」性與革命所象徵的生命本能衝動和生存理想的追求，在《幻滅》中具有了某種形而上意味的敘事功能。

約翰・伯寧豪森在《茅盾早期小說的中心矛盾》中，就強調了性與革命之於小說人物的心理支撐：「運用兩分法來設置搞革命與尋求個性完成這樣一種中心矛盾，對於個性解放的追求，擺脫經濟上的不穩定，異化感，擺脫沒落的社會狀態和傳統文化的束縛（尤其是在家庭或社會上對於婦女的壓迫），以挽救個性的自我同時又積極地投身於革命鬥爭以建成更為公正的社會，挽救民族，這就是茅盾早期絕大多數作品的中心主題。」〔註7〕在小說文本中，個性解放和政治倫理衝動具象化為性與革命的激情展現。「時代女性」的苦悶追求本身就是革命的產物，同時又構成整體革命的有機組成部分；她們的身體與心靈因革命的風起雲湧而鼓起解放的翅膀，同時又因革命規則和殘酷現實而呈現光怪陸離的景觀。

性與革命的原動力都是源自於生存本體對個性、自由和快感的憧憬，都是以激情爆發的形式獲得身體、心靈和意志的滿足。在黑格爾看來，激情「不是本身獨立出現的，而是活躍在人心中，使人的心情在最深刻處受到感動的普遍力量。」〔註8〕但是作為普遍力量的激情瞬間爆發後，依然將人拋向客體化的世界，將人置於外在的而非內在的必然性統治之下，並使之體驗激情爆發所帶來的諸種外在的和負面的效應。因此，性與革命圍繞自身建構了一個充滿緊張和焦灼的張力場，一切的矛盾就由此而萌生。

如果說《幻滅》展現的是性與革命對激情的追求和幻滅感，那麼《動搖》則述說了激情爆發過程中心靈、情感和意志的複雜體驗。性心理與革命心理描寫成為《動搖》的精彩之筆。連當時激進左翼批評家錢杏邨都認為「全書當然是以解剖投機分子的心理和動態見長」〔註9〕。他一方面在政治上予以嚴厲批判，另一方面又不自覺地讚賞茅盾對「戀愛心理」的高超描寫：「表現了

〔註7〕 載《中國當代文學研究資料・茅盾專集》第二卷下冊，福建人民出版社 1985 年版。

〔註8〕 黑格爾《美學》，商務印書館 1981 年版，第 271 頁。

〔註9〕 錢杏邨《茅盾與現實》，載《現代中國文學作家》第 2 卷，泰東書局 1930 年版。

兩性方面的妒嫉，變態性欲，說明了性的關係，戀愛的技巧，無論是哪一方面，作者都精細的解剖到了。」〔註10〕

「動搖」一詞恰如其分地展現了小說人物在性與革命的過程中，進退失據的心理和情感狀態。作為「動搖」象徵的小說人物方羅蘭，在性和情感方面，時時動搖於妻子陸梅麗和情人孫舞陽之間：一方面是對漂亮然而具有傳統意味的妻子的忠實情感，另一方面又傾慕豔麗迷人的現代革命女性孫舞陽；一方面掩飾不住內心的獨白：「舞陽，你是希望的光，我不自覺地要跟著你跑」，另一方面為穩定自己內心的動搖，在醉醺醺的情緒中從新體認出太太的人體美的焦點，從而獲得心理的平衡。在革命方面，各派政治力量的搏鬥你死我活，方羅蘭卻遊移動搖於左右之間，極力調停、彌合，「總相辦成兩邊都不吃虧」，對於革命的情感與態度，總是模棱兩可。動搖的結果，是方羅蘭陷入了性與革命方面的矛盾、迷惘和錯亂。

且不說孫舞陽的豔影如何對方羅蘭的「可憐的靈魂，施行韌性的逆襲」，使他「革命」時難以忘懷「戀愛」，總是處於混雜紛亂的動搖心理狀態。性伴隨著革命一道襲來產生的巨大能量，使整個社會結構和心理都發生了動搖。如果說要「共產」，作為革命同盟軍的貧苦農民尚能歡欣鼓舞，因為「產」本不多，「共」了說不定「產」更多，可是「公妻」卻成了農民反對的最低防線：「但是你硬說不公妻，農民也不肯相信你，明明有個共產黨，則產之必共，當無疑義，妻也是產，則妻之竟不必公，在質樸的農民看來，就是不合理，就是騙人。」備受壓抑的婦女們則借革命激情的渲泄，抒展性的暢想：「打到親丈夫！擁護野男人！」反革命投機分子的胡國光更是借革命的名義混水摸魚，垂涎著女性的肉體，將「解放婦女保管所」變成「淫婦保管所」，打著革命的幌子名正言順地發泄性欲。至於外邊人的議論：「孫舞陽，公妻榜樣」，並不是單純的街頭謠言，更體現了包括革命者在內的廣大人群的內心秘密欲望和獵逐快感的企盼。

錢杏邨曾批判說：「孫舞陽的人生哲學建築在性與戀上，沒有事業。」〔註11〕這主要是因為孫舞陽基本上是作為一個性的能指符號活躍於小說場景中

〔註10〕錢杏邨《茅盾與現實》，載《現代中國文學作家》第 2 卷，泰東書局 1930 年版。

〔註11〕錢杏邨《茅盾與現實》，載《現代中國文學作家》第 2 卷，泰東書局 1930 年版。

的。小說不惜濃彩重筆描寫孫舞陽的豔麗和性感，而且不惜讓小說中絕大部分男性角色都對她垂涎三尺，欲公妻之而後快。性作為革命的一個巨大場域，與革命行為一道帶給人光怪陸離的興奮、迷亂、怪異和悵惘。性與革命所企盼的「黃金世界」，竟然如此令人啼笑皆非，慌亂不堪，性與革命的景觀是如此令人焦灼、瘋狂和變態。「小說的功效原來在借部分以暗示全體，既不是新聞紙的有聞必錄，也不同於歷史的不能放過巨奸大憝。」〔註 12〕性與革命作為生存本體釋放衝動、追逐理想的巨大歷史能指符號，在激情與欲望展現過程中，帶給人的心理體驗真如方太太陸梅麗的喟歎：「實在這世界變得太快，太複雜，太矛盾，我真真的迷失在那裡頭了。」

《追求》作為「纏綿幽怨和激昂奮發的調子同在」的「狂亂的混合物」〔註 13〕，所展現的是性與革命遭受失敗後帶給掙扎著的生存本體的巨大挫折感和精神危機。茅盾幾十年後雖然巧妙修飾了他的創作動機：「《追求》原來是想寫一群青年知識分子，在經歷了大革命失敗的幻滅和動搖後，現在又重新點燃希望的火炬，去追求光明了。」但同時他又不能不尊重逝去經驗的真實：「可是，在寫作的過程中，我卻又一次深深地陷入了悲觀失望中。」〔註 14〕小說具有的濃重悲觀色彩，已是不爭的歷史和文本事實。

如果說後結構主義的「文本之外無他物」（德里達語），強調的是社會歷史的全部內容都彙集在文本的內在組織結構中，強調個人主體和集體實踐的隱密全部都通過文本得以展現，那麼不論茅盾事後如何強調創作動機中的革命性，《追求》文本中給人最深刻的印象卻是：「全部的人物都似乎被殘酷的命運之神宰割著，他們雖有各自的個性，有的努力於事業，有的追求強烈的生活的樂趣，但結果，都被命運之神引向了幻滅死亡的道路。」〔註 15〕《追求》所展現的是諸種追求遭遇各種無法克服的矛盾而遭受精神創傷的歷史命運。

看清了時代病的悲觀的張曼青，「雖然倦於探索人生的意義，但亦何嘗甘心寂寞地走進墳墓；熱血尚在他血管中奔流，他還要追求最後的一個憧憬」。當他將最後的憧憬寄託於教育和愛情，得到的卻是更大的苦悶：「現在是事業

〔註 12〕茅盾《從牯嶺到東京》，載 1929 年 4 月 25 日《未名》第 2 卷第 8 期。
〔註 13〕茅盾《從牯嶺到東京》，載 1929 年 4 月 25 日《未名》第 2 卷第 8 期。
〔註 14〕茅盾《創作生涯的開始——回憶錄（十）》，載《新文學史料》1981 年第 1 期。
〔註 15〕賀玉波《茅盾創作的考察》，載 1933 年 1 月 23 日《大公報》。

和戀愛兩方面的理想都破碎了，是自己的能力不足呢？抑是理想的本身原來就有缺點？」他得不到結論，只能以「正是永遠是這樣的！」彌補幻滅的虛空和悲哀。

試圖以肉體挽救懷疑派哲學家史循自殺的浪漫女性章秋柳，亦曾是慷慨激昂：「我們終天無聊，納悶。到這裡同學會來混過半天，到那邊跳舞場去消磨一個黃昏，在極頂苦悶的時候，我們大笑大叫，我們擁抱，我們親嘴。我們含著眼淚，浪漫，頹廢。但是我們何嘗甘心這樣浪費了我們的一生！我們還是要向前進。」然而史循暴病而死，她身染梅毒，渴望「用群的力量約束自己，推進自己」的章秋柳在一個月內思想就發生了轉變：「一個月前，我還想到五年六年甚至十年以後的我，還有一般人所謂想好好活下去的正則的思想，但是現在我沒有了。」

「半步主義」者王仲昭，「以為與其不度德不量力地好高騖遠而弄到失望以後終於一動不動，還不如把理想放得極低，卻孜孜不倦地追求著，非到實現不止。」但是，當他「撇開了失望的他們，想到自己的得意事件」，「沉醉於已經到手的可靠的幸福」時，一紙「俊卿遇險傷頰，甚危，速來」的電報，卻給他最後致命的一擊：「你追求的憧憬雖然到了手，卻在到手的一剎那間改變了面目！」

《追求》中的三個最主要人物最終都幻滅了，「剎那間再起一回『尋求光明』的念頭」〔註 16〕都再一次遭到重創。曾有人強調：「依筆者的感覺，《追求》應改為『頹廢』。雖然該書的人物，各有所追求，但追求的結果，只更增加他和她的頹廢。這樣悲哀的表現，既是《動搖》之後的必然，又是歷史邏輯的應有結果。」〔註 17〕這歷史邏輯的結果即是：性與革命儘管隸屬於理性的意識形態，但是性與革命一旦達到高熱狀態，將人的心理負荷推向極限，對人的精神狀態的破壞力和負面效應就會如影隨形浮現出來，人的非理性的本能與不可控制的外部力量就會結合起來，各種壓抑力量重新襲來，歷史的辯證法就會開始啟動：革命成功了，「自由消逝，王國矗立，」〔註 18〕革命失敗了，留給人的總是精神上的巨大創傷和心理體驗上挫敗感、恐懼感、乖異感和頹廢感。

〔註 16〕錢杏邨《從東京回到武漢——讀了茅盾〈從牯嶺到東京〉以後》，載伏志英編《茅盾評傳》，現代書局 1931 年 12 月版。
〔註 17〕鄭學稼《茅盾論》，載《文藝青年》第 2 卷第 4、5 期合刊。
〔註 18〕別爾嘉耶夫《人的奴役與自由》，貴州人民出版社 1994 年版，第 171 頁。

　　性與革命激情釋放後因外部力量打擊帶來的幻滅感，不僅使小說人物遭受更大的壓抑以至苦悶不堪乃至瘋狂，也使「經驗了人生以後才來做小說」的作者陷入悲觀頹唐的境地：「我很抱歉，我竟做了這樣頹唐的小說，我是越說越不成話了。但是請恕我，我實在排遣不開。」〔註19〕這沉痛的夫子自道，又何嘗不是小說人物苦悶靈魂的寫照？還是普實克知人論世，他在《中國文學隨筆三篇》中談到：「我認為，將剛發生的事件以文藝形式表現出來，其主要動機是要找到一種傾吐充斥於這一代人的心中的情感和感受的方式，不然的話，他會被逼得發瘋的。」〔註20〕作者固然可借藝術創造來緩解、轉移和昇華苦悶的心靈體驗，但是小說人物又何嘗不是在尋求一切可能的形式，來抒解精神的巨大挫敗感？

　　同《幻滅》《動搖》一樣，如果說革命作為社會價值目標追求的象徵，是《追求》中小說人物生存和超越的支點，那麼以性為象徵的個體價值目標，就是支撐小說人物生活世界的另一個生理和心理支點。沈意於政治批判快感的錢杏邨都禁不住讚歎小說對「性」的描寫：「在戀愛心理描寫方面，作者的技巧最令人感歎的地方，卻是中年人對於青春戀的回憶的敘述，是那麼的沉痛，是那麼動人。」〔註21〕然而一次次的追求與憧憬，都「沒有留神到腳邊就個陷坑在著」，小說人物除了「灰色，滿眼的灰色」外，還能追求什麼呢？

三、另類革命浪漫蒂克

　　以性與革命作為藝術中介和敘事焦點，《蝕》三部曲訴說了大革命時代人（主要是知識者）的內心矛盾和精神危機：人與環境的衝突，個人與革命的矛盾，人的自我精神矛盾，深刻展現了生存本體在其所處的社會整體中的困境。性與革命，作為生存本體邁向超越之境的功能性符號，作為生存本體追求快感與自由的實體性象徵，在小說文本中成為對實際的社會矛盾的想像性的同時也是實踐性的解決手段。然而性與革命從來就不是自足的實體，而是受環境的制約與壓抑、同時自身又存在著誘惑與奴役的二重精神結構。

　　性與革命在激情爆發升入天國的剎那，同時也意味著沉淪的地獄之門的

〔註19〕茅盾《從牯嶺到東京》，載《未名》1929 年 4 月 25 日第 2 卷第 8 期。
〔註20〕載《中國當代研究資料・茅盾專集》第二卷下冊，福建人民出版社 1985 年版。
〔註21〕錢杏邨《茅盾與現實》，載《現代中國文學作家》第 2 卷，泰東書局 1930 年版。

開啓：「革命未到的時候，是多少渴望，將到的時候是如何的興奮，彷彿明天就是黃金世界，可是明天來了，並且過去了，後天也過去了，大後天也過去了，一切理想中的幸福都成了廢票，而新的痛苦卻一點一點加上來了，那時候每個人心裏都不禁歎一口氣：『哦，原來是這麼一回事！』這就來了幻滅。」〔註22〕性與革命作爲擺脫壓抑的一種解放力量，不可避免地同環境及諸種固有規範構成難以調和的矛盾，自身也存在著悖論式的衝突和內在不足。所有這一切都形成了一個龐大的網絡式的歷史矛盾結構場，將生存本體的一切欲望和追求納入無往不在的存在枷索中。性與革命既是小說人物尋求解放的象徵，同時也導致了解放失敗所引發的心理危機，頹廢和悲觀自然而然成爲小說文本所創造的藝術世界的思想症兆和精神向度：「在這本作品裏，我們處處看到作者認識到人力無法勝天這回事。」〔註23〕

　　這是《蝕》三部曲蘊含的有關生存本體和歷史本體的隱秘的關鍵所在。無論是當時還是後世的批評家或研究者，將革命性價值追求在小說文本中的在場或缺席，作爲衡量作品成敗得失的依據，作爲作品先進或落後的標準，實在是從左和右兩個方面簡化和扭曲了文本內在的指涉意義；將革命性價值的有無賦予小說文本，實在是左右兩方面的政治意識形態化的闡釋增殖和意義閹割。同樣，將《幻滅》、《動搖》和《追求》以《蝕》命名，固然是「意謂1927年大革命的失敗只是暫時的，而革命的勝利是必然的，譬如日月之蝕，過後即見光明；同時也表示我個人的悲觀消極也是暫時的。」〔註24〕但是這不過是文本之外作者意願的延伸和附加，是作者在新的時空條件下對逝去經驗的重新判斷，是作者爲當下的政治選擇和價值追求尋找合理的歷史闡釋。〔註25〕

　　當然，文本一旦誕生，就面臨著闡釋的意義增殖或縮減，這取決於闡釋者的價值立場、政治態度和情感意願。《蝕》三部曲展現的性與革命對生存本體的支撐與潰敗這樣一個主題，同樣面臨著闡釋學這種不可避免的過程。「在作者過去的三部創作之中，我感到的，作者是一個長於戀愛心理描寫的作家，

〔註22〕茅盾《從牯嶺到東京》，載1929年4月25日《未名》第2卷第8期。
〔註23〕參見夏志清《中國現代小說史》第六章，（香港）友聯出版有限公司1979年版。
〔註24〕茅盾《補充幾句》，載《茅盾全集》第1卷，人民文學出版社1984年版。
〔註25〕據作者在《從牯嶺到東京》中自述：「《幻滅》是在1927年中旬至10月底寫的，《動搖》是11月初至12月初寫的，《追求》在1928年的4月至6月間。」到了1930年由開明書店出版時，才合爲一冊，總名爲《蝕》，所以「蝕」的隱喻，是文本完成之後的追認。

對於革命只把握得幻滅與動搖。」〔註 26〕以錢杏邨爲代表的左翼激進批評家站在繼續革命的立場，自然要作出如上判斷，質疑生存個體和創作主體對革命的態度、立場和動機，將革命失敗歸罪於小資產階級的階級根性和革命意志的薄弱，爲重塑革命的形象尋找批判的靶子。「雖然我們無法知道茅盾在寫這三部曲時，有沒有體會到以下兩點眞理——其一是：單憑意志幹一番事業，一個人免不了會失敗；其二是：除非私欲能夠及時制止，否則一切追求空泛理想的政治手腕都是罪惡的——可是我們感覺到，在《蝕》這本小說裏透露出來的悲觀色彩，好像作者已經體驗到這些問題的端倪了。」〔註 27〕夏志清站在「反共」立場，自然要質疑革命自身的內在缺陷和內在矛盾，對革命有無必要性產生疑問，從中看出作者對當時流行的革命信條的不信任，從而質疑革命的歷史合理性。

作爲繼續革命的歷史精神資源，儘管作者不贊成左翼激進批評家的論調，但是出於良知和信念，作者也不斷修正自己的價值追求旨向：「我希望以後能夠振作，不再頹唐；我相信我是一定能的，我看見北歐運命女神中間的一個很莊嚴地在我面前，督促我引導我向前！」〔註 28〕從而將「蝕」的隱喻意義賦予小說文本。這也可以從作者在建國後對小說的刪改，比如一些性描寫的刪除，對一些敘述語彙進行革命化的置換與修飾，看出作者對革命體認的心路歷程。〔註 29〕

同樣，今天我們也可以追問：在那個時代，革命爲什麼要和性結合起來？它們之間光怪陸離的糾合究竟反映了生存本體的什麼隱密？作爲時代潮流它反映了什麼樣的歷史底蘊？性與革命如何成爲生存個體和歷史本體的功能性象徵？性與革命所追求的烏托邦衝動是現實主義的還是未來主義的？是彼岸的信仰慰藉還是此岸的世俗實踐？等等諸如此類的問題，都將引導我們去探究作爲「這一個」的《蝕》和作爲整體的左翼文學的存在與興衰之謎，以及背後更深層的人及社會的本性。

〔註 26〕 錢杏邨《茅盾與現實》，載《現代中國文學作家》第 2 卷，泰東書局 1930 年版。

〔註 27〕 參見夏志清《中國現代小說史》第六章，（香港）友聯出版有限公司 1979 年版。

〔註 28〕 茅盾《從牯嶺到東京》，載 1929 年 4 月 25 日《未名》第 2 卷第 8 期。

〔註 29〕 請參閱《蝕》初版本（或《小說月報》第 18 卷 9、10 號，第 19 卷 1 至 3 號和 6 至 9 號小說原文）和建國後修訂本的異同。

　　《蝕》的小說文本對性與革命的悲觀色彩的敘事，與同一時期蔣光慈、洪靈菲、胡也頻等人創造的以「革命加戀愛」爲主題的革命浪漫諦克小說展現的「革命積極性」〔註30〕，形成鮮明對照。

　　夏志清認爲「雖然《蝕》的文字稍嫌濃豔，趣味有時流於低級，然而在中國現代小說中，能眞正反映出當代歷史，洞察實況的，《蝕》可算是第一部。尤其難能可貴的是它超越了一般說教主義的陳腔濫調。」〔註31〕這也是《蝕》三部曲作爲藝術創造，超出一般革命浪漫諦克小說文本的原因。它以對性與革命的悲觀色彩的文本敘事，展現了與當時左翼文學「革命加戀愛」流行模式不同的歷史敘事方式。它對當時人們尤其是知識者生存困境和精神危機的藝術性描述，展示和契合了生存個體和歷史精神的另一維度的本眞狀態。

　　《蝕》三部曲與其它左翼文學文本（尤其是其它革命浪漫諦克小說），以對革命的不同觀察思索和不同精神旨向的文本敘事，共同構築了左翼文學多維的歷史性格和精神面貌。同時它及左翼文學的文本敘事，也是對五四以來中國現代文學發展的創造性的時代貢獻，盡管這種貢獻顯得粗疏與幼稚。但它及它們，終究是歷史精神的藝術結晶，後人正是通過對它及它們的反覆研讀與闡釋，去追復那一時代的人、文學和歷史精神運作的存在軌跡。人們爲歷史建構合理的闡釋系統的同時，也會從中爲自身的生存與發展尋找歷史經驗的借鑒和精神資源的支撐。

〔註30〕　胡也頻的小說《光明在我們的前面》的題目的象徵意味，就頗能寓示出對革命的主觀積極情緒。

〔註31〕　參見夏志清《中國現代小說史》第六章，（香港）友聯出版有限公司 1979 年版。

第十二章　革命「娜拉」：《星》的意義與啓示

　　從文學史的角度和視野評價中國左翼文學運動、評價左翼作家作品，首先遵循的應當是文學的自律性原則。只有在這個基礎上才能談論其他。儘管左翼十年間的許多文學作品只能稱之爲宣傳品，但也有不少的作品堪稱 30 年代乃至整個 20 世紀中國文學的經典之作。很多作品爲我們思索文學與政治，提供了深邃和廣袤的思索空間。

一、政治理性與審美意識能否和諧共生

　　中國左翼文學家們在馬克思主義的革命理性精神指引下，將文學的發展方向與政黨的政治鬥爭方向緊密結合起來，形成了意識形態化的文學觀以及文學的黨派性等文學的存在方式，選擇了激進的政治意識作爲文學創造的核心理念。這對中國左翼文學作品樣態的形成，產生了不可低估的影響，在某種程度上使左翼文學成爲政治意識的傳聲筒。但是必須清醒認識的是，文學觀念不等同於具體的文學作品，文學作品不是單純的理念的表達，而是人的直覺、情感、意志和理性訴求等精神活動的全面藝術化展現；粗俗淺陋的文學作品不但毫無藝術性可言，甚至也不足以深入全面地表達政治理念；而有品位的文學作品不但具有豐富的藝術想像空間，而且可以藉此使政治理念更富於生命力。詹明信曾經強調：「我歷來主張從政治、社會、歷史的角度閱讀藝術作品，但我絕不認爲這是著手點。相反，人們應從審美開始，關注純粹美學的、形式的問題，然後在這些分析的終點與政治相遇。人們說在布萊希

特的作品裏，無論何處，要是你一開始碰到的是政治，那麼在結尾你所面對的一定是審美；而如果你一開始看到的是審美，那麼你後面遇到的一定是政治。我想這種分析的韻律更令人滿意。」〔註1〕我們知道，文學與革命本來分屬於人類不同的精神層面，二者既沒有必然的邏輯從屬聯繫，也決非毫不相連，文學與革命發生關係，主要在於創造主體的自我意識和自我選擇，因此問題的關鍵不在於文學從屬於政治或者文學應當排斥政治，而在於如何將政治理念與審美意識高度融合在作品中，用作品所創造的藝術想像世界去展現人們的政治理念籲求。豈止是布萊希特的戲劇作品，其實古今中外有許多優秀的文學作品，不僅具有高超的藝術審美性，而且還洋溢著濃烈的、充滿現實關懷的政治意識，達到藝術與政治的較為完美的融合。

左翼文學之所以今天仍然受到人們的深切關注，除了它所蘊含的文學與政治不解之結之外，還在於它創造了不少既具有深沉的藝術底蘊又具有濃烈的政治激情的作品，葉紫就是一個佼佼者。魯迅曾經評價葉紫說：「作者還是一個青年，但他的經歷，卻抵得太平天下的順民的一世紀的經歷，在輾轉生活中，要他為『藝術而藝術』，是辦不到的。……但我們卻有作家寫得出東西來，作品在摧殘中也更加堅實。……這就是作者已經盡了當前的任務，也是對於壓迫者的答覆：文學是戰鬥的！」〔註2〕作為一個 30 年代在上海從事左翼革命文藝運動的作家，葉紫的小說多取材於故鄉湖南洞庭湖畔的農村生活，以生動的筆觸和曲折的故事，描繪了農民的苦難與抗爭，總是迴蕩著呼喚農民革命的吶喊，具有鮮明的政治革命意識。與眾不同之處在於，葉紫的小說既非口號式也非概念化，而是以濃鬱悲憤的藝術氛圍來展現政治革命的主題，在藝術創造上非但沒有被左翼批評的「普洛克魯思德斯之床」拉長或鋸短，其藝術魅力反而因為深沉的政治革命意識而倍增，政治理念和革命籲求也借助於藝術的想像空間而變得合情合理，實現了文學的戰鬥的社會功能，既展現了左翼文學作家運用文學手段追求政治理想的理性要求，也表明了左翼文學在藝術創造上具有達到精湛高度的廣闊空間。

筆者以為，除了為作者贏得廣泛聲譽的《豐收》外，葉紫的中篇小說《星》更是一篇富有包孕性的、政治理性精神與藝術審美意識高度融合的傑作。

〔註1〕詹明信《晚期資本主義的文化邏輯》，三聯書店 1997 年版，第 7 頁。
〔註2〕魯迅《葉紫作〈豐收〉序》，載《魯迅全集》第 6 卷，人民文學出版社 1981年版。

二、革命引導下人性覺醒的生理、心理和社會角色的選擇

　　在大多數人印象中，個性解放與人性覺醒應該是「五四」時代的文學主題，「五四」之後思想啓蒙的時代主題讓位於政治救亡的吶喊，階級解放和民族解放成爲時代的最強音。但是必須看到，「五四」時代的個性解放和人性覺醒更多是屬於知識者內心世界掙脫束縛的精神需要，而中國最廣大的社會實體——農民很少眞正走入這個知識者創造的文藝世界。然而在左翼十年間情況完全不同了。儘管個性解放與人性覺醒成爲從屬於政治解放主題的次級主題，但是卻不再像「五四」時代那樣空泛和輕飄，而是和人間底層人民眞實的生存狀況、社會地位以及悲慘的命運連接起來，農民眞正成爲文學的反映主體，個性覺醒和人性解放獲得了堅實的現實基礎和實踐路向，啓蒙眞正落到了實處，虛弱的思想想像化爲具體的堅定的政治實踐，個性解放與人性覺醒也獲得了血肉豐滿的表現對象，和大多數的地之子們的靈魂與命運休戚相關，共同塑造了更爲深沉和廣闊的藝術創造空間。

　　葉紫的中篇小說《星》，就是一篇在政治理性精神和革命原則爥照下，個性解放與人性覺醒與時俱進的時代新篇章。其實準確地說，對於《星》的中心人物梅春姐來說，個性解放與人性覺醒應該是女性的反抗與覺醒。但是，僅就這篇小說建構的藝術空間來看，並沒有明顯的女權主義精神跡象，因此在強烈的政治意識的輝映下，性別特徵並不具有實質意義，反而更近似於具有普遍特徵的個性解放與人性覺醒的內涵和本質。當然，小說對這一主題的表現是借助於女性命運展開的。這更能獲取讀者的同情，更能激發讀者的悲憫之心。

　　小說開篇就營造了充溢著悲劇氣息的場景，梅春姐在悲哀和怏怏的閨怨中迎來了「初生太陽幸福的紅光」，但是幸福不屬於梅春姐。梅春姐的閨怨不是單純的少婦的思春，而是在生理、心理和社會角色諸多方面壓抑下的「地火」。梅春姐是一個漂亮、多情和賢惠的青春女性。小說以富於詩意和愛憐的筆觸描寫她的外形和氣質：「朝露掃濕了她的鞋襪和褲邊，太陽從她的背面升上來，映出她那同柳枝般苗條與柔韌的陰影，長長的，使她顯得更加清瘦。她的被太陽曬的微黑的臉頰上，還透露著一種少婦特有的紅暈；彎彎的眉毛底下，閃動著一雙含情的，扁桃形的，水溜溜的眼睛。」但是這樣一個美麗的女性，非但得不到丈夫的呵護，反而只是一個「替他管理家務，陪伴泄欲的器具」，非但沒有一個笑臉，反而折磨她，「常常兇惡地，無情地，在夜深

人靜的時候毆打她。」這不但使梅春姐生理和心理受到壓抑和摧殘，也使她的社會角色和社會形象受到損害，男人們「用各種各色的貪婪的視線和粗俗的調情話去包圍，襲擊那個年輕的婦人」，女人們用窺視、諷刺、鄙夷和同情的語言嘲笑她。唯一值得自己驕傲的，是「她用她自己的眼淚和遍體的傷痕來博得全村老邁人們的讚揚」，「尤其是對於那些浮蕩的，不守家規的婦人驕傲」。但是對於梅春姐這樣一個有愛有欲、珍視社會形象的青春少婦來說，生存境遇所帶來的痛苦、悲哀、空虛和孤獨，使她難以忍受無涯的黑暗的長夜，「有時候，她也會為著一種難解的理由的驅使從床上爬起來，推開窗口，去仰望那高處，那不可及的雲片和閃爍著星光的夜天；去傾聽那曠野的，浮蕩兒的調情的歌曲，和向人悲訴的蟲聲」。她盼著丈夫有迴心轉意的一日，「然而這一日要到什麼時候才來呢？」

　　然而是地火就要奔突，就要燃燒，梅春姐的生命活力在壓抑中忍耐著，等待著命運星火的點燃。革命成了梅春姐的救世主，儘管她根本不知道什麼是革命。因此當革命第一個事件剪頭髮降臨時，所有女人都痛哭流涕，唯有梅春姐泰然地毫不猶豫的挺身迎接銳利的剪刀，但只不過是自認為是永遠看不見太陽的人，有髮沒髮都一樣。可是這裡面有沒有在絕望中生發出的渴望「變」的希望呢？革命終究來了，人們在緊張、好奇、恐懼和惶惑中適應著眼前的變化，連梅春姐那殘暴、野蠻的無賴丈夫也要去參加什麼會，因為這個會可以使他發財、打牌、賭錢。但是革命對梅春姐來說，卻是一場從肉體到心靈的脫胎換骨的洗禮，她的世界和命運從此改觀。對梅春姐來說，革命帶給她的首先是情慾的解放，「那一個的白白的，微紅的，豐潤的面龐上，閃動著一雙長著長長的，星一般的眼睛！」攪亂了梅春姐本已絕望的心靈，「在她的腦際裏，卻盤桓著一種從未有過的，搖擺不定的想頭」。儘管她覺得「不能讓這些無聊的，漆一般的想頭把她的潔白的身名塗壞」，可是欲望、情感和希望的閘門一旦打開一點縫隙，就阻擋不住洶湧澎湃的解放潮水。當長著一雙「長長睫毛的，撩人的，星一般眼睛」的黃副會長向她求歡求愛時，「她猶疑，焦慮著！她的腳，會茫然地，像著魔般地不由她的主持了！它踏著那茅叢叢的園中的小路，它把她發瘋般地高高低低地載向那林子邊前！……」但是偷情被人知曉了，梅春姐面對的是村人的指指點點，丈夫的暴打，內心的悔恨，以及那不曾熄滅的希望之光。當黃副會長決定依靠革命的力量解決問題時，梅春姐終於將命運和革命捆綁在一起，情人黃副會長成了她生命中可

以依靠的北斗星：「我初見你時，你那雙鬼眼睛……你看：就像那星一般地照到我的心裏。現在，唉！……我假如不同你走……總之，隨你吧！橫直我的命交了你的！」

　　革命讓梅春姐飽經摧殘的人性得以覺醒、壓抑已久的情愛得以釋放，更讓梅春姐確立了新的社會角色和社會形象。在經歷了偷情風波不久，「梅春姐非常幸福地又回到村中來了：她是奉了命令同黃一道回的。」她手中有了革命者的權威，有了革命者的價值資源，成了村中的婦女領袖：「她整天都在村子裏奔波著：她學著，說著一些時髦的，開通的話語，她學著，講著一些新奇的，好聽的故事」，「這些話，梅春姐通統能說得非常的時髦、漂亮和有力量」，儘管從前那班讚譽過她的老頭子和老太婆們開始「卑視」和「痛恨」梅春姐，但是那些年輕的姑娘和婦人們卻像瘋了一般「全都信了梅春姐的話，心裏樂起來，活動起來了！」更為重要的是，梅春姐白天高興的活動著，獲得參與和引導社會事務的滿足之後，夜晚還能「名正言順」地「像一頭溫柔的小鳥，春天般的，沉醉在被黃煽起來的情火裏；無憂愁，無恐懼地飲著她自己青春地幸福！」革命給了梅春姐新生的機遇，梅春姐也毫不猶豫地將全副身心交給了其實她瞭解並不多的革命。

　　但是革命失敗了，先是反革命的謠言「公妻」和「裸體遊鄉大會」之類動搖了革命的社會心理基礎，而後梅春姐的情人黃被槍殺。懷孕的梅春姐在牢房中生下了她和黃的愛情結晶。在善良的鄉親們的勸說下，人性未泯的丈夫將她保釋出獄。但是革命停滯了，失敗了，一切又都復原了，梅春姐彷彿具有了更深的罪孽，她的丈夫更加殘酷的折磨她，「一切的生活，都重行墜入了那一年前的，不可拔的，烏黑的魔淵中，而且還比一年前更要烏黑，更加要悲苦些了！」堅強的梅春姐以更大的毅力忍耐著，她懷念著黃，幻想著兒子長大能讀書，寫字，「甚至於同她那死去的爹爹一樣」。然而六年後，當丈夫陳德隆在舊石板上看到梅春姐寫的兩個歪歪斜斜的「黃」字，盛怒中將孩子拋向田野、最終致死後，梅春姐的幻想，希望，計劃，於六年來撫養孩子長大的願望，全都摧毀了。但是這一次梅春姐不再逆來順受，「她漸漸地由悲哀而沉默，由沉默而又想起了她的那六年前的模糊而似乎又是非常清晰的路途來！」這次，「她沒有留戀，沒有悲哀，而且還沒有目的地走著」，也沒有了啟蒙者，沒有了熱戀的對象，然而她的信念漸漸明晰、堅定起來。在小說家葉紫極富象徵和預言的詩意筆觸下，梅春姐堅定而又自覺的選擇了自己的

前進方向：「北斗星拖著一條長長的尾巴，那兩顆最大最大的上面長著一些睫毛。一個微紅的，豐潤的，帶笑的面容，在那上方浮動！……在它的下面，還閃爍著兩顆小的，也長著一些睫毛的星光，一個小的帶笑的面容浮動……並且還似乎在說：『媽媽！你去罷！……我已經找到我的爹爹啦！……走吧！你向那東方走吧！……那裡明天就有太陽了！』」。梅春姐義無反顧的選擇了星光閃爍的前進方向，因為那裡將會出現「太陽幸福的紅光」，這種幸福將屬於梅春姐，她（和黃）在革命歲月時所感受的幸福體驗，將會更加燦爛的降臨。

這樣，通過梅春姐坎坷和悲慘的經歷，通過梅春姐痛苦但是堅定的人生選擇，通過梅春姐由愛欲追求到革命精神爆發，一個頗富藝術張力、頗富象徵意味的革命故事和革命預言就誕生了。革命理念在藝術情感和想像世界中，獲得了充足的生命力，而且也似乎預示了革命是唯一的選擇和最高原則，不然就是奴役和死亡。

三、革命啓蒙的統攝性、包孕性和複雜性的藝術展現

值得人們珍視的是，《星》所建構的有關革命的藝術想像世界，首先遵循和完成的是文學的自律性要求，它所創造的想像空間昇華了革命理念，而非革命政治理念的機械表達。雖然小說在塵埃落定後凸現了革命在社會存在和人生選擇方面的終極價值意義，但是小說所展現的革命決非單純的政治革命和社會革命，而是將重點放在政治革命和社會革命背景之下人的全面革命和整體革命，既包含人的社會地位、社會身份的外部世界的革命，更包括人的生理、心理、情感和理性的內在精神世界的革命。或者說不但強調了政治理性和革命精神的統攝作用和指導意義，而且更爲細緻、更爲敏銳的展現了革命的複雜性和包孕性。

「五四」時期文學所塑造的人性覺醒與個性解放主題，尤其是女性的人性覺醒與個性解放，是沒有現實出路的。面對洶湧澎湃的個性解放潮流，面對掙脫枷鎖紛紛奪門而出的中國娜拉們，當年的魯迅就清醒而深刻地發出了「娜拉走後怎樣？」的疑問，而且現實社會環境也只有魯迅所預言的兩條道路：不是墮落，就是回來。「五四」時期的個性解放和人性覺醒更富於理想化和浪漫色彩，也正是因爲想像的絢爛與超脫，卻缺乏堅實的現實支點，夢境固然美妙，但夢醒時分依然是風雨如磐的現實環境。可是這些到了左翼十年

間就完全不同了，無論是男人還是女人，個性解放和人性覺醒有了明確的現實價值坐標，在「墮落」和「回來」兩條路之外，有了選擇革命之路的可能。葉紫的小說《星》就以敏銳的藝術筆觸，將「五四」時期像雲霓飄浮在天上式的個性解放和人性覺醒，拉回到堅實的大地上，讓革命與反革命的角逐來規劃地之子們的命運和選擇，儘管生活在社會的最底層，但是就生理、心理和生存狀態而言，梅春姐和「五四」時期中國的娜拉們是一樣的，只不過是一個最底層的娜拉，可是卻是一個有了明確現實追求目標的娜拉，一個革命的娜拉。魯迅在《娜拉出走後怎樣》的演講中指出，娜拉們要麼墮落、要麼回去，因爲沒有出路。但是梅春姐卻在革命的星光燦爛中尋找到人生的航道，去追求生理、心理和社會地位的解放。「革命」成了小說敘事所建構的世界的最高的人生價值律令。

更令人們感興趣的是，葉紫的小說《星》對革命的想像和描繪，又完全不同於早期左翼小說的浮躁、浪漫和激情。早期的左翼小說尤其是革命浪漫蒂克小說，大多側重於憤懣的革命情緒的宣泄，側重於革命政治理念的宣傳，急於使理想獲得傳播、獲得認可、獲得群眾，作者的主觀意圖沒有很好地通過藝術的途徑進行傳達，反而由於宣傳革命理念的主觀意圖過於強烈，不但使革命理念沒有很好地經過藝術轉化，反而以意害辭，強烈的主觀理念意圖嚴重妨礙了藝術創造的生長空間。這不僅損害了文學藝術的自然生長性，也使革命理念的傳播和接受大打折扣。到了葉紫走上文壇的時代，這一切悄悄發生了變化，宣傳革命的熱誠、喧囂與浮躁開始轉換爲冷靜的思索，左翼作家們在反對者「拿出貨色」的質疑下，開始深入細緻地探索革命和藝術的關係，開始認識到革命與藝術決非簡單的從屬與被從屬的關係，而是蘊含著複雜的辯證內涵。在尊重藝術規律的前提下來表現革命和政治的理念，開始得到左翼陣營的理論家、批評家和作家們的重視。

葉紫的小說《星》可視爲這一背景下的一篇有代表性的傑作，突出表現了左翼作家在藝術創造上的努力。在小說中，將梅春姐和革命維繫起來的中介，是她的情人黃，革命的最根本的基礎和動機是情慾和愛受到壓抑與摧殘，以及由此帶來的社會地位和社會角色損害。其小說主題的營造基本上是「革命＋戀愛」模式，彷彿這個早期左翼革命浪漫蒂克小說的主題，又藝術地復活在葉紫的小說中，但是已完全脫去了概念化、公式化、模式化的弊端，也使沉澱於早期左翼小說家們浮躁的浪漫的革命激情，變得更爲深沉、眞摯、

豐滿，更富於藝術感染力，更爲有血有肉，也更能打動讀者，尤其通過革命暴力爭取社會解放和階級解放的宗旨已具體化於人性解放與個性解放之中，從而使作品能發揮更大的社會功能，在整體上提高了左翼小說的藝術品位。毫無疑問，小說最主要的主旨即在於表現革命的統攝性和必然性，這在梅春姐的人生選擇中已經非常明顯的表現出來，革命在小說的人物命運和社會前景的描寫與塑造上，是至高無上的、唯一的生之路。但是作品的高超之處是超越了這一點（這一點大家都可以做到），藝術地再現了革命的包孕性和複雜性，以及在文本中作者不自覺流露出來的對革命的一絲憂鬱、懷疑和茫然。

這首先表現在小說所敘述的革命，是整體的、全方位的革命，是從肉體、心靈、情感到社會角色選擇和爭取社會地位的全面革命，決非單純的赤裸裸的政治革命和政治鬥爭。這在梅春姐突破封建倫理和禮教文化思想的束縛，首先掙脫了情慾的壓抑獲得生理和心理的解放，進而從事革命活動獲得嶄新的社會角色方面，有著細緻和突出的表現，這是小說著力表現的，前文已有較多的討論，不再贅述。需要注意的是，在小說其他人物，尤其是梅春姐的丈夫和鄉親的描繪上，似乎顯示了作者提醒人們應該對精神革命給予更多的關注，作者在注意革命作爲外來力量引起他們生存狀況變化的同時，似乎更注重他們內在精神世界的變遷，更注重政治理念和革命思想能否內化爲這些人的變革驅動力。毫無疑問，梅春姐是這樣的典型，可是其他人呢？在小說中，作者並沒有拔高和誇大革命的偉力，反而以濃彩重墨來講述革命的來去匆匆，風過樹搖，風止樹靜，風波過後依然死水一潭，和魯迅小說中對革命的疑問和反思有異曲同工之妙。這是不是作者在強調革命統攝性的前提下，將焦點移向了革命的包孕性、複雜性乃至脆弱性呢？

在小說中，除了簡單提及的看守婦和獄卒之外，沒有涉及具體的反革命人物。這意味著作者並不注重革命和反革命的對抗，而是將革命和反革命的對抗淡化爲小說的背景故事。這意味著「革命如何啓蒙群眾」就成爲小說的思考和表達重心。這裡似乎運用了對比的寫作手法。梅春姐自然是革命引導人性覺醒的成功範例，可是同樣遭受壓抑和剝削的其他人卻似乎與梅春姐形成了鮮明對照。她的野蠻、粗俗、醜陋的丈夫就階級地位而言，是屬於貧下中農的範疇，然而卻沒有下層人民通常所具有的善良品行，反而是一個粗暴、蠻橫的鄉間無賴，對待革命是一個典型的實用主義者和機會主義者，他的革命理想與革命目標與阿 Q 一樣。再看那些鄉親們，在革命降臨時是那麼驚慌

失措，彷彿天塌地陷一般。年輕人在適應了革命的衝擊後懷著好奇心理試探著加入了革命，在很大程度上是在革命作爲外力的挾裹下的不自覺的選擇，一旦外力失去作用，就會風消雲散，缺乏理性主體的革命自覺性，在某種意義上是革命的盲從者，或者說是革命的烏合之眾，他們以生存爲第一要義，大多數不會爲了革命的信念而拋頭顱灑熱血。老年人在革命風起雲湧面前，先是懷疑歎息，繼之以抵制、暗罵和反對。對於作爲革命基礎的這些大多數群眾，作者借梅春姐之口道出了對革命進程和手段的疑惑：「我們也應該給老年人一些情面，這些老人家過去對我都蠻好的。……因爲，我們不要來的太急！……譬如人家帶了七八年的『細媳婦』，一下子就將她們奪去，也實在太傷心了！……我說……寡婦也是一樣了！說不定是她們自己眞心不願嫁呢？……」。小說通過對梅春姐鄉親們的敘述與描寫，我們可以看到，革命理念世界中的無產階級並非在人性上具有優越性，他們既有底層人民質樸善良的品性，又有民間社會藏污納垢的精神和心理特點，正如別爾嘉耶夫從人格哲學高度進行反思所強調的那樣：「馬克思的無產階級缺乏經驗的眞實，僅是知識分子構想的一項觀念神話而已。就經驗眞實來說，無產者彼此既有差異，又可以類分，而無產者自身並不具有圓滿的人性。」〔註3〕這在反革命謠言的傳播過程中，表現尤爲突出，所謂「公妻」、「裸體遊鄉大會」的津津樂道者就是同屬社會底層的老黃瓜之類的鄉親。也同是這些鄉親們，在梅春姐身陷囹圄時，沒有幸災樂禍，勸說她的丈夫，合力將梅春姐營救出來。葉紫的小說《星》以近乎原生態般的藝術描繪，將中國鄉村社會男男女女們沉重而又複雜的生存和精神狀態，置放於革命帶來的社會變動中，著重展現他們在突如其來的革命面前的複雜的心理狀態和人生選擇，人性覺醒與否成爲革命如何由外在力量轉化爲內在驅動力的關鍵中間環節，革命的複雜性、包孕性乃至脆弱性就鮮活的凸現在小說世界中。

小說對革命複雜性、包孕性乃至脆弱性的描繪，還表現在敘事主體的主觀態度、敘事視角上。與早期左翼小說不同的是，小說的敘事主體不再直接充當革命的傳聲筒，而是隱藏在故事的背後，用小說世界來展現對於革命的複雜價值選擇。這一方面說明了左翼小說在藝術建構上的成熟，也說明了作者對於革命本身認識和體驗的深化。作者不再像早期左翼小說家蔣光慈、洪靈菲、陽翰笙等人那樣近乎歇斯底里的革命情緒的宣泄、那樣狂熱的革命宣

〔註3〕別爾嘉耶夫《人的奴役與自由》，貴州人民出版社1994年版，第187頁。

傳激情，而是變得冷靜、甚至有一絲疑慮和不安。梅春姐的情人黃，在小說中應該是革命啓蒙者的化身，然而作者並沒有對他寄予多大的期望與熱情，反而顯得單薄、軟弱。在和梅春姐偷情被發覺後，只知道抱怨鄉民的不開通，只知道依賴「上級」；在梅春姐懷疑革命手段的激進時，嘲笑她心腸的軟弱；在反革命勢力反撲之時，缺乏冷靜的應變能力，爲革命獻身的同時似乎也在表達著自身的無能。儘管小說沒有明確說明，但從各種跡象判斷，黃副會長似乎是一個知識分子類型的革命者，這個人物儘管小說著墨不多，但從他身上似乎寄託了小說作者對革命者的複雜思索。

總體來看，葉紫的小說《星》在政治理念與藝術塑造的結合上，是一個成功的典型文本。作者將自己對革命的理性思索藝術化地融合在小說世界的創造中，既表明了作者的政治態度，又成功地發揚了小說的社會功能。這也證明，政治與文學既非相互排斥，又非從屬、被從屬關係，關鍵在於創造主體如何理解二者的關係，並藝術地展現出來。

附錄　意識形態想像：文人郭沫若的史學研究

　　郭沫若曾在《名辯思潮的批判》中談到：「社會在比較固定的時候，一切事物和其關係的稱謂，大體上是固定的。積久，這些固定的稱謂被視爲天經地義，具有很強大的束縛人的力量。但到社會制度發生了變革，各種事物起了質變，一切的關係都動搖了起來，甚至天翻地覆了，於是舊有的稱謂不能適應新的內容，而新的內容還在紛紛嘗試，沒有得到一定的公認。在這兒便必然卷起新舊之爭，即所謂『名實之相怨』。在我們現代，正是一個絕好的例證，封建秩序破壞了，通常日用的言語文字都發生了劇烈的變化，舊的名和舊的實已經『絕而無交』，雖然還有一部分頑固分子，在死守著舊的皮毛，然而大勢所趨，聰明的人早知道新舊不能『兩守』，而採取新化一途了。」[註1]恰如郭沫若所判斷的，20世紀的2、30年代「正是一個絕好的例證」，其史學言說在學術界的橫空出世，適逢中國現代史上「名實之相怨」的劇變時代，頑固者守舊、聰明人逐新；更逢國共兩大政治勢力，爲維護自身利益和獲取社會合法性，不僅在政治、軍事領域廝殺，而且在思想文化領域進行激烈的角逐。滄海橫流，方顯英雄本色，風雲變幻的亂世，爲郭沫若提供了一個大顯身手的歷史舞臺。

一、作爲問題框架的意識形態想像

　　眾所周知，國民黨南京政權的確立和運行，主要是依靠政治暴力來維持

〔註1〕《郭沫若全集》歷史編第2卷，人民出版社1982年版，第252～253頁。

的。易勞逸在分析南京政權的意識形態、結構和職能的行使時認為：「所有強大的現代民族國家的一個特點是，人口相當大的部分被動員起來支持政府的政治目標。而國民黨人在重視政治控制和社會秩序的同時，不信任民眾運動和個人的首創精神；所以他們不能創造出那類基礎廣泛的民眾擁護，在 20 世紀，民眾擁護才能導致真正的政治權力。」〔註 2〕一個統治階級在依靠暴力維持其統治的同時，還必須在精神和思想文化領域建立意識形態領導權，說服人們承認現政權的合理性與合法性，依靠人們某種形式的贊同來維持社會現狀。這對主要以精神勞作為志業的文人知識分子尤為重要。國民黨政權不但缺乏這樣一套行之有效的說服體系，其政治專制和獨裁反而加劇了社會整體尤其是文人知識分子的政治緊張心理。新舊不能兩「守」，「大革命」失敗給中國知識分子造成嚴重精神創傷後，開明、穩定的社會政治秩序又沒有建立。他們對國家政治進程的懷疑、對社會前景的苦悶與焦慮，得不到國家政治意識形態的合理解釋與指導時，勢必要尋求其它渠道來釋放和排解。文人知識分子們被迫以新的眼光觀察社會和革命，「革命不再是全民族的共同鬥爭，它只是階級戰爭的一個方面而已。經過白色恐怖和他們自己的信心危機之後，思想家們開始對自己有了新的認識。」〔註 3〕中國左翼文化運動的興起，就是在國民黨政治意識形態不能夠為社會政治進程提供恰當的形象和意義指導時，以一套完整的、能夠激發人們想像力的說服體系——作為新的社會想像化身的馬克思主義意識形態，向它提出挑戰，解構和顛覆其合法性、合理性，以社會狀態的科學認識論的先進形象，關注社會下層民生疾苦，追求建立平等、合理的社會政治秩序，強調社會的有目的、合規律的發展，對社會發展前景做出了嶄新的說明和構想，滿足了人們對社會政治意識形態說明的渴望。

我們知道，每一種意識形態都有其問題框架，接受了某種意識形態的人總是把它蘊含的問題框架作為觀察、分析和解決問題的出發點。左翼文化運動期間，馬克思主義意識形態理論在思想文化領域初步確立領導權，有兩點原因不容忽視：第一，它建構了自身問題框架的真理形象，即強調資產階級及一切剝削階級的意識形態都是「虛假意識」，而馬克思主義意識形態是「科學的意識形態」，是科學性與階級性的辯證統一，既是無產階級根本利益的體

〔註 2〕 《劍橋中華民國史》下卷，中國社會科學出版社 1994 年版，第 157～158 頁。
〔註 3〕 微拉·施瓦之《中國的啓蒙運動》，山西人民出版社 1989 年版，第 222 頁。

現又是社會發展規律的正確表達，只有運用「科學的意識形態」馬克思主義來指導革命鬥爭，才能推動社會的進步與發展。第二，在思想文化領域尋找這一真理形象的代言人和宣傳者，使其在具體的思想文化層面論證和傳播馬克思主義意識形態，從而更廣泛地獲得社會各階層尤其是文人知識分子的大力支持。文人知識分子加入本來並不從屬的階級之所以成爲可能，是因爲他們能在建構和宣傳該階級的意識形態追求上發揮重大作用；同時社會政治鬥爭對文人知識分子的爭奪，又爲他們穩居思想文化的話語權力中心、確保社會角色和功能的實現，提供了一條合乎社會認同標準的自我確證之路。馬克思主義意識形態理論，既是左翼文人知識分子理論和自我確證的思想基礎，又因爲他們的宣傳與傳播而羽翼豐滿。

　　具體言之，郭沫若史學研究產生重大影響的思想文化背景，或者說專業的學術文化語境，是從 1928 年開始的長達近十年之久的關於中國社會性質和中國社會史問題的大論戰。這既是當時中國思想文化界關於中國社會發展前景問題和中國革命走向問題的大爭論，也是當時主要的政治勢力企圖在思想文化界建立意識形態霸權的輿論戰場。郭沫若在《中國古代社會研究》自序中宣稱：「對於未來社會的待望逼迫著我們不能不生出清算過往社會的要求。古人說：『前事不忘，後世之師。』認清楚過往的來程也正好決定我們未來的去向。……目前雖然是『風雨如晦』之時，然而也正是我們『雞鳴不已』的時候。」〔註 4〕郭沫若這種強烈關注社會現實的治史傾向，使他從沒有將視野局限於純粹的學術領域，而是「目的意識」非常明確地將學術層面的史學命題推進到政治實踐層面。他的《中國古代社會研究》，以馬克思主義唯物史觀爲理論和方法指南，以中國歷史存在過奴隸制爲學術核心，認爲中國從遠古到近代經歷了原始共產製、奴隸制、封建制和資本制諸種社會形態的更替，建構了在馬克思主義問題框架觀照下的中國歷史和社會發展的闡釋體系。這種對中國歷史和社會發展體系的闡釋，不僅是對當時鼓吹「中國國情特殊論」、反對馬克思主義的「動力派」和「新生命派」等右翼思想文化派別的有力回擊，而且是以中國歷史發展體系爲例證，確證了馬克思主義理論關於人類社會發展規律的科學性、普適性和真理性。郭沫若關於中國歷史分期和中國社會性質的論斷，不僅「在中國社會科學界有劃時代的貢獻」〔註 5〕，「確

〔註 4〕《郭沫若全集》歷史編第 1 卷，人民出版社 1982 年版，第 6～10 頁。
〔註 5〕何乾之《中國社會史問題論戰》，生活書店 1937 年版，第 95 頁。

爲中國古史的研究，開了一個新紀元」〔註6〕，也不僅是「爲我們的理性開闢了一條通到古代人類社會的大道，……毫無疑義地成爲一切後來者研究的出發點」〔註7〕，更爲重要的是在廣泛的社會政治領域和社會價值評判系統中，爲馬克思主義指引下的社會政治革命提供了歷史精神資源的合法支撐，正如郭沫若在《中國古代社會研究》中所期望的：「瞻往可以察今，這是一切科學的豫言的根本。社會科學也必然地能夠豫言著社會將來的進行。社會是要由最後的階級無產者超克那資本家的階級，同時也就超克了階級的對立，超克了自己的階級而成爲無階級的一個共同組織。這是明如觀火的事情，而且事實上已經在著著地實現了。」〔註8〕

以《中國古代社會研究》爲代表的郭沫若史學研究，不僅在學術領域構成了當時中國史學革命的重要一環，而且在政治領域爲馬克思主義的普泛化提供了理念實證基礎，成爲政治意識形態鬥爭的現實承載物。顯然，馬克思主義意識形態問題框架，成爲其史學研究本體和實現社會功能的價值中軸，並與郭沫若史學研究實現了雙贏。當時一個認爲郭沫若史學「著作的本身並無諾大價值」的批評者，就指出過郭沫若史學研究超出歷史學範疇本身的政治實踐價值：「全是因爲此著作出世之時代關係和它應給了某種社會勢力的待望」〔註9〕。郭沫若史學研究之所以被譽爲劃時代的、破天荒的貢獻，關鍵就在於它以馬克思主義意識形態問題框架爲指引，不但對中國古代史進行了重新闡釋，開闢了中國史學研究的新格局，而且在史學這一現代學術領域證明了馬克思主義意識形態想像的眞理性，爲現實政治鬥爭提供了合法性與合理性的歷史前提，實現了學術與政治的高度融合。

二、黨派聖哲的追求

文人知識分子是現代思想精神資源的布道者，在以黨治爲主要政治形式的現代中國，文人知識分子與現代革命的互動關係，對現代中國文化體系和學術體系的形成有著重要意義。政治革命成功的關鍵在於民心向背，一個政黨一個階級不可能完全依靠暴力獲得社會各階層的廣泛贊同，必須有一套宣

〔註6〕 何乾之《中國社會史問題論戰》，生活書店1937年版，第104頁。

〔註7〕 李初梨《我對郭沫若先生的認識》，載1941年11月18日《解放日報》(延安)。

〔註8〕 《郭沫若全集》歷史編第1卷，人民出版社1982年版，第17～18頁。

〔註9〕 李麥麥《評郭沫若底〈中國古代社會研究〉》，載1932年6月《讀書雜志》第2卷第6期。

傳、說服機制向社會各階層言說政治革命的合理性與合法性，獲得理解與支持。文人知識分子是最有資格實踐這一功能的社會力量。共產黨政治革命依據列寧社會主義意識只能依靠知識分子從外部灌輸進去的理論，高度重視和利用文人知識分子宣傳馬克思主義意識形態的作用。一旦文人知識分子支持社會政治革命，意味著他們將會在自己熟悉和擅長的領域，履行宣傳、教育和說服的職能，以專業的權威身份，將他們所接受的信仰學說和價值觀念向社會各階層廣泛傳播和推廣。

　　這類文人知識分子兼具知識人和革命家的雙重社會角色。郭沫若是最為叱吒風雲的典型。成為這類文人知識分子，最為基本的條件是必須具有被社會評判系統所認可的知識和精神資源；其次是成為一個或多個專業領域的精英，具有向社會發言的權力；再次，自願加入到政治鬥爭的行列，成為某一黨派的工作人員，為該黨派實現政治理想服務。化用弗·茲納涅茨基的社會學術語，這類文人知識分子可稱之為「黨派聖哲」〔註10〕，即依賴一種或多種專業的精神和知識資源，為某一黨派或集團的政治實踐和目標，提供意識形態闡釋和評判的人。在政治鬥爭激烈的社會中，黨魁們通常缺乏時間或能力承擔這一任務，而一個黨派或集團傳播和宣揚新的思想文化秩序時，又往往會遭遇到舊秩序擁護者的公開或潛在抗拒，黨派聖哲的基本任務和職責就在於「證明」新秩序相對於舊秩序的絕對優越性，從而使該黨派或集團的政治鬥爭合法化、合理化。

　　以郭沫若為代表的中國左翼文人知識分子在 2、30 年代政治鬥爭漩流中所承擔的，就是實現馬克思主義意識形態普遍性、合理性與合法性形象的現實功能，在思想文化領域論證共產黨代表社會歷史發展的大趨勢，是追求人類真善美的化身。郭沫若的與眾不同之處，在於他是在多個專業領域或者說更為廣泛的思想文化領域，承擔了黨派聖哲的職能，最有影響的當然是文學和史學領域。王富仁曾這樣評價郭沫若在文學領域的成就：「以郭沫若為代表的創造社、太陽社的文學作家是以馬克思主義理論為號召最早提出革命文學口號的左翼知識分子，他們其中的大多數更以自己政治上的先進性意識自己的先進性，從而忽視了對中國文化和意識形態的切近的感受和理解，他們在政治觀點變化之後反而沒有取得在文學創作上的更加自由的心態，也沒有超

〔註10〕參見弗·茲納涅茨基《知識人的社會角色》有關論述，譯林出版社 2000 年版。

過他們 20 年代文學創作的新的成就。」〔註 11〕如果說在文學領域實踐黨派聖哲功能的郭沫若，遭到了人們的詬病和非議，至今不絕於耳，那麼郭沫若在史學領域以《中國古代社會研究》爲代表的成就，則被譽爲「馬克思主義史學的拓荒之作，開闢了『科學的中國歷史學的前途』。」〔註 12〕諸如此類。更爲重要的是，它以學術資源爲話語基石，淋漓盡致地展現了郭沫若運用專業知識技能，實踐意識形態闡釋和評判的黨派聖哲功能。

「沒有革命的理論，就沒有革命的行動」，但革命理論轉化爲革命行動之前必須獲得信徒、掌握群眾，這就需要黨派聖哲類型的文人知識分子作爲中間環節進行滲透、溝通和指導，因爲他們被賦予了對社會各界所持知識和信念的可靠性、有效性與眞理性進行裁判的權力。眾所周知，馬克思主義意識形態學說在中國思想文化界初步確立話語權力，與以郭沫若爲代表的創造社、太陽社成員的大力鼓吹密不可分。但這種鼓吹如果僅僅停留在「標語口號」階段，是無法以情動人、以理服人的，更需要在社會慣例和常識所認可的知識系統與價值系統獲得切實的支持。正如後期創造社所宣稱的雄心壯志：「政治，經濟，社會，哲學，科學，文藝及其餘個個的分野皆將從《文化批判》明瞭自己的意義，獲得自己的方略。」〔註 13〕向來作爲中國學術系統之顯學的史學，自然成馬克思主義意識形態爭奪的重要分野，成爲獲得話語領導權的學術陣地。套用一句老話來說，意識形態領域資產階級不去佔領，無產階級就去佔領。

關於中國社會性質和社會史問題的論戰，就是這樣一場有著強烈政治關懷的學術大論爭。郭沫若曾明確申述自己的治史目的：「要使這種新思想眞正地得到廣泛的接受，必須熟練地善於使用這種方法，而使它中國化。使得一般的、尤其有成見的中國人，要感覺著這並不是外來的異物，而是泛應曲當的眞理，在中國的傳統思想中已經有著它的根蒂，中國歷史的發展也正是循著那樣的規律而來。因而我的工作便主要地傾向到歷史唯物論這一部門來了。我主要是想運用辯證唯物論來研究中國思想的發展，中國社會的發展，自然也就是中國歷史的發展。反過來說，我也正是想就中國的思想，中國的

〔註 11〕 王富仁《「左聯」的誕生和「左聯」的歷史功績》，載《紀念中國左翼作家聯盟成立 70 週年文集》，上海文藝出版社 2000 年版。
〔註 12〕 侯外廬《韌的追求》，三聯書店 1985 年版，第 223 頁。
〔註 13〕 成仿吾《祝詞》，載 1928 年 1 月《文化批判》創刊號。

社會，中國的歷史，來考驗辯證唯物論的適應度。」〔註 14〕馬克思主義關於
社會發展的五階段論，畢竟是針對西方歷史文化系統所做出的歷史辯證描
述，要「考驗辯證唯物論的適應度」，必須以中國歷史的實證和論者自身的專
業能力爲話語基礎。正如許華茨評價的那樣：「按照馬克思主義的用語來確定
中國當前的『生產方式』，事實證明卻不是一件容易的事。這完全合乎邏輯地
導致對中國悠久社會歷史的周期性關注。在探討所有這些問題當中，參加者
不知不覺地只好從『理論是行動的指南』的討論轉向馬克思主義學說當其應
用於過去時的更具決定性質的方面。」〔註 15〕以當時中國社會性質和社會史
論戰的三個焦點命題——「亞細亞的生產製」、「奴隸制」和「商業資本制」
爲例，陶希聖、李季、王禮錫、胡秋原等「思想界的驕子」，認爲中國長期存
在「亞細亞生產方式」，取消奴隸制，縮短封建制，誇大資本制，無異於否認
馬克思主義學說的眞理性和有效性，更是抽空了共產黨政治革命合理性與合
法性的歷史根基。郭沫若運用自身豐厚的歷史知識資源和嫻熟的專業技能，
以馬克思主義意識形態想像爲價值支點和方法論，「詮索」馬克思主義學說的
眞理性：「他這兒所說的『亞細亞的』，是指古代的原始公社社會，『古典的』
是指希臘、羅馬的奴隸制，『封建的』是指歐洲中世紀經濟上的行幫制，政治
表現上的封建諸侯，『近世資產階級的』那不用說就是現在的資本制度了。／
這樣的進化的階段在中國的歷史上也是很正確的存在著的。大抵在西周以前
就是所謂『亞細亞的』原始公社社會，西周是與希臘、羅馬的奴隸制時代相
當，東周以後，特別是秦以後，才眞正地進入了封建時代。」〔註 16〕這種評
判除卻其學術內涵，潛臺詞無非就是推導出他那誇張式的預言：「現在是電氣
的時代。電氣的生產力不能爲目前的資本制所包容，現在已經是長江快流到
崇明島的時代了！」〔註 17〕

　　像大多數的黨派聖哲一樣，郭沫若包括史學研究在內的思想文化創造行
爲，並不僅僅局限於證明所屬黨派和集團政治鬥爭的合法化與合理化，而是
以馬克思主義的意識形態想像爲指南，力圖將歷史與現實納入到新的公理系
統之中，創造出比舊有思想文化秩序更優越、更合理、更全面的價值標準和

〔註 14〕《郭沫若全集》文學編第 13 卷，人民文學出版社 1992 年版，第 330～331 頁。
〔註 15〕《劍橋中華民國史》上卷，中國社會科學出版社 1994 年版，第 502 頁。
〔註 16〕《郭沫若全集》歷史編第 1 卷，人民出版社 1982 年版，第 154 頁。
〔註 17〕《郭沫若全集》歷史編第 1 卷，人民出版社 1982 年版，第 18 頁。

行動指南。如果說郭沫若的文學成就尙不足以使許多行家裏手心悅誠服，可是他的史學成就在學術界沉澱了政治因素之後，到了 1935 年以後，變成了「大家共同信奉的眞知灼見，甚至許多從前反過他的人，也改變了態度。」〔註 18〕其實早在 1924 年，郭沫若在批判整理國故運動時就隱約表達了自己的學術志向：「整理的事業，充其量只是一種報告，是一種舊價値的重新估評，並不是一種新價値的重新創造，它在一個時代的文化的進展上，所效的貢獻殊屬微末。」〔註 19〕郭沫若包括史學在內的思想文化成就，在「一種新價値的創造」和「一個時代的文化的進展上」，也就是中國馬克思主義思想文化體系的充實和形成上，具有舉足輕重的作用。1941 年 11 月 16 日《新華日報》發表了周恩來《我要說的話》一文，高度評價郭沫若在新的思想文化秩序創造上的成就：「魯迅是新文化運動的導師，郭沫若便是新文化運動的主將。魯迅如果是將沒有的路開闢出來的先鋒，郭沫若便是帶著大家一道前進的嚮導。魯迅先生已不在世了，他的遺範尙存，我們會愈感覺到在新文化戰線上，郭先生帶著我們一道奮鬥的親切，而且我們也永遠祝福他帶著我們奮鬥到底的。」顯然，這是一個政黨領袖代表該黨派，對充當黨派聖哲的郭沫若思想文化創造績效的認可、肯定與獎賞。

三、眞理戰士的限度

郭沫若在《韓非子的批判》中曾提及治學態度問題：「大約古時候研究學問的人也是有兩種態度的，一種是爲學習而研究，另一種是爲反對而研究。」〔註 20〕其潛臺詞無非是說：自古已然，於今尤是。實際的治學狀態固然不會如此界限分明，但主導傾向還是可以清晰辨別的。就郭沫若這樣一個成就卓然的史學大家來說，儘管他的意識形態衝動是如此強烈，但是其「爲學習而研究」的態度也是絕對不能忽視的，這在他對史料的極度重視上可見一斑：「研究歷史，和研究任何學問一樣，是不允許輕率從事的。掌握正確的科學的歷史觀點非常必要，這是先決問題。但有了正確的歷史觀點，假使沒有豐富的正確的材料，材料的時代性不明確，那也得不出正確的結論。」〔註 21〕且不

〔註 18〕何乾之《中國社會史問題論戰》，生活書店 1937 年版，第 49 頁。
〔註 19〕《郭沫若全集》文學編第 15 卷，人民文學出版社 1990 年版，第 162 頁。
〔註 20〕《郭沫若全集》歷史編第 2 卷，人民出版社 1982 年版，第 365 頁。
〔註 21〕《郭沫若全集》歷史編第 1 卷，人民出版社 1982 年版，第 4 頁。

說他在史料的輯逸鈎沈方面所下的學術苦功，僅是他在許多具體史學觀點上敢於不斷自我否定，「常常是今日之我在和昨日之我作鬥爭」〔註22〕，就表明他治學態度上的嚴肅、認眞和愼重。

這是一種眞理戰士〔註23〕的治學態度。如果說黨派聖哲所需要的，是利用他對作爲材料的思想文化世界進行研究後所獲得的結果，來設計和論證新的思想文化秩序，是力圖找到實證根據證明新思想文化秩序的眞理性，從而雄辯地說明他所代表的黨派或集團社會政治鬥爭的合理性與合法化，那麼眞理戰士所重視的，是知識體系和學術系統自身的絕對客觀性、絕對眞理性和絕對超越性，必須遵守嚴格的、明確的邏輯秩序和學術規範，客觀經驗事實是至高無上的第一根據，並且「對眞正的學者來說，眞理與謬誤問題無條件地高居一切實際衝突之上，絕對知識不應降低身份充當黨派之爭的工具。」〔註24〕如果說街頭巷尾任何一個對郭沫若略知一二的人，都可以對他的文學創作指手畫腳的話，那麼可以相信，除了少數專業人士之外，很少有人敢於對他的史學成就置喙。他的史學成就之所以被今人譽爲「中國舊史學的終結和新史學的開端」〔註25〕，最爲關鍵的是他的「新見解、新史料」，首先遵循的是學術系統自身嚴格、明確的邏輯規範和學理秩序，其意識形態衝動與想像也是首先遵循經驗事實的制約和規定。僅就這點而言，他首先是一個眞理戰士，其次才是一個黨派聖哲，或者說只有憑藉眞理戰士所擁有的知識權威和文化資本，他才有資格成爲一個政治目的明確的黨派聖哲。

但是，承認郭沫若眞理戰士的治學態度，並不能否定他的黨派聖哲的主導傾向。如果說眞理戰士是郭沫若的知識人角色，那麼黨派聖哲則是郭沫若的社會人角色，後者的集域和適用範圍遠遠大於並包括前者。我們知道，黨派聖哲的主要現實目的，在於證明所屬黨派或集團的選擇是正確的，而對手則是錯誤的，因此其論證方法往往將問題納入到正確與錯誤兩大範疇之中。他總是選擇和引證大量符合自身意識形態想像要求的「經驗事實」，從理論和事實兩個層面論證言說的眞理性和有效性。況且所謂的客觀經驗事實材料，並不能充當「充分」的眞理標準，對客觀經驗事實材料的歸納和概括，只有

〔註22〕 《郭沫若全集》歷史編第1卷，人民出版社1982年版，第4頁。

〔註23〕 參見弗・茲納涅茨基《知識人的社會角色》有關論述，譯林出版社2000年版。

〔註24〕 弗・茲納涅茨基《知識人的社會角色》，譯林出版社2000年版，第95頁。

〔註25〕 林甘泉、黃烈主編《郭沫若與中國史學》，中國社會科學出版社1992年版，第3頁。

符合理論演繹和推導時才能說明材料的有效性，這正如郭沫若批評郭寶鈞「抱著一大堆奴隸社會的材料，卻不敢下出奴隸社會的判斷」，「是缺乏馬克思列寧主義的掌握」〔註 26〕，郭寶鈞的史學研究因為缺乏有力的理論來闡釋和說明已有材料，其史學判斷和材料的有效性也就變得可疑。但是反過來看，由於人文社會科學研究所運用的往往是不完全歸納法，其演繹和推論缺乏絕對可靠性，豐富的材料本身也就只能「相對」充分地證明理論，因此黨派聖哲在行使自己的職能時，「他只能使自己及其皈依者心滿意足，因為在大量七零八落的文化資料中，總能找到事實，在對它進行『恰當』說明以後，能證明他接受為真的概括就是真的，而他斥之為假的東西就是假的。」〔註 27〕當然這種方式具有普遍性特徵，對黨派聖哲和其對手是同等的，正如有的學者對中國社會史問題論戰所作的評價：「如果說這場爭論有勝負，那也是靠認可而不是靠論證取勝的。」〔註 28〕

　　因此從嚴格的邏輯視角來看，郭沫若的史學言說與馬克思主義意識形態想像之間，存在著潛在的循環論證：新材料的運用，論證了馬克思主義理論的普遍性；而馬克思主義理論的新視野，則闡釋了新材料的有效性，二者構成了一個自足、自閉系統。從功能與效果來看，似乎是相得益彰，但是就純粹的學術論證規則來看，因為都不具有「充分」的邏輯概括和邏輯推論上的完全性，二者產生難以消除和彌合的內在矛盾，就是難以避免的。就本文論題範圍而言，這種論證所產生的真空地帶和漏洞，是黨派聖哲和真理戰士兩種角色所持的不同價值標準所造成的。進一步而言，對郭沫若史學研究來說，是黨派聖哲的價值追求壓倒了真理戰士的價值追求，即如他對自己初期研究方法的反思，「是犯了公式主義的毛病」，「差不多死死地把唯物史觀的公式，往古代的資料上套，而我所據的資料，又是那麼有問題的東西。」〔註 29〕。既要闡明自己的意識形態想像，又要尊重客觀經驗事實，要做到學術與政治的統一，此事難兩全。他的諸多具體史學論斷的幾經變換，究其根源，主要就是由於兩種價值取向的不同標準和內在矛盾所致，他以後的學術研究固然在努力消除這種矛盾，但是也只能是原有「秩序」內的修補和完善。真理戰士的追求最終要以黨派聖哲的價值取向為限度。

〔註 26〕《郭沫若全集》歷史編第 3 卷，人民出版社 1984 年版，第 83 頁。
〔註 27〕弗・茲納涅茨基《知識人的社會角色》，譯林出版社 2000 年版，第 52 頁。
〔註 28〕《劍橋中華民國史》上卷，中國社會科學出版社 1994 年版，第 503 頁。
〔註 29〕《郭沫若全集》文學編第 13 卷，人民文學出版社 1992 年版，第 357 頁。

　　任何人都有自主選擇自己社會角色的權力和自由，郭沫若的政治傾向和社會角色選擇無可厚非。僅就造成郭沫若作爲知識人和社會人、或者說黨派聖哲和眞理戰士內在衝突的精神根源而言，意識形態想像本身的遮蔽性和虛假性，是更爲內在的思想精神源頭。元典馬克思主義向來將意識形態理解爲虛假意識的代名詞，強調「人們迄今總是爲自己造出關於自己本身、關於自己是何物或應當成爲何物的種種虛假的觀念。他們按照自己關於神、關於模範人等等觀念來建立自己的關係。他們頭腦的產物就統治他們。他們這些創造者就屈從於自己的創造物。我們要把他們從幻想、觀念、教條和想像的存在物中解放出來，使他們不再在這些東西的枷鎖下呻吟喘息。」〔註 30〕（當然馬克思也認爲意識形態有時可能是眞實狀況的反應）但是，出於實際的政治鬥爭以及自我確證的需要，20 世紀絕大多數馬克思主義的追隨者和實踐者，拋棄了馬克思主義創始人對待意識形態問題的謹愼態度，致力於建構一種引導人類行動的「眞」的觀念體系，將過去所有統治階級的意識形態斥爲虛假的，將馬克思主義意識形態本身視爲眞理的化身，從而使自己處於「絕對正確」的位置上。但是任何一種觀念系統形成之後，日積月累往往就被視爲天經地義，「具有很強大的束縛人的力量」。

　　對於馬克思主義意識形態的眞理性與否，我們今天還不具有充足的言說空間。但是從郭沫若兼具黨派聖哲和眞理戰士雙重角色的實際狀況來看，政黨意識形態的局限與束縛是顯而易見的，郭沫若既是受益者，也受到相當程度的限制，這在他的文學創作和史學研究中，表現的尤爲突出。意識形態研究權威卡爾・曼海姆曾經說過，政黨「是公開的組合和戰鬥的組織。這一事實本身已經迫使他們具有了教條主義的偏向。知識分子愈是成爲黨派的工作人員，他們便愈是失去了他們從他們原先的不穩定狀況所帶來的理解力和彈性的優點。」〔註 31〕照此來看，如果說郭沫若在左翼文化運動時期，在他信奉的意識形態還沒有成爲國家意識形態時，其史學言說還能在黨派聖哲和眞理戰士兩種角色之間自由、自主的轉換和選擇，那麼其日後的史學言說，則失去了進行再選擇的權力和自由，只能沿著政黨和國家意識形態規定的天條鐵律前行，無論是自願還是被迫，都沒有了尋找其他言說空間的可能。相反，

〔註30〕馬克思《德意志意識形態》序言，載《馬克思恩格斯全集》第 3 卷，人民出版社 1960 年版。

〔註31〕卡爾・曼海姆《意識形態與烏托邦》，商務印書館 2000 年版，第 39 頁。

還必須借助於政黨領袖的政治言論，來確證自己的史學判斷。最典型、也最耐人尋味的例證，大概是他曲解和注釋毛澤東關於「周秦」一詞的內涵：「『自周秦以來，中國是一個封建社會』，換一句話說，便是：中國古代奴隸社會與封建社會的交替，是在春秋與戰國之交。」〔註32〕

　　毫無疑問，意識形態想像是郭沫若史學研究的價值坐標和思想基石。馬克思主義意識形態的眞理性（郭沫若也爲證明其眞理性做出了貢獻），規定了郭沫若史學研究所能達到的學術高度，並構成了評判郭沫若史學研究價值的大前提。儘管人們從沒有小覷郭沫若史學研究的學術價值，但是，假設（只是假設）像有的學者所說的那樣：「西方舊的有產階級可能會發現它與東方政治精英最深刻的歷史共同點在於他們都是過渡階級。在東方，先鋒隊政黨相當於新教改革的共產主義的對應物，一旦爲新階級鋪平了道路，它（像新教一樣）就成了一個中空的意識形態外殼。……**地位最低的階級從來沒有獲得過政權**。今天看來，依然如此。」〔註 33〕那麼在這種問題框架下，人們該如何評說郭沫若史學研究、或者說像郭沫若這樣類型的文人知識分子呢？

〔註32〕《郭沫若全集》歷史編第 3 卷，人民出版社 1984 年版，第 13 頁。
〔註33〕艾爾文・古德納《知識分子的未來和新階級的興起》，江蘇人民出版社 2002
　　　　年版，第 93 頁。